AFONSO
REIS CABRAL

ABER WIR LIEBEN DICH

ROMAN

Aus dem Portugiesischen
von Michael Kegler

Carl Hanser Verlag

Die portugiesische Originalausgabe erschien 2018 unter dem Titel
Pão de Açúcar bei Dom Quixote in Alfragide (Amadora).

Funded by the DGLAB/Culture and the Camões, IP – Portugal

REPÚBLICA PORTUGUESA
CULTURA
DIREÇÃO-GERAL DO LIVRO, DOS ARQUIVOS E DAS BIBLIOTECAS

CAMÕES
INSTITUTO DA COOPERAÇÃO E DA LÍNGUA
PORTUGAL
MINISTÉRIO DOS NEGÓCIOS ESTRANGEIROS

1. Auflage 2021

ISBN 978-3-446-26920-0

Zeichnung auf S. 14: Zé Maria Souto Moura
Umschlag: Peter-Andreas Hassiepen unter Verwendung
eines Fotos von Gisberta Salce Júnior
Satz: Sandra Hacke, Dachau
Druck und Bindung: CPI Books GmbH, Leck
Printed in Germany

FSC
www.fsc.org
MIX
Papier aus verantwortungsvollen Quellen
FSC® C083411

18. Also unterhielten sie sich mit ihr und besuchten sie von diesem Zeitpunkt an regelmäßig, meist in der Mittagspause.

Jugendstrafprozess Nr. 637/06.2 TMPRT

VORBEMERKUNG

Rafael Tiago, kaum jünger als ich, wechselt Reifen, schraubt an Motoren und beult Autokarosserien aus. Bremsflüssigkeit, Schmieröl, Hydrauliköl haben sich ihm in die Haut seiner linken Hand eingefressen wie eine Tätowierung, eine Art Mehndi. Es scheint ihm unangenehm zu sein, denn er juckt ständig daran, als wolle er es von der Haut kratzen. Er ist es leid, Einspritzdüsen einzustellen und nur den Anweisungen seines Chefs zu folgen, zieh die Schraube hier an, mach das ordentlich, und will umschulen auf Tischler. Er sagt, Jesus sei schließlich Zimmermann gewesen und Jesus sei ihm ein Vorbild. Mir drängt sich der Eindruck auf, dass Jesus für ihn eine Art Winston Churchill ist.

Er wirkt älter als neunundzwanzig. Als hätte ihn die Pubertät gleich nach der Geburt voll erwischt, und danach sei es nur noch abwärts gegangen. Inwiefern das nur körperlich ist, sei dahingestellt. Ich kenne einen, der hat schon mit zwölf heimlich geraucht, um mit dem Stress klarzukommen, und suchte nach einer Haushälterin, die ihm die Wäsche macht – da war es kein Wunder, dass er auch aussah wie ein alter Mann. Rafael wirkt auch wie ein alter Mann, aber mit der Kraft eines Jungen, was angesichts all der Umstände nicht weiter verwunderlich ist.

Ich begegnete ihm an einem Tag, als Granit, Asphalt und Beton auf der Stadt lasteten, wie frisch gefallener Schnee. Nur in Porto können so viel Hässlichkeit und Beton so schön aussehen – was man nicht überbewerten sollte, denn der Zauber verfliegt sofort wieder, wenn die Sonne scheint. Immerhin scheint die Sonne nicht allzu oft.

Ich hatte eine Lesung in der Bücherei von São Lázaro und war nicht begeistert von dem Gedanken, gleich wieder durch den dichten Nebel gehen zu müssen, der zwischen Ribeira und Cais de Gaia vom Douro aufsteigt. Da stand er plötzlich mit einem Umschlag in der Hand vor mir.

Er war nicht der Erste. Es kommen immer mal E-Mails von Leuten mit Lebensgeschichten, auch welche von Leuten ganz ohne Geschichte, mit Titeln wie »Aufzeichnungen eines Spermatozoons« oder »Erst Putzfrau, jetzt Doktorin«. Ab und zu in meinem Leben als reisender Schriftsteller steht auch jemand wie dieser Rafael da mit einem Umschlag und der Bitte, man möge es lesen.

Im Betreff steht »Ein Buch« und darunter die Erklärung, »Mein Lebensweg seit der ersten Liebe bis dahin, was nun aus mir geworden ist und noch mehr, denn am soundsovielten werde ich soundso alt und denke, das wäre ein Anlass, mir meinen schon lange gehegten Wunsch zu erfüllen.« Am Ende noch etwas wie »Herzlichen Dank im Voraus«, was eher wie eine Drohung klingt und schon gar nicht mehr wie eine Bitte, ein Strick um den Hals: Für was hältst du dich eigentlich, dass du dich für mein Leid und Freud nicht interessierst?

Jedenfalls landete Rafaels Schreiben erst einmal vergessen in der Schreibtischschublade. Als ich es irgendwann wegschmeißen wollte, fiel mir über dem Absender ein schmutziger Fingerabdruck auf. Der Brief fing an mit »Manchmal ist das Leben so schön, dass ich weinen muss, und es ist mir egal, was die anderen sagen«, gefolgt von sehr vielen Leerzeilen und dann einer Liste von schönen Dingen.

Ich paraphrasiere, denn er selbst hätte es so nie geschrieben:

Das Lied, das Senhor António frühmorgens pfeift, wenn Rafael seinen Kaffee trinkt.

Júlia, die dort bedient, deren Augen er ihr aus Liebe schier ausreißen möchte. Sie sind beide noch jung und würden bestimmt gut zueinander passen.

Der Wind, der sich durch die Straßen zwängt und auf den Balkons Traumfänger in Bewegung setzt.

Geliebte, die sich streiten und dann nicht mehr streiten oder sich daraufhin küssen.

Kinder, die um Aufmerksamkeit betteln.

Das Geräusch von Autoreifen auf der Straße.

Hundebesitzer, die warme Hundescheiße mit Plastiktütchen einsammeln, die kaum ihre Hände bedecken.

Sogar wenn ein Motor, den er gerade in Ordnung gebracht hat, anspringt.

Die erste Seite endete mit »Und das ist nur das, was ich heute gesehen habe. Es macht mir Spaß, so etwas aufzuschreiben, denn was es im Leben an Schönem gibt, vergisst man zu schnell.«

Die Liste ließ mich an Eva Aurora Santos denken, eine Frau von mindestens einhundert Jahren, die einmal zu mir ins Auto stieg und mich mit Stockschlägen dazu zwingen wollte, sie zum Büro der Sozialversicherung zu fahren. »Fahr schon los, ich habe es eilig.«

Unterwegs erzählte sie mir, dass sie gern Marmeladebrot aß und wie bitter und süß die Orangen draußen auf dem Land seien. Die Finger seien dann immer so süß und klebrig. Schön, aber nur wie zur Vorbereitung dessen, was dann kommen sollte, dem Geständnis hinter der ganzen Geschichte.

Erst auf dem Rückweg erzählte sie, wie klein ihre Tochter

gewesen sei, sowieso eine Frau, und wie groß der Mann. Es sei unabwendbar gewesen: Kaum in der Wohnung, hatte er sie im Bad eingeschlossen und längst gewusst, was er tun wollte. Die Tochter war stark gewesen wie eine Flamme, aber er hatte sie ausgelöscht mit einem Schnitt durch die Kehle.

Sie war kaum eingestiegen, da wusste ich schon, dass sie eine Geschichte dabei hatte. Bei Rafael hatte ich dieses Gefühl erst, als ich den öligen Fingerabdruck auf dem Umschlag sah.

Wir trafen uns in einem Café in Carvalhido, das ich eher aus Trotz besuchte, denn es stank dort regelmäßig nach Toilette. Ein solcher Ort würde ihn vielleicht weniger befangen machen, dachte ich.

Ich war mir auch sicher, dass er zu spät kommen würde, und ich könnte dann immer noch vorher weggehen. »Also Samstagnachmittag dann wegen der Werkstatt.« Weder er noch ich wussten, was sich daraus ergeben könnte. Ich hoffte, hinter der Auflistung der schönen Dinge verberge sich etwas Entsetzliches; er hoffte, ich könne beim Schreiben die Schönheit betonen, dieses Weinen aus Rührung und sich nicht darum scheren, was andere sagen.

Doch er war pünktlich. Er hatte eine Mappe dabei, aus der wahllos Papiere zum Vorschein kamen, ein Wirrwarr aus Notizen, Zeitungsausschnitten, Prozessakten und Zitaten, wild durcheinander. »Hier, das ist alles. Alles, an was ich mich erinnere, und dazu noch die Zeitungsausschnitte, die ich alle gesammelt habe.«

Wir tranken Kaffee. Er behielt die Kapuze auf, aber jedes Mal, wenn er die Tasse zum Mund führte, sah ich kurz einen billigen Ohrring aufblitzen. Wir redeten fast nichts.

Dann schenkte ich ihm mein erstes Buch, das für mich immer mehr von einem Roman zur Tauschwährung wird. Er sagte, er lese eigentlich immer nur den Sportteil, aber die Wichtigkeit von Literatur sei ihm bewusst.

In den Tagen darauf versuchte ich, den Papieren irgendeine Art von Bedeutung zu entlocken, fast so, wie wenn man sich mit einem Ehepaar unterhält, das auf den Treppenstufen zur Generalstaatsanwaltschaft Gerechtigkeit verlangt.

Mit Erstaunen bekam ich schließlich heraus, worauf Rafael hinauswollte, und dann wusste ich, dass in dem, was er mir überreicht hatte, alles drin war, wonach ich suchte: der Zusammenstoß zweier prekärer Welten, der Konflikt aller Beteiligten, und im Mittelpunkt immer er selbst, eine Auseinandersetzung mit dem Körper, die Folgen der Armut, dieses Wort, das man nicht mehr benutzen will, aber weiterhin verwendet, die Balance zwischen Verzweiflung und Hoffnung. Nichts Besonderes also.

Davon ausgehend, machte ich mich an die Recherche.

Ich las die Prozessakten und konnte nicht mehr aufhören, als ginge es darin um jemand Nahestehendes. Die Beweisaufnahme, Abschnitt 10 und folgende über den »feuchten, unwirtlichen Ort, an dem sich Menschen nur selten aufhalten«; Abschnitte 23 bis 94, die Zusammenfassung der Woche des 15. bis 22. Februar; Ausdrücke wie »Zustand fortgeschrittener Erkrankung« oder intime Aussagen wie »wollte nur eine Zigarette und in Ruhe gelassen werden« beziehungsweise »auch Mahlzeiten wurden ihr vor Ort von dem Betreffenden zubereitet«.

Ich las mich durch damals schier ausufernden Presseberichte. Nach inzwischen zwölf Jahren gibt es immer noch manchmal den ein oder anderen Artikel darüber. Und Sätze wie: Für die dortige Sicherheit sorgt ein Parkplatz / Sie waren dort häufig nachts anzutreffen / ginge es nach den Anwälten, ließe sich alles endlos in die Länge ziehen / soll nun ein Gewerbepark entstehen sowie eine Klinik mit Reha-Zentrum.

Vor allem begab ich mich auf Spurensuche, ohne die ein Buch wie dieses nicht auskäme, verschaffte mir Zugang zum wichtigsten Schauplatz der Handlung, interviewte Freunde und Bekannte der Beteiligten, besorgte mir den offiziellen Wetterbericht für den betreffenden Monat, ging in die Bars und sprach morgens um sieben Leute in Cafés an.

Das alles vermengte ich mit Fiktion, wie man es eben so macht im Roman.

Immer, wenn ich in Porto war, trafen wir uns. In dringenden Fällen telefonierten wir übers Handy. Er gab immer recht knapp und nur mit wenigen Worten Auskunft, die aber so gut gewählt waren, dass sie immer genau dahin passten, wo ich sie haben wollte.

Vergangenes Jahr sahen wir uns zum letzten Mal in Carvalhido. »Es ist fertig«, sagte ich. »Es ist deine Geschichte, so wie du sie erzählen würdest, aber ich sie für dich geschrieben hätte.« Er senkte den Kopf wie beschämt, weit davon entfernt, sich geschmeichelt zu fühlen, völlig uneitel. Er hätte nur gewollt, dass ich alles, so wie es geschehen sei, wiedergebe – alles andere sei ihm egal. Vielleicht hoffte er, sobald die Geschichte zu Papier gebracht sei, würde er sie aus dem Kopf bekommen, wo sie natürlich niemals verschwindet. Aber das sagte ich ihm nicht.

Als wir uns verabschiedeten, sagte er noch einmal, dass er bei der Autowerkstatt aufhören wolle, und juckte sich noch einmal heftiger. Ich versicherte ihm, ganz bestimmt werde er einmal Tischler werden, natürlich. Natürlich wird er da nie rauskommen, und das Motoröl, das er eintätowiert hat, wird er erst mit dem Tod wieder loswerden. Was mehr ist, als man ihm zubilligen will.

1

Wir suchten in der Stadt nach den Keckslöchern. So nannten wir sie. Nélson sagte Verbotene Orte, Samuel mochte das nicht, denn es waren ja eigentlich keine Orte und nicht einmal verboten. Nélson und ich waren gut im Kaputtmachen, Samuel dagegen konnte zerstören und Dinge erschaffen.

Wir waren fast gleich alt, aber etwas lag zwischen uns: Nélson und ich auf der einen Seite, Samuel auf der anderen, ein paar Monate älter als wir und im Besitz eines Zeichenstifts und vor allem der Gabe, damit umzugehen. Den abgegriffenen Stift hatte er immer dabei, auch den Zeichenblock, den er der Frau im Schreibwarenladen abgeschwatzt hatte (irgendwann hatte sie nachgegeben und gesagt, »Gut, aber mach keinen Blödsinn«, als könne man mit Canson 120 g irgendwas anstellen).

Ich tat so, als sei mir das alles egal, es sei mehr was für Schwuchteln, sagte ich, bessere Leute, Versager, und war immer wieder beeindruckt, wie Samuel darauf mit der Verbissenheit eines in den Seilen hängenden Boxkämpfers erwiderte, »Für dich vielleicht, Arschloch.« Es lagen nur ein paar Monate zwischen uns, aber vor allem die Kunst und seine besondere Wahrnehmung des Alltäglichen, als seien die Keckslöcher in der Stadt für ihn allenfalls als Motiv seiner Zeichnungen gut.

Eine davon habe ich noch:

Das Drecksloch, das man darauf sieht, habe ich ihm allerdings erst viel später gezeigt.

Vorher trieben wir uns ganz woanders herum, in Prelada zum Beispiel. Die Bauarbeiten an dem neuen Stadtviertel waren ins Stocken geraten, und nun gehörten die Straßen uns. Von den Geschossen aus rohem Zement, den verlassenen Wegen, all dem, was von den Baustellen liegen geblieben war und nun Typen wie uns überlassen, ging etwas Aufregendes und Verlockendes aus.

Wir gingen früh aus dem Wohnheim in der Jugendhilfewerkstatt São José und nahmen den Bus an der Ponte do Infante. Ich drückte mich durch die Hintertür, die anderen drängelten vorn zwischen den anderen rein. Der Busfahrer erwischte uns so gut wie nie.

Der Bus schwitzte, der Atem der Leute brannte auf der Haut, in den Augen und weiter hinten im Hals. Aber ich mochte die Fahrt, weil ich für ein paar Augenblicke allein sein konnte. Allein mit den anderen weiter vorn. Eingequetscht zwischen den Leuten konnte ich mich unauffällig ganz dicht an die Mädchen schmiegen und den Jungs vorne Zeichen geben, was für ein geiles Mädel das sei und ich so cool. Nach dem Aussteigen in Prelada war dieses fast kranke Gefühl wieder weg, und ich war wieder nur einer, der keinen Plan hatte, woher er kam, wohin es gehen sollte, und kurz darauf stöberten wir schon durch das verlassene Viertel, die Dreckslöcher, und die nervöse Anspannung legte sich für ein paar Stunden.

Mit etwas Mühe erkannte ich, was Samuel daran so toll fand: fünf unterschiedlich zerklüftete Rohbauten und ringsum die Hinterlassenschaften der Baustellen, Stapel von PVC-Rohren, ein Areal nur für uns, Tiefgaragen, in denen Typen herumhingen, die sich an Feuerstellen und in Pappkartons wärmten.

Großartige Motive für Zeichnungen.

Die Gebäude, nur notdürftig gesichert mit Sperrholzplatten und Absperrgittern, wirkten wie Kranke auf Krücken. Ringsherum, auf den umgebenden Grundstücken kläfften Pitbulls herum, ganze Rudel von Schweinen wühlten sich durch das Gestrüpp und die Erde, und die Zigeuner hatten hier ihre Hütten. Es gab damals noch überall in den Randbezirken von Porto welche, und niemand störte sich daran.

Wenn es geregnet hatte, sickerte noch tagelang Wasser über den Beton. Bis ganz nach oben zu gehen, war eine Herausforderung. Mehr noch als die Herausforderung suchten wir Frieden, den wir nur an besonderen, nur schwer zugänglichen Orten fanden. Am Anfang lockte uns noch das Abenteuer, aber jetzt, mit zwölf Jahren, stiegen wir hoch auf das höchste Podest und schauten von oben weit über die Stadt, eine Welle, die uns nicht mitnahm, von der wir aber auch nicht mitgenommen werden wollten.

Die Ruhe dort auf dem obersten Stockwerk, wie zwischen dieser und einer anderen Welt, ließ uns die Straße vergessen, die Schule, die Werkstatt. Die Zeit stand still, wenn die beiden wie ich ihren Atem anhielten und einfach nur da standen und uns das Blut in den Füßen pochte, tief unten die Stadt und das ganze Leben noch vor uns. Und wir es einfach mal sein ließen, ohne wirklich zu wissen, was. Einfach nur sein lassen.

Nélson steckte sich eine Zigarette an und sagte, was wir alle dachten, »Was für ein verdammter Scheiß«, und ich entgegnete ängstlich, ganz so sei es ja auch nicht. Immerhin konnten wir uns aufeinander verlassen. Wenn ich darüber nachdenke, bin ich mir inzwischen nicht mehr so sicher, ob ich den Mut gehabt hätte, so zu widersprechen, wahrscheinlich habe ich eher zugestimmt und gesagt »Scheiße, verdammte« und dabei auf die Straße gerotzt, acht Stockwerke runter im freien Fall, um zu beweisen, dass ich das Leben in all seinen Ausmaßen kannte und dass man nur darauf scheißen konnte.

Samuel sagte nichts, hockte nur auf einem Backsteinhaufen und zeichnete. Er zeichnete Sachen – nie Leute, außer in dem einen Bild oben (wo das aber kaum zu erkennen ist, weil die Person ziemlich klein zwischen den Pfeilern ganz links versteckt ist), und das ist schade. Denn heute würde ich mich gern auf so einer Zeichnung sehen. Manchmal versuchte er, Flüchtiges, wenig Greifbares, also uns, auf Papier festzuhalten, aber Nélson sagte, hör auf, und was soll der Scheiß, ich mit Rafa auf einer Zeichnung; Samuel schaute dann hilfesuchend zu mir, und ich antwortete, was soll der Scheiß, ich mit Nélson auf einem Bild. Er solle sich mit der Aussicht beschäftigen, mit Porto, dem ganzen anderen Dreck. Wenn es sie überhaupt noch irgendwo gibt, sind die Zeichnungen wahrscheinlich leblos wie Bühnenbilder, auf denen die Darsteller fehlen, und ich bin schuld, und Nélson auch. Aber wahrscheinlich ist sowieso alles verbrannt.

Auf einer dieser Expeditionen drangen wir in das nördliche Gebäude gleich gegenüber den Wohnhäusern ein. Da hatten wir uns vorher nie reingetraut, weil wir Angst hatten, dass jemand die Polizei rufen könne.

Die Gitter vorm Eingang der Tiefgarage hielten dem ersten Fußtritt nicht stand. Nélson ging vor und versuchte, mit der Taschenlampe seines Handys etwas zu erkennen. Wir blieben ganz nah beieinander, denn trotz unseres Wagemuts war es immer noch ein fremdes Untergeschoss, das wir erkundeten. Es konnte uns jederzeit jemand begegnen, oder man trat in eine Scherbe oder stürzte in ein Loch und brach sich dabei den Arm.

Ich stellte mir vor, wie ich unten am Grund eines tiefen Lochs enden würde.

Ein falscher Tritt, und ich landete völlig verkrümmt unten im Schlamm und im faulen Wasser. Ich konnte gerade noch Samuels und Nélsons Umrisse erkennen und hören, »Rafa, was ist passiert? Alles in Ordnung?«, längst aber nicht mehr antworten, weil ich zu sehr damit beschäftigt war, zu sterben. Und dann wäre ich weg, aber was weiß ich, trotzdem konnte ich noch meine Umgebung und meinen Körper wahrnehmen, das mickerige bisschen, mit dem ich das alles beobachtete. Erst den Tod, gnadenlos, dann die Verwesung, die Maden und später die Larven. Mit offenen Augen und trotzdem blind spürte ich, wie sich alles in mir bewegte, konnte Nélson und Samuel sehen, wie sie kamen, um den Leichnam zu betrauern, den man nie finden würde, weil sie es niemandem sagen würden, um keinen Ärger zu kriegen. Als letzter Beweis meiner Freundschaft würde ich mich über diese Feigheit nicht einmal aufregen und meinen Leib der allmählichen Auflösung überlassen.

Das war natürlich nur Spinnerei. Keinen halben Schritt wich ich von ihrer Seite aus Angst, irgendwo reinzufallen oder mich zwischen verrosteten Stahlträgern, kaputten Betonmischmaschinen, Zementsäcken und Haufen von Ziegelsteinen zu verlaufen.

Dann waren wir oben, über allen Gebäuden um uns herum und es war eine ganz neue Aussicht: das Meer an der Flussmündung. Ich sagte, »traumhaft«, und Nélson seufzte sogar.

Samuel gab sich ungerührt, das Meer interessierte ihn nicht, besser gesagt, sagte er, was wir sähen, sei gar nicht das Meer. Wir sahen tatsächlich nur einen blauen Fleck, eine reglose Landschaft wie jede andere, und er meinte, das Meer jedenfalls sei ganz was Anderes.

Ich hätte ihm gern eine reingehauen, denn ich hatte ja dieses »traumhaft« nur ihm zuliebe gesagt, also mit anderen Worten versucht zu erklären, dass ich ihn bewunderte. Sonst hatte ja keiner von uns, was ich heute Talent nennen würde oder Kunst, die mehr ist als Garagenkunst. Damals entzog sich uns das jeder Begrifflichkeit, deshalb war dieses »traumhaft« mein Versuch gewesen, eine Wirklichkeit auszudrücken, so präzise wie möglich, ein Bild von irgendwo anderswohin zu übertragen.

Außerdem ärgerte es mich, dass ich ihm zugestand, größer zu sein, rauszukommen aus diesem beschissenen Leben, mehr zu sein als nur einer von uns aus der Werkstatt, dem Jugendheim, und er das nicht einmal mitbekam und sogar verächtlich machte.

Ich schaute noch einmal aufs Meer und fand es nun auch langweilig, ein blaues Etwas, bis auf die Farbe ein ebenso dunkler Fleck wie die Stadt ohne Bäume im Nebel. Seine

Meinung schlug meine, sie war, was das Künstlerische anging, die gültigere.

Ich machte eine verächtliche Handbewegung zu Nélson rüber, zuckte mit den Schultern und sagte, »Wenn du meinst, Samuel.«

Erst als die Schule schon aus war, gingen wir zurück in die Werkstatt. Normalerweise gingen wir früher, um keinen Stress zu bekommen. An einer Ecke der Duque de Loulé trafen wir Fábio, der mit einer Angestellten vom Billardsalon Triunfo redete. Er winkte uns zu und brüllte, »Nächstes Mal komme ich mit!«, und wir taten so, als hätten wir es nicht gehört, weil wir einen älteren Typen, der völlig ungeniert auf den hinteren Sitzen im Bus die Mädchen befingerte, nicht bei uns haben wollten. Die Frauen kreischten dann immer, und dann gab es nur Stress mit dem Busfahrer.

2

Ich achtete auf die Geräusche und jede Bewegung im Schlafsaal, unterschwellige Kriege in jedem Stockbett. Nach dem Gong zur Nachtruhe inspizierte einer der Erzieher die Betten, das heißt, er ging zwischen den Reihen durch und sagte sinnlose Sachen wie »Rafa, willst du nicht endlich Schäfchen zählen?«, und teilte Kopfnüsse aus, wenn irgendwo noch Klamotten herumlagen. Die Fenster wurden nie aufgemacht, aus Gesundheitsgründen, also lag über allem ein Hauch von abgestandenem Wasser.

Samuel und Nélson schliefen am anderen Ende des Korridors, bei den Pissern, ich war schon bei den Älteren, was es für mich nachts theoretisch einfacher machte. Hauptsache, man hängte sich nicht in die Konflikte von Fábio rein, der rumbrüllte, »Ihr seid alles Fotzen!«, und wahllos mit Beleidigungen um sich schmiss. Er musste die Wut loswerden, die sich den Tag über in ihm aufgestaut hatte. Anders als die immer stickiger werdende Luft, von der man nur Kopfschmerzen bekam, war so viel Wut nicht gesund.

Fábio war zwar schon sechzehn, aber noch in meiner Klasse und hatte immer noch nicht kapiert, dass man sich, um nicht sitzenzubleiben, nicht einmal anstrengen musste. Der kleinste Anlass hätte den Lehrern genügt.

Denn das Letzte, was sie wollten, war, etwas mit Fábio zu tun zu haben, und hätten sie nur irgendwo eine winzige Möglichkeit gesehen, ihn per Anweisung des Sekretariats zu versetzen, hätten sie es getan. Wenn sie sich auf dem Flur unterhielten mit diesem überheblichen Zug im Gesicht und dem Irrglauben, nur weil sie irgendwann was studiert hatten, hätten sie schon das Recht auf eigene Meinung, nannten sie Fábio den schmierigen Trottel, den Klotz am Bein, der es wohl immer noch nicht kapiert hatte, dass so oft sitzenzubleiben mehr Mühe macht, als nur minimal etwas zu tun.

In Wirklichkeit hatten sie Angst. Ohne es zuzugeben, ließen sie durchblicken, wie sehr sie bedauerten, dass die Sozialpädagogen dermaßen darauf beharrten, solche Delinquenten auf jeden Fall bis zur Neunten auf der Schule zu lassen. Eine Drogenabhängige, die nicht aufgepasst hat, und wir müssen es ausbaden. So nannten sie seine Mutter: drogenabhängig und nicht Junkie.

Im Klartext hieß das, dass in ihren Augen nicht Fábio der eigentlich Leidtragende daran war, dass seine Mutter nicht aufgepasst hatte. Er war es auch eigentlich nicht, denn dafür hätte er sich dessen wenigstens irgendwie bewusst sein müssen. Sich irgendwie in der Welt positionieren.

Aber nein, denn er lebte die Freude und auch den Schmerz jeden Augenblicks und meist weiter nichts. Wenn er gut geschlafen hatte, rief er, »Guten Morgen, ihr Fotzen!«, als seien wir alle seine kleinen Schwestern und es gäbe nichts Schöneres, als aufzuwachen und uns Fotzen und Muschis zu nennen. Und er schenkte uns Zigaretten.

Aber wenn Ana Luísa, Cátia oder eine andere es ihm nicht unter der Brücke besorgt hatte, benahm er sich, als seien wir es gewesen, die ihm diese Abfuhr verpasst hatten und müssten nun dafür bezahlen. Er rief seine Komplizen, normalerweise Grilo und Leandro, und knallte einen von uns gegen den Pfosten mit der Wut dessen, dem man widersprochen hatte, und fast sexuell, warum nicht mit feuchtem Ausgang.

Gegen den Pfosten knallen bedeutete, jemanden mit der Leiste gegen einen Torpfosten zu prügeln und dann kräftig an beiden Beinen zu ziehen, bis ihm die Eier gequetscht wurden. Sabbernd sagte Fábio dann, »Fester, noch fester!«, war aber dann irgendwann schon zufrieden, wenn den anderen die Lust am Eierquetschen vergangen war.

Im Schlafsaal war es dann nachts immer so: Irgendwo wimmerte ständig jemand, Träume endeten in einem Schrei oder Lachen (Zé, der ein bisschen behindert war, lachte im Schlaf); Laken raschelten, und die Erzieher, die Aufsicht hatten, gingen von Tür zu Tür und beleidigten uns in dem Versuch, irgendwie Ordnung zu schaffen oder was auch immer.

Vor dem Einschlafen fasste ich gern, anstatt Schäfchen zu zählen, die Ereignisse des Tages noch einmal zusammen, fast wie ein Gebet, aber ohne jede Auswirkung auf die Ewigkeit.

Ich ließ alles noch einmal an mir vorbeiziehen, wie Fotografien aus unterschiedlichen Blickwinkeln und Lichtverhältnissen, um nichts zu vergessen. Auch die Hauptfiguren in meinem Leben, meine Mutter, Norberto – allerdings nicht mehr so oft, seit sie mich im Heim abgegeben hatten.

Als sie noch ledig war, machte sich meine Mutter, das weiß ich von Fotos, die ich gesehen habe, wie ein Fotomodell zurecht: blondes Haar, kurze Hosen, Nylonstrumpfhosen, Klimperketten, Flitterkram und wog bestimmt zwanzig Kilo weniger als heute. Dreißig.

Sie ging mit Freundinnen bei Santa Catarina anschaffen. Sie wirkte damals noch wie ein Kind, weil sie zu Boden sah, wenn ein Mann sie ansprach. Sogar geschminkt wirkte sie noch wie ein kleines Mädchen, das sich als Frau auftakelt.

Auf einem dieser Ausflüge lernte sie meinen Vater kennen. Wenn es Essen gab, kratzte sie immer im Topf herum, ohne besondere Lust, selbst zu essen. Mein Vater sagte zu ihr, »Ich besorge es dir«, wenn er sie ins Zimmer schleifte. Dann hörte ich Schnaufen und Schlagen, wie wenn Schubladen zuknallen (aber es gab in dem Zimmer gar keine Schubladen), dann kam mein Vater zurück und ließ sich in den Sessel fallen. »Ich hab es ihr besorgt, das hat sie gebraucht.«

Ich sagte, »Ja, Papa«, und huschte auf seinen Schoß. Ich umarmte ihn und tätschelte seine Wange. Sein Bart stachelte. Im Zimmer brachte sich meine Mutter in Ordnung.

Wenn sie mich in der Anstalt besuchte, weinte sie am Ende immer, denn nach dem Tod meines Vaters hatte sie niemanden mehr, nicht einmal mehr Norberto – und drei oder vier waren schon weg, wie war so etwas möglich? Warum war das erlaubt? Einer bedürftigen Mutter auch noch drei oder vier Kinder wegnehmen. Mutterschaft war für sie ein steter Quell ungenießbaren Dreckwassers.

Ich dachte viel über Nélson und Samuel nach, darüber, wie viel ich ihnen zu sagen hätte, vor allem Samuel, wenn ich bei genauer Betrachtung auch nicht ganz genau wusste, was. Auch über die Schule, die ich in letzter Zeit fast nicht mehr besucht hatte, weil es Wichtigeres zu tun gab und man in den Dreckslöchern in der Stadt mindestens doppelt so viel lernen konnte.

In den ersten Tagen des Jahres 2006 kreisten meine Gedanken um zwei Räder, die mich in den Schlaf wiegten und zugleich hellwach bleiben ließen. Ich versuchte, sie zu fassen, aber sie rollten weiter (wie immer, wenn sich etwas in der Vorstellungskraft dreht) und nahmen die unterschiedlichsten Farben an, Farben, die ich ihnen gab. Daran war ein metallener Rahmen mit Sattel.

Dann schlief ich ein, aber radelte und radelte durch die Straßen der Stadt.

3

Beim ersten Sonnenlicht aufstehen und vor allen anderen nach draußen zu kommen, hieß, wieder zu leben. Auf dem Kopf des heiligen Josef mit Kind auf dem Dach der Werkstatt landete eine Möwe und rief schnatternd die anderen. In wenigen Sekunden umkreiste ein ganzer Schwarm die Statue, ihre säbelartigen Schnäbel klapperten. An der Tür stand auf einem Emailleschild »Jugendheim, Werkstatt für Buchdruck und Buchbinderei«. Glänzend verlieh dieses Schild dem gesamten Gebäude ein sauberes Äußeres. Gegenüber blinkte die Neonreklame von LiderNor: Klimaanlagen, Heizung, Klimaanlagen, Heizung.

Ich glaube, es war Januar, auch weil alles am 22. Februar um halb neun Uhr morgens geendet hat, obwohl es einem inzwischen vorkommt wie Monate, waren es gerade einmal sieben Wochen, bis alles vorbei war.

Ich nahm den kürzesten Weg zur Grundschule Pires de Lima links an der António Carreiro entlang hinter den Grabsteinen des Friedhofs Bonfim. Die klotzig aufragende Schule erinnerte an einen fleischverarbeitenden Betrieb, und das ist kein Zitat von Pink Floyd – wo der Hammerkopflehrer die Schüler durch einen Fleischwolf in Form einer Schule drückt –, sondern die Fassade erinnerte wirklich an eine Großschlachterei, in der Schweine zerlegt werden.

Dona Palmira, die ich ausschließlich in ihren Kittel gezwängt kannte (unmöglich, sich vorzustellen, wie es darunter aussah), öffnete die Eingangstür. »Schau an, der Rafa, zu so früher Stunde«, grüßte sie mich, ihre Hand in die Hüfte gestemmt, und ich pfiff, wie man hübschen Frauen hinterherpfeift.

Die erste Stunde war Sportunterricht. Nicht, dass ich eine Ausrede gebraucht hätte, um mich davor zu drücken, aber mit Fußball hatte ich aufgehört wegen Grilo. Der gehörte nicht nur zu Fábios Leuten, sondern war auch schon einen Meter siebzig groß zur Welt gekommen. Man kann sich vorstellen, wie groß er inzwischen in der sechsten Klasse war.

Alle auf dem Flur waren sich einig, dass Grilo zu groß war, um ordentlich Fußball zu spielen, und viel zu breite Schultern hatte. Natürlich wollten wir vor allem so groß sein wie er, so gut Fußball spielen und ebenso breite Schultern haben.

Ich wurde immer ins Tor gestellt, weil ich den Ball mit den Füßen nicht traf. Grilo war in der anderen Mannschaft, und wenn er auf dem Platz war, hatte niemand sonst etwas zu melden. Er tanzte allein. Und ich wollte abhauen, ohne als schwach dazustehen. Keine Tussi sein, wie wir sagten.

Er, ich, das Spielfeld und der Ball. Wen interessierte es da noch, ob die Pille im Netz landete, wenn es vor allem schon klar war, dass sie mich zerfetzen würde? Und da kam er schon, dribbelte, schmiss sich ungerührt zwischen den anderen durch, die er wie Kinder eiskalt stehen ließ. Ich streckte die Arme zur Latte hoch, um möglichst viel Raum einzunehmen, und – verfickte Scheiße – da kam der Ball, wie ein Donnerschlag.

Alle Spieler umringten mich mit weit aufgerissenen Augen. Jetzt endlich hatte ich einen Grund, um vom Platz zu gehen: meine im rechten Winkel nach hinten gebogene Faust und blau angelaufene Finger. Grilo sagte, »Da ist nichts gebrochen«, und alle anderen stimmten ihm zu. Aber ausgerenkt war etwas, da waren sich auch alle einig. Dass sich ein Knochen schon fast durch die Haut bohrte, kümmerte Grilo nicht weiter.

Meine Hand pochte, und der Schmerz wurde immer heftiger. Erst Stunden später renkte der Arzt sie eiskalt wieder ein, klemmte meinen Arm zwischen Bettpfosten und zog daran – das war schlimmer, als gegen den Torpfosten geknallt zu werden. Einen Monat lang blieb die Hand in Gips.

Heute bin ich der Überzeugung, dass Grilo sich deswegen nie dazu bekannt und auch nie dafür entschuldigt hat, meine Hand zertrümmert zu haben, weil er danebengeschossen hatte. Und ich hatte das Fußballspielen erhobenen Hauptes aufgeben können, lädiert zwar, aber als derjenige, der einen unhaltbaren Schuss abgewehrt hat.

Dona Palmira war überzeugt davon, dass sie diesen Pfiff verdiente, strich sich den Kittel glatt und ließ mich vorbei. Ein paar Schritte weiter schaute ich mich noch mal um und sah, wie sie ihren eigenen Umriss betastete wie einen Klumpen Lehm, den man in Form bringen möchte.

Gegen neun Uhr kamen immer die Rentner auf die kleine Grünfläche mit ein paar Bäumen und einigen Vögeln namens Campo 24 de Agosto, um Karten zu spielen und sich über ihre Frauen zu beklagen. Was sie tröstete, war, dass sie sie eines Tages als Witwen zurücklassen würden. Auch die, die sie eigentlich liebten, denn ich konnte immer wieder mal sehen, wie sie zärtlich über das Foto in ihren Brieftaschen strichen, während sie über mangelnde Zuneigung maulten oder darüber, dass ihre Hemden nicht gebügelt worden waren.

Das Kartenspiel war eine ernste Sache. Die Rentner knallten die Karten nur so auf den Tisch, räusperten sich dabei geräuschvoll, gestikulierten und stritten sich laut über die

Punktzahlen. Der, der sie aufschreiben sollte, irrte sich regelmäßig, und sie verbrachten den halben Vormittag über sein Heft gebeugt.

Die große Neuigkeit damals war ein Satz Karten, die laut Verpackung *Kem, America's Most Desired Playing Cards* zu sein vorgaben und nach einigem Streit brennend in einer Mülltonne landeten. »Da siehst du, was du davon hast, Junge.«

Ich überquerte den Platz und betrat das Café, wo ich immer hinging, eigentlich eine enge Spelunke, in der ich mich zu Hause fühlte. Es gibt im Leben so manches Geheimnis, und eins davon war der Name des Cafés. Einmal fragte ich Herrn Xavier, warum er es Piccolo genannt hatte, und er antwortete, dass er Pinocchio mochte, »Piccolo wie du«, und ich war so schlau wie vorher. Dann war das Thema erledigt.

Ich setzte mich direkt an die Scheibe nach draußen und nahm ein Glas Milchcafé, dazu einen Berliner mit Vanillecremefüllung, die mir übers Kinn tropfte.

Von dort aus konnte man den Rohbau des Pão de Açúcar gut sehen.

1989 wohnten in dem engen Quartier zwischen der Avenida Fernão de Magalhães, Rua Abraços und Rua da Póvoa noch eine Menge Leute, die sich in Häusern aus dem 19. Jahrhundert verbarrikadiert hatten. Sie überlebten in ihren Küchen, Zimmern, Wohnzimmern, wo auch immer es in diesen Häusern noch warm wurde. Ich stelle mir vor, wie sie in Decken gehüllt neben dem warmen Ofen sitzen, falls darin noch ein Feuer brannte.

Dann kamen im Winter die Bulldozer, um den Räumungsbefehl zu vollstrecken. Wer noch da war, wurde vom Brüllen der Maschinenführer geweckt, »Haut ab, die Maschinen sind blind!« Dann wurden die Wände eingerissen, ihre

Betten zertrümmert, Bilderrahmen zersplitterten, sie fügten sich und verschwanden die Straßen entlang, manche noch im Morgenmantel, andere hatte sich noch schnell etwas überziehen können. Nach drei Tagen erinnerte sich niemand mehr an sie.

Der Bauunternehmer wollte in Rekordzeit dort bauen, aus Angst, dass die Stadtverwaltung sich neue bürokratische Hürden ausdachte. Wochenlang hämmerten Bulldozer Steine klein, falteten Stahlträger zusammen und ließen Holz splittern. Dann kamen die Bagger und packten die Trümmer schaufelweise auf Lastwagengespanne, Fundamente wurden fünfzehn Meter tief in die Erde gegraben, gesichert von Baugittern, auf denen Schilder vor dem Offensichtlichen warnten: Gefahr! Vorsicht!

Der Abriss ging schnell, dann musste gebaut werden.

Im Piccolo hieß es, in dem ganzen Projekt sei wie immer von Anfang an schon der Wurm drin gewesen. Natürlich. In eine Gegend wie Fernão de Magalhães passte kein Einkaufszentrum wie dieses, das man dort geplant hatte mit diesem glanzvollen Namen: »Pão de Acúcar« – Zuckerhut. Man braucht sich doch nur die Gebäude ringsum ansehen. Alle hässlich, bis auf die alten Wandfliesen und das Grandhotel Vila Galé, das höchste Hochhaus der Stadt. Und dann spuckten sie auf den Boden und sagten, »Ist doch so, unsere Stadt lernt es nie«, und tranken ihren Espresso aus in der wohligen Sicherheit, dass sich sowieso nie was ändern würde.

Die Baukräne zogen dann hinter der Fassade zur Straße hin noch einen fünfstöckigen Klotz hoch. Und das war's. 1992 mussten die Arbeiten wegen juristischer Auseinandersetzungen eingestellt werden, Bürokratie, Korruption oder weil kein Geld mehr da war, eins der üblichen Szenarien.

Die Investoren hatten noch vor, irgendwann weiterzubauen, aber die Jahre vergingen. Ein Einkaufszentrum jedenfalls wurde aus dem Skelett nie. Wieder hatte die Fernão de Magalhães nichts Ansehnliches vorzuweisen.

Als Erstes kamen die Ratten. Sie zogen ein, als dort längst noch gebaut wurde. Dann kamen die Tauben, die Eidechsen, Geckos und Schlangen. Auch ein Rotkehlchenpaar schaffte es bis ganz nach oben und blieb. Brütete.

Die Holzabsperrungen brachen ein, Leute zwängten sich durch sie hindurch. Erst kamen die alten Bewohner zurück und bedauerten, was aus der Baustelle geworden war, in der sie ihr eigenes Schicksal wiedererkannten. Die Decken, die Wände und Pfeiler überzogen sich mit Graffiti, ein Schriftzug flehte, BAUT WEITER und ein anderer sagte TUT MIR LEID. Müll aller Art lag überall über den Boden im Keller verteilt. Und in der Mitte des Rohbaus drückte ein Atrium Licht in die einzelnen Stockwerke. Dort sonnten sich Prostituierte, in den Kellern lungerten Junkies herum, und die Obdachlosen versuchten, irgendwie Ordnung hineinzubringen, es war ja Platz für alle.

Ganz unten im untersten Keller war ein Wasserloch, eher ein dreieckiger Schacht, bestimmt mehr als zehn Meter tief. Manchmal pinkelte einer von den Bewohnern hinein.

Neues Leben zog in das Gebäude, es wurde zum Übergangswohnheim, Schlafplatz, immer mal wieder kam Polizei. Bei ein oder zwei Razzien waren auch Schüsse zu hören, aber die trafen wohl nur den Beton, und es ist nichts passiert.

Nachts schliefen die Bewohner in zusammengezimmerten Hütten aus Pappdeckeln, Holz, Kartons, Plastikplanen, Matratzen. Besser gesagt, übernachteten sie in Behausungen, aus denen manchmal etwas Licht über den Beton flackerte. Die Ruine überlebte die Schmach und fand sich damit ab: Es waren ja nur Leute, die einen Schlafplatz brauchten.

Die neuen Bewohner kamen miteinander klar. Sonntags wurden Sardinen gegrillt, und der Rauch zog bis hinauf auf die Dachterrasse des Vila Galé, wo das Feiern bis tief in die Nacht störte.

Nach ein paar Jahren beschloss dann die Stadtverwaltung, dass es einen Plan geben müsse für den Verfall dort im Herzen der Stadt. Um zu irgendwas nütze zu sein, durften dort nicht nur Bettler, Geheimnisse, Schlägereien sein, benutzte Spritzen, Orgasmen und freundliche Gesten. Nein, um für irgendwas gut zu sein, musste ein Parkplatz her.

Mehr als die Polizei scheuchten nun Autos diejenigen auf, die dort nur ihre Ruhe haben wollten. Es war die letzte Vertreibung. Sie gingen, allein oder in Gruppen, und ließen die Überreste ihrer Behausungen einfach zurück.

2006 hatte sich lange schon niemand mehr um die Ruine gekümmert, die einmal ein Wohnviertel aus dem 19. Jahrhundert gewesen war und ein Einkaufszentrum namens Pão de Açúcar hatte werden sollen.

»Willst du noch was, *piccolino*?«, fragte Herr Xavier. Ich gab keine Antwort und ging über die Straße.

Der Parkplatz war längst vollgestellt, und der Wachmann vertiefte sich in seinem Häuschen in das Kreuzworträtsel im *Jornal de Notícias*, was wohl seine gesamte Aufmerksamkeit beanspruchte. Alles andere ging an ihm vorbei.

Es regt mich auf, dass er mich nicht einmal gesehen hat und auch nichts davon mitbekam, was dort in den Wochen darauf geschah. Es hat etwas Kleinliches, beinahe Tantiges, wenn ein fast zwei Meter großer Gorilla Buchstaben in winzige Kästchen malt.

Ich sprang über das Gitter, das den Zugang zum Treppenhaus versperren sollte. Meine Augen gewöhnten sich an die Dunkelheit, nur den Geruch nach Schimmel und Feuchtigkeit bekam ich nie mehr aus der Nase. Die Treppe mündete in einen Winkel, der wohl mal ein Abstellraum hatte werden sollen, aber nun nichts weiter war als ein Loch.

Das einzige Licht, ein schwacher Schimmer, fiel direkt auf mein neues Versteck, das Versteck für mein Fahrrad.

4

Ich schleppte das Rad ein Stück die Treppe hoch, wo mehr Licht war, irgendwo auf halber Treppe, und roch nun die frische Farbe am Rahmen, wie Erdbeergeruch, irgendwie viel zu süß für das synthetische Zeug. Ein trauriger Anblick und gleichzeitig wunderschön: Der Lenker, in der Mitte gebrochen, war durch ein Stück Besenstiel und ein paar Schlauchschellen zusammengehalten. Die Reifen waren platt. Und der Rahmen war natürlich mattgrün geworden, dabei hatte ich ihn glänzend haben wollen, damit er auf der Straße etwas hermachte.

Ein paar Wochen zuvor war ich mal einen anderen Weg zurück zum Wohnheim gegangen. Eigentlich sollten wir nach der Schule immer erst auf die Betreuer warten, aber die kamen sowieso nur, wenn sie wollten und um kein schlechtes Gewissen zu haben, und darauf hatte ich keine Lust, also dass sie auf meine Kosten kein schlechtes Gewissen bekamen. Also ging ich, wann ich wollte, und dort entlang, wo ich wollte, egal, ob sie kamen oder auch nicht, die Idioten.

Als ich den kleinen Weg zwischen Praça da Alegria und Brücke runterging, stand es da gegen einen Container gelehnt, gegenüber dem alten Kinderheim, an das nur noch der Schriftzug in altmodisch länglichen Lettern erinnerte. Und für mich stand da sowieso *Fahrrad* geschrieben.

Wahrscheinlich hatte ich es mehr aus Mitleid gerettet. Der Lenker war durchgebrochen, das Vorderrad platt, die

Speichen am Hinterrad völlig verbogen, der Ledersattel aufgeplatzt und der Rahmen komplett verrostet.

Nachdem ich es im Gebüsch ganz am Ende der Straße versteckt hatte, wollte ich Samuel und Nélson davon erzählen. Das Fahrrad war ja noch gar nicht Wirklichkeit, bevor ich es vorgeführt hatte. Es ist so mit schrecklichen Dingen und auch mit Glück: Um ein Gefühl zu ermessen, muss man es teilen. Dann aber dachte ich, scheiß auf Glück oder Traurigkeit, es war sowieso nur Schrott, weggeschmissen mit anderem Dreck. Also hielt ich den Mund, weil es mir lächerlich vorkam, irgendwie auch beängstigend, dass der Abfall des einen bei jemand anderem solche Begeisterung auslösen kann.

Aus dem Gebüsch schleppte ich es dann in den Zwischenraum hinter dem Busbahnhof und von dort zu den leeren Flohmarktständen. Immer woandershin, damit es mir niemand wegnehmen konnte.

Erst als ich das Pão de Açúcar aufgetan hatte und mir sicher sein konnte, dass keine Drogensüchtigen oder sonst wer sich im Treppenhaus rumtrieben, war mir wohler. Ich ging jede Mittagspause nachschauen, bis ich ganz sicher wusste, dass es dort in Sicherheit war.

Nélson fragte, »Wohin haust du eigentlich immer ab?«, und ich sagte, »Das geht dich einen Scheiß an.« Samuel fragte nie.

Ich fing an, es für mich in Ordnung zu bringen. Der Besenstiel passte ganz gut an den Lenker, ich musste ihn nur mit den Schlauchschellen festmachen, die ich in einem Eisenwarengeschäft eingesteckt hatte. Nur die Kette war, obwohl ich sie mit Speiseöl eingeschmiert hatte, immer noch rostig und hakte. Ich ließ eine Dose mit grüner Farbe bei CIN in der Rua de Santos Pousada mitgehen und pinselte damit den Rahmen an, der sie aufsaugte wie trockenes Holz. Ich malte langsam über den Rost, es tat mir leid, dieses Fahrrad, das Farbe anscheinend so nötig hatte wie Zuwendung.

All das tat ich im Dunkeln, getrieben allein von der Kraft, etwas wieder in Ordnung zu bringen. Wenn irgendetwas wieder in seinen Originalzustand versetzt, im besten Sinne des Wortes wieder zum Leben erweckt werden konnte, dann dieses Fahrrad. Und ich mit ihm.

So wie Nélson einmal in der fünften Klasse einen jungen Spatzen gefunden hatte, der gegen die Wand geflogen war. Wir hörten das Tier piepsen, Nélson schleppte es überallhin in der Innentasche seiner Jacke, aber er sagte, »Ich habe nur was am Magen.« Wir hatten es glauben müssen, aber dann war der Vogel mitten im Unterricht aus seiner Tasche geflattert, hatte ein paar Runden durch den Raum gedreht und war durchs Fenster verschwunden. Samuel sagte, da gehen sie hin, deine Bauchschmerzen.

Das Fahrrad brauchte noch reichlich Arbeit: Noch einen Anstrich, Lack drüber, die Speichen mussten gerichtet werden, die Reifen geflickt, und ein Überzug für den rissigen Sattel musste ich auch noch finden.

Ich wollte es gerade wieder zurück unter die Treppe stellen, als mir am Sattel ein Haarband auffiel, wie es die Frauen benutzen. Der Rahmen roch immer noch nach dem ersten Anstrich, aber nun war auch richtig stark dieser Erdbeerduft da, vielleicht von dem Haar, das dieses Gummiband sonst zusammenhielt. Zwischen Sattel und Gummiband steckte ein dreimal gefalteter Zettel.

Dass jemand mein Versteck gefunden hatte, erschreckte mich dermaßen, dass ich sofort das Fahrrad wegstellte und mich erst in der zweiten Stunde traute, den Zettel aufzufalten.

Darauf stand:

Glückwunsch. Schön geworden.

5

Keine Geschichte zu haben, hieß, dass wir alle gleich waren. Die einen mehr als die anderen. So sicher, wie in der Bibel steht: Das macht den Menschen unrein.

Leandro hatte noch weniger eine Geschichte, jedenfalls weniger als Nélson, Samuel oder ich, denn zu Fábio zu gehören, hieß, alles von sich abzulegen. Jeder von uns musste da anfangs durch. Die einen schlossen sich Fábio an, die anderen machten ihr eigenes Ding, Samuel zum Beispiel mit seinen Zeichnungen, ich mit dem Fahrrad und Nélson mit seinem Gequatsche.

Was Fábio Spaß machte, musste auch seinen Freunden gefallen, die alle jünger waren als er; was Fábio hasste, hassten auch seine Freunde. Zu ihm zu gehören, bezahlte man mit Persönlichkeit, wenn auch auf die portugiesische Art, weder richtig schlimm noch komplett. Grilo hat später gesagt, »Was hat der uns denn schon zu sagen? Gar nichts, oder?« Nur, dass es gar nicht darum ging, etwas zu sagen zu haben, sondern einfach nur darum, nur wollen zu müssen, was Fábio wollte.

Leandro beließ es dabei, Kleinere zu verprügeln und Fensterscheiben zu zertrümmern, mit Fußtritten oder mit Steinen, und eine Familie zu haben, die so beschissen war wie die Scheißfamilien von jedem von uns. Trotz seiner kleinen Gewaltausbrüche war er, bevor er zu uns in die Werkstatt kam, ein ganz schüchterner Junge gewesen, der sich Erwachsenen gegenüber nichts traute. »Wenn du nicht spurst, fängst du eine«, sagte sein Vater, auch wenn er gar nichts getan hatte.

Und auch wenn er keine Geschichte hatte, erzählte er uns, was ihn ins Heim gebracht hatte.

Er hatte sich, so gut es ging, in den Bus gedrängelt. Neben ihm redete eine Mutter auf ihre sehr junge Teenagertochter ein, »Macht dir keine Sorgen, Kind, es tut gar nicht weh. Als du rausgekommen bist, hab ich das nicht mal gemerkt.«

Eine ältere Rotblonde hatte sich reingehängt. »Tut mir leid, Ihre Mutter hat keine Ahnung, was sie da sagt. Es tut schon weh, aber man vergisst es schnell wieder.«

Ja selbstverständlich tue es weh, das habe sie auch nie infrage gestellt, sagte die Mutter und machte sich auf ihrem Sitz breit, um der Rotblonden das Revier streitig zu machen und sie weiter in Richtung Fenster zu drücken. Bei Gefahr Scheibe einschlagen.

Das Mädchen war nervös auf ihrem Sitz herumgerutscht. »Wie denn nun, Mutter.« Ihr schien zu dämmern, dass es doch wehtat, und sie betastete ängstlich und vorsichtig ihren Bauch bis zu den Oberschenkeln runter und dort, wo es warm wird. Die Mutter fuhr mit einem »Ach, halt die Klappe« dazwischen, »Wenn ein Hochhaus ein einzelnes Zimmer rauspresst, glaubst du, das tut weh? Also, so ähnlich ist das bei dir.« Das Mädchen war nicht nur sehr jung, sondern auch ziemlich dick.

Leandro hatte es lustig gefunden, wie die Rothaarige mit bösem Gesichtsausdruck »Das vergisst man schnell, Schätzchen« gemurmelt hatte, sich dann vorgebeugt, um besser zuhören zu können, und dabei aus Versehen die Schwangere mit dem Fuß berührt, die daraufhin aufgestöhnt hatte, mehr in Vorahnung der Geburt als wegen des Fußtritts. Aber die Mutter war sofort ausgerastet, »So ist die Jugend von heute.

Willst du dich nicht entschuldigen, du Rüpel?«, mehr, um sich bei ihrer Tochter zu entschuldigen als aus Ärger darüber, dass Leandro nichts sagte.

Ich bin mir sicher, dass Leandro aus Schüchternheit nichts gesagt hat, vielleicht aber auch, weil er so dumm ist, dass er auf offensichtliche Fragen oft keine Antwort wusste. Wenn er die Geschichte in der Anstalt zum Besten gab, fiel immer sein in die Enge getriebener Blick auf.

Die Rothaarige wusste nicht nur, dass eine Geburt ziemlich wehtut, sondern war auch der Meinung, dass Leandro die Schwangere nur zu ihrer Verteidigung getreten hatte. »Der Junge hat das nicht mit Absicht gemacht, gute Frau, lassen Sie ihn in Ruhe.«

Dann passierte, was kommen musste. Die Schwangere brüllte die Rothaarige an, weil sie ihr von den Schmerzen einer Geburt erzählt und der Mutter widersprochen hatte und nun auch noch einen dahergelaufenen Jungen in Schutz nahm. Die Mutter stürzte sich auf Leandro. Die Rothaarige war diese Leute so satt, die es zuließen, dass Teenager schwanger wurden, dann Lügen erzählten und zu allem Überfluss sich auch noch mit Kindern anlegten. Auch sie war aufgestanden und stürzte sich nun auf die Mutter.

Leandro hatte da immer noch nichts gesagt.

Später konnte er gar nicht mehr alles in allen Einzelheiten erklären, aber er zeigte uns an seinen Armen die Bissspuren, Beweis genug, dass sich die Frauen gestritten, sich angespuckt und aufeinander und auf die Umstehenden eingeschlagen hatten. Auf dem Gang gingen die Leute auseinander. Ein Mann sagte, »Immer mit der Ruhe, meine Damen, so geht man doch nicht aufeinander los.« Ein Kind griff die Rothaarige von hinten an. Der Busfahrer trat aufs Gas, vielleicht weil er dachte, ich bin die Scheiße so leid. Zwei alte Frauen fingen an zu weinen. Ein Verwaltungsbeamter, zumindest sah er so aus, nahm überhaupt nicht wahr, was sich um ihn herum abspielte. Und Leandro hatte es für eine gute Idee gehalten, der Schwangeren eine reinzuschlagen, damit vielleicht endlich Ruhe war.

Es hatte damit geendet, dass die Mutter ein Büschel roter Haare zu Boden schleuderte, draufspuckte und sagte, »Scheiß Drecksnutte!«

Als der Bus hielt, wartete dort schon die Polizei. Außer, dass er eine im zehnten Monat Schwangere geschlagen hatte, war es auch wenig vorteilhaft für Leandro, dass man in seinem Rucksack ein paar kleine Tütchen fand, die er für seinen Bruder dabeihatte.

Fábio hatte ihn gleich am ersten Tag an der Tür zur Lehrwerkstatt abgefangen und gewarnt, »Wenn du nicht spurst, fängst du eine!«

6

Nélson war nicht zu stoppen. Immer zwei Schritte voraus, auf der Straße und auch beim Reden. Wenn es irgendwas gab, von dem er meinte, etwas zu verstehen, weil es ihm gerade einmal aus dem Mund sprudelte, hörte er nicht mehr auf und breitete sich über alles aus, was er wusste oder auch nicht wusste. Seiner ausführlichen Beurteilung entging nichts, vom Alltäglichen, das nicht banaler sein konnte, bis zur Politik, die für ihn nichts weiter als Kasuistik war, Austausch von kleinen Gefälligkeiten, Schiebereien, wie wir sie aus unserem eigenen Umfeld auch kannten. Die ganze große Politik passte für ihn zwischen Schule und Werkstatt, und deswegen war das, was er davon hielt, ebenso gültig wie jede andere Ansicht. Der Premierminister war selbstverständlich genauso ein mickeriger Gauner wie sämtliche Fábios der Welt und hatte überall seine Finger drin, wie ein Vorstadtzuhälter. Die Bankiers sowieso. Und darauf ließ er nichts kommen.

Beim Mittagessen hatte er sich wieder in so ein Gespräch verwickelt, das ihn auch beim Schweinegeschnetzelten nicht losließ. »Der Typ hat das echt so gesagt.« Diesmal ging es um die Säuferpsychose des Vaters von einem anderen Schüler, der am Tag zuvor eingeliefert worden war, weil er wirres Zeug redete: Sie wüssten genau, wer er sei, ließen ihn aber immer noch laufen, um Fingerabdrücke zu verwischen, die Tat zu verschleiern. Die Mächtigen würden ihn immer beschützen, nur werde er bald in ein Raumschiff steigen. Sie würden ihn unter Schlafentzug zum Lügen zwingen, doch über den Start dieses Raumschiffs habe man ihn durch die Sprechanlage in Kenntnis gesetzt. Also fühle er sich nun befreit von der Bürde der Wahrheit. Jesus und alle Engel würden ihn in der Rakete bis in die Stratosphäre begleiten.

Samuel grinste und sagte, »Da wird er wohl glücklich sein.«

(Einmal kam die Besitzerin eines Citroën mit gerissener Steuerkette, genauso durchgeknallt wie dieser Vater, und erzählte mir, sie hätte das Paradies gefunden, ein verwunschenes Tal, eine Straßenecke, einen klaren Gedanken – das Paradies war eine Realität, und es gehörte nur ihr. Sie sagte, sie sei glücklich, ließ ein paar Wochen verstreichen, dann brachte sie sich um. Wir behielten das Auto, bis jemand es abholen kam. Samuel hatte wohl recht, vielleicht ist Glück nur eine Frage der Sichtweise.)

»Und jetzt pumpen sie ihn mit Scheiße voll, und Jesus besucht ihn trotzdem«, sagte Nélson.

Ich kaute gedankenverloren auf meinen Kartoffeln herum, ganz anderswo als im Speisesaal, und der Zettel ging mir nicht aus dem Kopf. Gratuliere. Schön geworden, klang wie eine freundlich verschleierte Drohung. Als hieße es eigentlich, *wenn du noch einmal herkommst, wirst du aufgeschlitzt*, oder *ich steche dich ab*. Gratuliere, schön geworden konnte nie einfach nur heißen, was da stand, »Gratuliere, schön geworden«, sonst nichts, obwohl das Fahrrad durch mich ja tatsächlich mit jedem Mal ein Stück schöner geworden war.

Nélson plapperte weiter, »Das ist immer schlimmer geworden, weißt du, die Frau sagt zu ihm, er soll ruhig sein, und er antwortet, dass aus ihren Augen Schlangen kommen.«

Und nun stand das Fahrrad ganz schutzlos da im Pão de Açúcar, sich selbst überlassen. Während ich hier das Schweineragout mit Kartoffeln aß, war womöglich gerade schon jemand dabei, an der Gangschaltung herumzufingern, die Farbe herunterzukratzen oder sich, was das Schlimmste wäre, mit seinem Arsch auf den Sattel zu setzen.

Samuel antwortete, nicht einmal in wildesten Fantasien kämen Schlangen aus Augen, sondern würden aus Eiern schlüpfen und Staub fressen, was in dem Fall ja nicht einmal nur der Logik des Künstlers entsprach, der mehr sieht, als man sehen kann. Aber das alles interessierte mich nicht mehr.

Wenn jemand sich auf mein Rad setzte, würden die Räder verbiegen, weil ja die Reifen platt waren, und schlimmer noch, meine Freude, der Erste zu sein, mein Privileg, wäre weg. In mir stieg Wut auf, kribbelte durch meine Hände, von meinen Füßen hoch bis in den Brustkorb und von dort überallhin. Meine Halsschlagader begann zu pochen.

Es war keine Angst, sondern mich überkam Kampfeslust. Ich zog den Zettel noch einmal aus meiner Hosentasche und las ihn noch einmal. Gratuliere. Schön geworden. Erst da fiel mir auf, dass es mit rotem Lippenstift geschrieben war, vorsichtig, um nicht zu verschmieren, wie ein gehauchter Kuss. »Gratuliere« stach etwas hervor, und der Erdbeerduft legte sich über das Mittagessen.

Es war lauter geworden im Speisesaal, weil es nun Nachtisch gab und es auch nicht mehr über den Wahnsinn des Irren ging, sondern geräuschvoll die Pampe gelöffelt wurde, die sie hier Mousse au Chocolat nannten.

Ich musste das Fahrrad in Sicherheit bringen, es irgendwo anders verstecken, wo niemand war, der es gernhatte oder auch hasste. Das Eisen und Gummi waren nun Fleisch und Blut, das Fahrrad ein Lebewesen, das mich brauchte, um zu überleben.

Wenn ich heute ein Fahrrad sehe (hier in der Werkstatt liegen ja einige herum), tue ich mir manchmal selbst leid, mehr in Erinnerung daran und an damals als wegen dem, was danach kam. Gutes kommt einem immer dann noch besser vor, wenn darauf etwas Schlimmes passiert ist. Wenn ich an Zärtlichkeit denke, ein anderes Wort nur für Mitleid, wird mir schnell klar, dass nichts etwas wert ist, wenn man es nicht rauslässt. Was im Innern verborgen ist, zählt nicht.

»Was ist das?«, fragte Samuel und deutete auf den Zettel, den ich aus Versehen neben die Serviette gelegt hatte.

»Geht dich einen Scheiß an«, sagte ich und steckte ihn wieder ein, aber alle anderen schlossen daraus messerscharf, dass mir ein Mädchen heimlich in der Schule Briefchen schrieb.

Nélson grinste, klopfte mir auf die Schulter und flüsterte, wobei er mir gleichzeitig heftig das Schlüsselbein knetete, »Junge, jetzt geht's zur Sache.«

7

In der Geschichte gibt es ja auch Mädchen. Wir unterhielten uns mit ihnen in der Pause, auch wenn wir nie so recht wussten, worüber. Irgendwann sagten wir nichts mehr und ließen sie reden, sie hatten Macht über uns, denn eine geradezu widerliche Faszination ging von ihnen aus.

Nélson ließ seine Finger knacken und sprang auf die Schulmauer, um dabei zu sein und gleichzeitig nicht; ich war einfach nur still; Samuel ging zu ihnen, etwas an ihnen zog ihn an, und dann zeigte er ihnen, was er gezeichnet hatte, ein unfaires Spiel, mit dem er sie herumkriegen konnte, und sie gaben ihm Küsschen, auf die Wange, neben den Hals, hinters Ohr.

Sie rochen nach Heu, wie gemähte Wiese. Aber weit außerhalb des Erreichbaren, wo man sich mit aller Macht hinwünscht, aber nie hingelangt. Ich kann mich gut an das Kribbeln erinnern, das mich befiel, wenn ich mich in der Mittagspause irgendwo in ihre Nähe legte. Die Mädchen fesselten mich innerlich an unsichtbaren Fäden, die ich lieber zerriss, als mit der Angst vor dem Unbekannten zu leben. Samuel konnte ich deswegen nicht verstehen, der die Küsschen erwiderte und manchmal mit der einen, mal mit der anderen etwas unternahm.

Er war etwas älter als wir, aber nicht sehr, aber auf mich wirkten sie wie erwachsene Frauen, mit Körpern, die wie allein der Gedanke an Alkohol schon benebelten, bevor man überhaupt einen Schluck probiert hat. Hüften, Hintern, Brüste und das Stückchen Haut dort, wo die Brüste, die man nie zu sehen bekam, anfingen. Aber Samuel blieb cool, gab nie damit an, und einmal hatte er die Idee, dass wir alle zusammen etwas unternehmen sollten. Nélson und ich kamen mit, ohne zu wissen, was uns erwartete.

Rute verstand sich ganz gut mit Fábio, und weder sie noch ihre Freundinnen hatten ein Auge für uns. Aber nun stiegen sie, überredet von Samuel, mit uns in den Bus auf die andere Seite des Flusses und gingen mit uns dann die Böschung zum Ufer herunter.

Nélson plapperte ununterbrochen, »Wollt ihr tanzen, ja?, ihr wollt tanzen?«, und sie lachten, weil sie keine Ahnung hatten, worauf er anspielte. Vor ein paar Monaten hatte er mal Marlene zum Tanzen aufgefordert, und sie hatte, während er sich vor ihr auf die Knie warf, vor allen Leuten gesagt, dass sie keine Lust hatte, mit einem zurückgebliebenen Kleinkind zu tanzen. Von da an hatten ihn alle erst mal eine Weile zurückgebliebenes Kleinkind genannt, bis er auch dem Letzten die Fresse poliert hatte. Mit echt derben Schlägen. Nun also waren Alisa, Rute, Carla mit uns unterwegs, was Nélson staunen ließ und ihm gleichzeitig Angst machte. Wie mir auch.

In der Flussbiegung hinten war Porto zu sehen, Fontainhas mit seinen übereinandergewürfelten Häusern. Wir zogen unsere Schuhe aus und ließen uns Sand durch die Fußzehen rieseln.

Alisa setzte sich zu mir. Trainingsanzug, Plastikohrring, am linken Handgelenk ein Amulett gegen den bösen Blick, so wie damals, als ich sie zum letzten Mal sah. Sie roch tatsächlich nach Heu, ein Beweis, dass sie irgendwo von jener Wiese gekommen sein musste, wo die Mädchen herkamen.

Ich weiß, es klingt kindisch (aber ist es nicht irgendwie immer kindisch, was in uns vorgeht, wenn Frauen im Spiel sind?), aber wir mussten hart bleiben – Männer mit zwölf Jahren.

Nur Samuel mit seinem künstlerischen Gespür konnte mit ihnen umgehen und hatte den Schlüssel gefunden. Er hatte sie nicht einmal herumkriegen müssen, sie mochten ihn einfach. Alisa hatte sich zu mir gesetzt, und er war schon mit Rute Hand in Hand zwischen den Büschen verschwunden.

»Erzähl mir was, Rafael.« Meinen Namen zu hören, ganz ausgesprochen, wo mich doch sonst alle nur Rafa nannten, zeigte mir, dass die Herausforderung größer sein musste als anfangs gedacht.

Ich antwortete, »Gerade muss ich daran denken, dass mich sonst niemand Rafael nennt«, und Alisa strich sich verlegen durchs Haar, das lose in die Beuge zwischen Hals und Schulter fiel. Ich korrigierte, »Natürlich, wie schön es sich anhört, wenn du Ra-fa-el sagst.«

Von da an hielten wir Händchen und unterhielten uns, und sie roch schon nicht mehr ganz so nach Heu. Bekam deutlichere Konturen, eine klarere Stimme, und je wirklicher sie wurde, desto heftiger litt ich. Denn die Ruhe dahinter passte so gar nicht mehr zu der Erwartung und dem Begehren, das, ganz egal, was gesagt wird, herumflattert wie ein junges Vögelchen beim ersten Flugversuch.

Im Wasser am Ufer schwappten Seiten aus Zeitschriften, Weinflaschen, Plastik, Äste und wie Quallen halb untergetauchte Kondome herum.

»Ich mach das nicht immer«, sagte Alisa.

Ich übersetzte »das« mit hier am Ufer zu sitzen, es konnte aber auch Händchen halten bedeuten und in die Gegend schauen. Normalerweise machte sie noch viel mehr, hatte ich sagen hören, Nélson nannte es ranlassen, aber das störte mich nicht, weil man, wenn man händchenhaltend mit jemandem an einem Flussufer sitzt, keinen Gedanken an die Vergangenheit verschwenden will.

Weiter hinten auf der Sandbank war Nélson mit Carla aneinandergeraten. Er wollte sie zum Tanzen nötigen, wenn es sein musste, auch ohne Musik, um die Demütigung durch Marlene auszuwetzen, aber sie sagte, sie wolle nicht. Sie schrie, »Lass mich in Ruhe, du Schwein!«, und verschwand zwischen den Bäumen, wo sie wahrscheinlich Rute und Samuel aufscheuchte bei dem, was sie gerade taten.

Nélson zeigte ihr den Mittelfinger, rannte zum Fluss und stürzte sich hinein, und das Wasser spritzte auf Alisas Haare. Nach ein paar Schwimmzügen legte er sich dann direkt neben uns, noch ganz nass und klebrig. »Ich musste mich abkühlen.« Sich mitten im kältesten Januar abkühlen, war etwas, das nur zu ihm passte.

Alisa und ich hielten da längst nicht mehr Händchen. Trotzdem lagen unsere Hände weiter ganz nah beieinander, wie ein Phantomschmerz, vielleicht besser gesagt, wie Phantom-Freude.

Dann kam Carla mit Rute und Samuel und mit großem Getöse. Sie sagte zu Nélson, »Du bist eine Drecksau!« Und Samuel hatte schon seine Hand in Rutes Hose auf ihrem Hintern und grinste so andeutungsvoll, dass nur ich es bemerkte.

Mit dem nächsten Bus fuhren die drei dann allein wieder weg. Bevor der Bus um die Ecke fuhr, drehte Alisa sich noch einmal um, wischte die beschlagene Scheibe ein Stück frei und warf mir einen Kuss zu.

8

Ich schlüpfte durch das übliche Loch im Zaun, diesmal aber achtete ich mehr auf den Wachmann, der allerdings immer noch fleißig sein Kreuzworträtsel ausmalte.

Ich suchte auf dem Parkplatz herum, merkwürdig, wie Frauen immer gebückt in die Autos einsteigen und Männer sich erst einmal vorbeugen und dann in einem zweiten Schritt in die Hocke gehen, blickte mich zwischen den Autos um und natürlich auch in dem bewachten Bereich weiter hinten beim Atrium, durch das Licht auf das Unkraut im Untergeschoss fiel.

Dann ging ich hoch in den ersten Stock, eine leere Betonfläche, sonst nichts, kein Unkraut, keine Taube, nichts außer Pfützen vom Platzregen am Abend zuvor, Graffitis überall und der Satz »Ich und meine Welt« immer und immer wieder auf jedem Pfeiler: ich und – ich und meine – ich und meine Welt. Das Licht verschwand, aber in den Pfützen spiegelte sich immer noch etwas Helligkeit aus dem Lichthof. Dort, wo es zu den Treppen ging, hatte jemand »Was kannst du sehen?« hingekritzelt.

Von oben war Porto zu sehen, durch leichten Nebel mit dem Valongo-Gebirge verbunden. Aber der Blick war mir egal, auch wenn ich plötzlich gern Nélson und Samuel bei mir gehabt hätte, und es wäre nur eine weitere dreckige Ecke gewesen, wo man abhängen konnte wie immer und alles sein lassen konnte. Was, wussten wir nach wie vor nicht. Aber das

Pão de Açúcar machte uns aufgeregt und beklommen wie der Wartebereich einer Notaufnahme, hier hätten wir nie Ruhe gefunden, hätten uns nie einfach nur atmen hören, in falscher Brüderlichkeit eine Zigarette rauchen können und dann wieder nach unten zurück auf die Straße gehen.

Ein paar Meter weiter spuckte das Vila Galé mit den Leuten, die sich dort ein Hotelzimmer und Sunset-Parties leisten können, auf die Ruine herab. Schien sich eigentlich einen Scheiß darum zu kümmern, stand einfach über all dem, wo selbst als Ruine noch viel mehr Leben drin war als dort drüben bei den Kupierten in ihren Suiten, wo sie Cocktails schlürfen und fein Geschlechtsverkehr haben und in Schlachthöfen der Seele wie Deloitte oder PwC arbeiten.

Ich ging wieder nach unten, so voller Wut auf erfolgreiche Menschen, die ich sowieso mehr für einen Mythos hielt als für Wirklichkeit, immerhin noch ohne die richtige Abneigung, die ich heute gegen sie habe, wenn ich ihre Autos in Ordnung bringe.

Ich erkundete fast den gesamten Komplex und fand nichts, was meinem Fahrrad gefährlich hätte sein können, nur im Keller war ich bis dahin noch nicht gewesen.

Feiner Kies, fast wie Staub aus Zement und Erde bedeckte den Boden und natürlich der Müll, den die ersten Bewohner zurückgelassen hatten. Eine Puppe, der das rechte Auge fehlte, ein kleiner zerbrochener Spiegel, ein Ebenholzkreuz ohne Jesus, Papiere in fremder Sprache, drei Bücher mit einem Bindfaden zusammengebunden und mit unlesbar gewordenem Rücken, Hämmer mit blankgescheuerten Griffen, eine alte Visitenkarte und Hunderte Plastiktüten.

Der Müll führte bis in den hintersten Winkel des Kellers zu einer Art Schacht, durch den auch etwas Licht fiel. Daneben war ein Verschlag zwischen Wand und Pfeiler zusammengezimmert, vier Kanthölzer und darüber drei Kunststoffplatten und Bleche.

Der Müll war hier weggefegt worden, das Unkraut gerupft, und in ein paar zerbrochenen Blumenkübeln wuchs Gemüse. Ein richtiger Hauseingang. Ich rief, »Ist da jemand?«, aber es kam keine Antwort.

In dem Verschlag stieß ich auf ein paar Sachen, manche davon völlig mit Erde verdreckt, andere blitzsauber in Taschen oder auf einer Matratze mit zerschlissenem Bezug, wo an den Kanten der Schaumstoff herausguckte. Das einzige Kissen war ein Gekröse mit Blutflecken.

Ich kann es bis heute noch einzeln aufzählen: eine gelbe Decke, die aussah, als würde sie täglich benutzt, eine Jeansjacke mit aufgekrempelten Ärmeln, aufgerissene Saftpackungen, sechs Präservative Control in einer Plastiktüte, in der ich auch Tabletten fand, Parlodel 2,5 mg, einen Kamm und daneben eine weiß-violette Zahnbürste mit einer durchsichtigen Plastikabdeckung über den Borsten, eine blaue Rasierklinge, zwei Lippenstifte und Wimperntusche Maybelline, ein Berechtigungsausweis der Armenspeisung Coração da Cidade mit der laufenden Nummer 132, ein Zettel wie der an meinem Fahrrad, auf dem »Termin CAT Cedofeita 31/1, 11:30« stand, noch zwei Kondompackungen von der Aidskampagne, ein Behandlungszettel vom Hospital Joaquim Urbano, im Volksmund wie früher Goelas de Pau genannt, auf den die Ärztin »Bitte neu vorstellen« geschrieben hatte, sowie das Foto von einer Frau mit im Wind wehendem blonden Haar, auf der Rückseite: São Paulo 1978.

Über allem ein ekliger Moschusgeruch. Wie konnte jemand so leben? Selbst ich, von dem manche Menschen wohl auch so dachten, also, wie man so leben kann, dachte, es sei gar nicht möglich und völlig abwegig, sich so tief in ein Kellerloch zu verkriechen in einer zusammengezimmerten Hütte, am Tiefpunkt des Lebens.

Frustriert darüber, dass ich gar nichts hatte finden können, was eine Gefahr für mein Fahrrad darstellte, trat ich die Blumentöpfe um und warf ein paar Steine gegen das Plastikdach.

Ich wollte gerade wieder zurück in die Treppenschlucht steigen, als ich es husten hörte. Ich blieb stehen. Jemand kauerte neben dem Fahrrad. Im ersten Moment sah es für mich aus wie Hände, die auf einem Mund tanzten, es stieg Dampf auf und verflüchtigte sich fast sofort wieder. Der Dampf kam von einem noch warmen Brötchen, und die tanzenden Hände waren nichts als die Gier, mit der die Gestalt dieses Brötchen verschlang.

9

In diesem Augenblick entlud sich in mir alles auf einmal wie bei einem Dammbruch, wo alles plötzlich hinter einem Hügel herankommt. Von irgendwo zwischen meinen Armen wütend aus meinem Mund heraus, »Das gehört mir, du scheiß Hure! Nimm bloß deine Finger weg da, oder ich schlag dir die Fresse ein. Halt's Maul! Pass bloß auf. Hast du es angefasst? Gib zu, dass du es angefasst hast! Scheiße, dafür wirst du bezahlen. Hast du den Zettel da hingesteckt? Mir sagt niemand, dass irgendwas schön ist, ich weiß das selbst, es ist wunderbar, es wird wunderbar, nimm bloß deine beschissenen Finger weg. Hau ab!«

Ich musste Luft holen, aber noch immer mehr Worte wollten heraus, ich war mir nicht einmal sicher, ob scheiß Hure das richtige Wort war, war sowieso nicht ganz sicher, was die Gestalt anging, die nun ihre Hand in den Bund ihrer Jeanshose klemmte und die die Beschimpfungen über sich ergehen ließ, so als hätte schon öfters jemand sie eine scheiß Hure genannt.

Sie stand auf.

Als Licht auf ihr Gesicht fiel, war ich mir schon etwas sicherer, was die Beleidigung anging, nun war es nicht mehr nur eine Gestalt, sondern eine sehr abgemagerte Frau, die ihre Haare über dem Kopf zu einem Knoten zusammengebunden hatte. So von Nahem roch sie entsetzlich, Dreck starrte ihr aus der Nase, ihre Haare waren an den unmöglichsten

Stellen verfilzt. Sie hielt die Brötchentüte umklammert wie eine Waffe.

»Das Fahrrad hier habe ich gefunden, es war kaputt, und ich mache es wieder ganz«, fuhr ich fort. »Ich mach dich fertig. Fass es nicht an, ich warne dich … Fick dich, ich hole meine Freunde, wir machen dich fertig, ruckzuck. Hau ab in dein Loch, verschwinde. Und fertig. Deine Pflanzen habe ich schon plattgemacht, dass du es weißt. Lass deine Finger von meinem Fahrrad, dann ist alles klar.«

Dann war alles gesagt, und die Flut war vorbei. Ich war völlig erschöpft und wollte mich setzen. Sie lächelte mir zu wie eine Mutter und rückte ein Stück zur Seite, winkte mir, dass ich mich setzen solle.

Dass sie lächelte wie meine Mutter, dachte ich wegen der Schwalben. Wir waren einmal im Bus unterwegs, meine Mutter und ich, dort, wo die Zigeuner wohnten. Ganz am Ende des Kopfsteinpflasters waren Waschfrauen damit beschäftigt, Wäsche zu waschen, und redeten. Der Seifenschaum stieg ihnen die Arme hoch bis zum Hals, aber das störte sie gar nicht, sie schrubbten die Wäsche nur umso kräftiger. Dann hängten sie sie unter dem Dach des Waschhauses zum Trocknen auf und setzten sich, um zu verschnaufen.

Unter dem Dach waren Schwalbennester. Der Bus fuhr vorbei, und meine Mutter sagte mit einer Handbewegung in Richtung Himmel, Unendlichkeit, wo bald der Frühling beginnen sollte, »Mal sehen, wer die erste Schwalbe sieht.« Von da an schaute ich wochenlang in den Himmel, ins Waschhaus, in die Gesichter der Waschfrauen, hoch zu den leeren Nestern, dann gab ich auf. Zeigte einfach in Richtung der Wolken und krähte, »Da, da!« Meine Mutter, die schon viel Merkwürdigeres über sich ergehen hatte lassen, lächelte und sagte, »Wie schön, die erste Schwalbe.«

Als ich mich zu ihr gesetzt hatte, sagte die Frau, »Junge, es macht mir nichts aus, ich bin schon so oft beleidigt worden.« Sie gratulierte mir zu dem Fahrrad, es sei wirklich sehr schön und würde wohl bald so weit in Ordnung sein, dass ich damit fahren könne. Sie wolle mir helfen, aber sie sei nicht besonders kräftig und auch nicht besonders geschickt.

Das Angebot klang wie der Zettel. Sogar geschrieben war ihre Stimme noch nur der verzweifelte Versuch, nicht über sich selbst zu stolpern. Auch etwas Gefährliches lag darin, wie in der Schönheit einer fleischfressenden Pflanze, die erst lockt und dann zuschnappt. Für mich fühlte es sich nicht bedrohlich an, ich hätte es auch mit meinen zwölf Jahren schon mit ihr aufnehmen können, sie war ja schon ziemlich schwach, aber Verführung lag in ihrer Stimme (der brasilianische Akzent), in ihrer ganzen von der Umgebung geprägten Erscheinung.

Ich fragte sie, wie sie mir denn helfen wolle, und sie sagte, »Vielleicht kann man den Sattel mit einem Strumpf reparieren.« Natürlich, die Frauen denken erst einmal ans Äußere, ich aber hätte mehr Technik gebraucht, aber tatsächlich hatte das rissige Leder auch eine Art Schutz nötig. Sie redete weiter, »Ich besorge eine Nylonstrumpfhose und du eine Socke.«

»Bild' dir nicht ein, dass du es anfassen darfst«, brüllte ich und sprang auf. »Habe ich dir nicht gesagt, du sollst abhauen? Warum bist du noch da?«

Sie hielt mir die Hälfte des Brötchens hin, als wollte sie sagen, »Na komm schon, iss«, und da wusste ich nicht mehr, was ich tun sollte. Es fühlte sich warm an, ich weiß nicht einmal, ob weil es noch frisch war oder von ihren Händen, was ich mir allerdings nicht so gern vorstellen wollte, denn dann war es bestimmt voller Keime und Krankheiten.

Ich ließ das Brötchen fallen und trampelte mit den Füßen

darauf herum. Sie fuhr sich mit den Fingern durchs Haar, wie um ihr Zittern zu unterdrücken, als sie sah, wie ihr Essen zertrampelt wurde. »Ist gut«, murmelte sie, »dann ist es so«, und versuchte, aufzustehen.

So schnell, wie sie aufgestanden war, wäre sie fast wieder mit dem Hintern auf den Boden geknallt, hätte sie sich nicht an das Fahrrad geklammert. Sie lächelte trotzdem immer noch und sagte, »Fast hätte ich mich auf den Arsch gelegt«, und bat mich, ihr aufzuhelfen.

Und dann, keine Ahnung, vielleicht aus Reue, vielleicht nur, um zu sehen, ob ich es schaffen würde, sie anzufassen, ohne gleich zu kotzen, nahm ich sie am Arm. Ich stellte mir vor, wie ich Samuel davon erzählen würde, »Sie hat so gestunken, und trotzdem habe ich sie festgehalten«, als wäre es etwas Besonderes, sie hochzuziehen, allein schon das Hochziehen: der Beweis, dass ich im Leben was auch immer erreichen könne. Natürlich würde ich unterschlagen, dass ich dadurch eigentlich nur hatte erreichen wollen, dass sie mein Fahrrad losließ.

»Bring mich nach unten und dann lass dich nicht aufhalten, Junge«, sagte sie.

Bis oben an der Treppe redete sie mit sich selbst, bekam kaum noch Luft, allein vom Treppensteigen.

Obwohl draußen viel los war, der Straßenverkehr auf der Avenida, der Betrieb auf der Dachterrasse des Vila Galé, von wo der rhythmische Lärm einer Feier zu hören war, achtete niemand auf uns. Vielleicht weil wir schlicht aus der Welt waren, und nicht unbedingt, weil sie uns einfach nicht wahrnehmen wollten. Wahrscheinlicher aber ist, dass sie uns einfach nicht sehen wollten.

Wir gingen von der Rua da Póvoa aus über die Rampe nach unten. Nachdem ich die Pflanzkübel wieder aufgestellt hatte (die Pflanzen hatten es erstaunlicherweise überstanden), ließ ich sie am Eingang ihres Verschlages zurück.

Die gelbe Decke, die Tabletten, der Behandlungszettel, das Foto, ihr ganzer Besitz erzählte von etwas, in dem ich, ohne mir da schon darüber bewusst zu sein, längst eine Rolle spielte.

Ich haute ab, schon aus Angst, länger dort bleiben zu müssen, denn was ist das für ein Junge, der sich mit einer gealterten Nutte abgibt, aber bevor ich mich aus dem Staub machte, wollte ich mich noch bei ihr entschuldigen dafür, dass ich ihr Brot zertrampelt hatte. Sie winkte mir und rief etwas, aber ich verstand es nicht, weil ihre Stimme nur stoßweise kam. Dann merkte ich, dass sie gar nicht winkte, sondern mir den Mittelfinger entgegenstreckte.

10

Zurück in Prelada, dem Drecksloch, diesmal mit Fábio. Er brüllte, »Das ziehen wir uns alles rein«, und wir hatten keinen Schimmer, was er damit meinte. Ich weiß es bis heute nicht. Er hatte uns, an der Bushaltestelle der Linie 209 aufgelauert. Grilo und Leandro waren zu unserem Glück ausnahmsweise mal in die Schule gegangen.

Samuel, von Natur aus eher still, sagte nichts, Nélson drückte sich zwischen den Leuten durch und erklärte, der Vater, von dem er mal erzählt hatte, sei mittlerweile vollkommen entspannt wieder nach Hause entlassen worden und würde nun stundenlang nur an die Wand starren.

Von Fábios Glatze habe ich noch nicht erzählt. Als sei er mit einer Landkarte auf der Kopfhaut zur Welt gekommen, sah sein Skalp aus wie ein Wegeverzeichnis durch eine seltsame Landschaft mit Ebenen, Inseln, Buchten, fernen Ländern, aber es waren nur Flecken auf seiner Haut, an einer Stelle, wo er keine Haare hatte.

Wenn er aus der Werkstatt vor die Tür trat, fingerte er jedes Mal eine Zigarette aus seiner Kleidung (woher er sie immer so vollkommen makellos herholte, ist mir bis heute ein Rätsel) und steckte sie sich hinters Ohr.

Er war irgendwie nur zu bewundern. Er wirkte wie jemand, der vor nichts zurückschreckt, das ihm im Weg ist, und stets eine Antwort findet, selbst wenn gar keine Frage gestellt wurde, und stur wie ein Besessener weitermacht.

Vielleicht war die Zigarette deswegen immer so unzerknittert.

Im Bus sagte er zu uns, das Leben sei schön, wenn man Freunde hat, und er sei ein Freund, denn er kenne sich aus, und vor allem hätte er etwas zu sagen. Er sei zu einigem in der Lage, »Zum Beispiel gehorcht mir der Busfahrer. Wenn ich will, stoppt er den Bus, und die Kontrolleure sprechen mich sowieso gar nicht an, weil sie Respekt vor mir haben.«

Mir war schon klar, dass der Vollidiot nur vor sich hin redete, um keine Stille entstehen zu lassen, und ich hatte kein Mitleid mit ihm, auch wenn ich wusste, dass er von den Betreuern in der Anstalt angefasst wurde, und auch das mit seiner Mutter wusste ich.

Samuel redete auch manchmal mit dem Fahrer, aber nicht so wie Fábio, um anzugeben, sondern weil er neugierig war und wissen wollte, wie man den Motor anließ, wann man die Automatik auf D stellen musste, wie weit man ausholen musste in den Kurven und wie vorausschauend man bremsen sollte.

Fábio interessierte sich eher für mich, weil er mich vom Schlafsaal her kannte, auch wenn wir an unterschiedlichen Enden schliefen, aber er gab nicht nur ständig mit allem Möglichen an, sondern kam auch immer näher, bewegte sich dabei wie eine Frau und flüsterte mir ins Ohr, »Bring deine Freunde ruhig öfter mit, okay? Damit hier mal was los ist.« Sein Atem roch nach Zigaretten und Kaugummi.

Als wir noch drei Haltestellen zu fahren hatten, sagte Samuel, »Wenn das so ist, dann lass ihn doch anhalten, zeig mal.« Wären wir nur zu dritt im Bus gewesen, hätte er längst seinen Zeichenblock auf den Knien gehabt. Ich kannte seine Landschaften, seine älteren Zeichnungen hatte ich noch nicht gesehen, in denen er Dinosaurier durch die Straßen von

Porto spazieren ließ, Aliens, Superhelden, maskierte Bankräuber und Manga-Figuren mit komischen Augen.

Fábio stieß die Leute beiseite, kratzte sich hinter dem Ohr mit der Zigarette und legte dem Busfahrer dann seine Hand auf die Schulter. Sie redeten kurz miteinander, was, konnte ich nicht verstehen, dann hielt der Bus wirklich mitten auf dem Viadukt über die Ringstraße an. »Habe ich es nicht gesagt? Los, raus hier.«

Als wir ausstiegen, sagte der Fahrer, »Man sieht sich, Junge«, und fuhr weiter. Dabei hätte er fast noch den Motor abgewürgt.

Samuel umklammerte seinen Rucksack, aus Angst, Fábio könnte ihn wegnehmen, denn es war klar, dass er zu allem imstande war, und blieb immer fünf Schritte hinter uns. Er schlurfte, kickte Steinchen vor sich her und schnaufte sogar.

Nélson tanzte um Fábio herum und fragte, »Wie hast du das denn gemacht?«, und begriff nicht, dass Fábios Art, Leute für sich zu gewinnen, etwas Fiebriges hatte, wie eine ansteckende Krankheit. Fábio schüttelte nur den Kopf, klar, dass das Wichtigste dabei das Geheimnis war.

Noch als wir längst angekommen waren, musste ich darüber nachdenken.

Fábio fragte, »Und jetzt?«, und wir taten wie ein Mann so, als hätten wir es alle drei nicht gehört.

Normalerweise begannen unsere Expeditionen immer unter der Trauerweide, wo wir Heftchen, Zigaretten und anderes Zeug aufbewahrten, das man uns in der Werkstatt nur wegnahm, aber nicht einmal Nélson wollte ihm das Versteck preisgeben, Samuel und ich sowieso nicht.

Wir gingen also gleich in den nördlichen Turm, wie schon an den Tagen davor. Der Geruch nach durchnässtem Gipskarton wurde von Stockwerk zu Stockwerk stärker. Je höher wir kamen, desto mehr verflog die Begeisterung, die uns sonst immer befiel, wenn wir dort nur zu dritt waren.

Keiner von uns, nicht einmal Samuel, konnte sich Fábios Einfluss entziehen, dem Bann dieser Kraft, mit der er sogar Busse zum Anhalten brachte, und der gemeinsamen Erfahrungen, die einen zusammenschweißten.

Jetzt kam auch Samuel näher, von Fábio angelockt, hielt seinen Rucksack aber noch immer fest umklammert wie einen Talisman oder ein Kreuz, wenn es um Leben und Tod geht. Wehe, wenn er Fábio seine Zeichnungen zeigte – den Verrat an sich selbst und auch uns gegenüber würde er nie wieder rückgängig machen können. Für mich jedenfalls war es etwas Besonderes, dass nur Nélson und ich diese Seite von Samuel kannten. Die Mädchen natürlich auch, aber das zählte nicht. Es war wie eine Ehre, auch wenn der Begriff sich dafür einigermaßen merkwürdig anhört, viel zu abstrakt für mich damals.

Normalerweise rauchten wir erst einmal entspannt auf der obersten Plattform, aber jetzt gab uns Fábio, gleich, als wir oben waren, Joints zum Beweis, dass er ein Freund sei, und wir waren gezwungen, sie anzunehmen.

Ich ließ das Zeug ziemlich lange in der Lunge.

Scheiß auf das Meer und die Zeichnungen, darauf, den eigenen Atem zu hören und alles sein zu lassen. Es legte sich süß in die Kehle und machte ein ziemlich beängstigendes Gefühl von Unbesiegbarkeit, sich von oben von dem Gebäude stürzen zu können, und unten angekommen einfach nur die Knochen wieder zusammenzusammeln und einen Marathon laufen zu können. Ich musste an die Frau im Pão de Açúcar denken, was für ein Scheiß, hier hinter Fábio herzurennen, genauso gut hätte ich nun bei ihr sein können, wie sie da auf ihrer Matratze lag, ihr zu essen geben.

»Also, wer ist ein guter Freund?«, fragte Fábio nach jedem Zug, und ich antwortete, »Ist schon klar, du.«

Nélson fing an zu zittern, als würde der Joint pausenlos an ihm zerren, und Samuel verfiel in eine künstlerische Erstarrung, ganz in sich gekehrt und als sähe er Unmengen Sachen. Das machte mich wütend. Niemand konnte sich all dem und dem, was noch kommen würde, entziehen, weder er noch ich. Wir mussten weitermachen, nicht jammern, uns abkapseln, so gut es ging, aber nicht, um gigantische Sachen zu sehen wie Samuel, sondern allein, um zu leben, ohne große Verkünstelungen oder Bilder, deren wirkliche Schönheit sonst niemand sieht.

Der Rauch brannte uns in den Augen und machte Durst. Irgendwann gaben wir Samuel dafür die Schuld, und Fábio war sowieso der Einzige, der etwas dagegen tun konnte – was sich nicht übersetzen ließ, aber manches erklärte.

Auf dem Weg wieder nach unten kam uns ein trauriger Anblick entgegen, so ein geschniegelter Milchbubi, ich schwöre, er hatte sogar eine Schuluniform mit Wappen an.

Fábio brüllte sofort los, »Verpiss dich, Junge du hast hier nichts zu suchen!«, und Nélson, der nie eine Gelegenheit ausließ, auch etwas zu sagen, erklärte, »Guck an, so einer in unserem Revier, was glaubst du eigentlich, wer du bist, Arschgesicht?«

Der Pisser hatte da längst schon den Rückwärtsgang eingelegt und sagte immer nur, »Tut mir leid, ich bin ja schon weg«, und wir nahmen es mit Genugtuung hin. Aber Fábio fasste ihn, zwang ihn, nach rechts und nach links mit den Füßen zu strampeln, und gab uns Zeichen, dass wir ihn nach oben bringen sollten.

Von dem, was dann kam, wurde ich einfach nur mitgerissen, Fábios Arme wurden wie eine Verlängerung meiner

Arme, sein erster Fausthieb kam von ihm und von mir. Erst prügelten nur wir auf ihn ein, dann stürzte auch Nélson sich auf den armen Trottel, der wie ein Mädchen jammerte. Er versuchte, davonzukriechen, landete mit dem Gesicht im Staub, wedelte mit den Armen darin herum. Fábio trat ihm mit dem Fuß auf die Finger, ganz langsam und dann immer kräftiger, bis es knackte. Und der Typ jammerte, »Bitte nicht, bitte nicht.«

In zwei Sekunden hatten wir seine Klamotten komplett zerfetzt, und er sagte längst nicht mehr, *Tut mir leid, Entschuldigung, ich bin doch schon weg*. Bat auch nicht mehr, bettelte nur noch, »Hört auf, bitte hört auf, Bitte nicht!«, und spuckte Zähne, nachdem ich ihm einen Tritt verpasst hatte. Einen Eckzahn und zwei Schneidezähne.

Es war so brutal und so körperlich, reiner Sex, ganz egal, ob zu viert oder zu dritt oder dass nur Männer beteiligt waren. Ich wollte nur noch sein Blut auf dem Boden sehen, weil Fábio es wollte. Wir wollten es. Ja, ja, ja, weiter. Komm!

Dann ließen wir ihn liegen, natürlich nicht, ohne uns seine Brieftasche zu schnappen. Viel Geld war nicht darin, vielleicht zehn Euro in Münzen.

Fábios Zigarette steckte immer noch hinter seinem linken Ohr, völlig makellos. Trotzdem sah er sich veranlasst, sie kurz geradezurücken, eine Art Zwangshandlung nach diesem Gewaltexzess. Ein paar Tabakkrümel landeten auf seiner Kopfhautlandkarte. Dann steckte er sich fünf Euro ein und gab uns den Rest. Mir kam es falsch vor und auch irgendwie albern, dass Samuel seinen Teil von dem Geld gar nicht haben wollte. Er hatte schon bei der Prügelei nur danebengestanden, war sogar ins Treppenhaus abgehauen.

Auf dem Rückweg redeten wir übers Wetter. Es regnete, wie eigentlich immer. Fábio stellte sich wieder nach vorn neben den Fahrer, derselbe wie vorher, und gab ihm das Geld. »Alberto ist wirklich in Ordnung«, sagte er zu uns.

Ruhiger nun und nicht mehr so heftig in Fábios Bann, sah ich, dass Samuel auf der hinteren Bank wieder angefangen hatte zu zeichnen. Das Blatt lag locker auf seinen Knien. Er war so gelassen und wirkte so unbeteiligt, dass in mir echter Stolz aufkeimte und der merkwürdige, nicht einmal widersprüchliche Drang, ihn anstelle des Trottels, den wir gerade zusammengeschlagen hatten, zu prügeln.

11

Die Kleinen wirbelten um Fábio herum und plärrten, »Wir waren zuerst da!«, die einen klammerten sich an seine Beine, ein paar andere versuchten, ihn in die Hand zu beißen, und alle waren richtig sauer, denn die Fernbedienung war nicht verhandelbar und eine Platzwunde am Kopf oder schmerzende Schienbeine allemal wert.

»Wir haben sie!«

Fábio befreite sich ohne weitere Mühe, schubste sie weg, gegen die Wände, wo sogar manchmal Blutspuren blieben, die von den Putzfrauen später nicht einmal weggemacht wurden. Irgendwann war er es dann leid, hatte sich seiner Meinung nach genug geärgert. Er brauchte am Ende des Tages auch etwas Ruhe. Er rief Leandro und Grilo, und dann scheuchten sie alle weg, die bis dahin noch da waren, drückten sie mit dem Kopf in die Kissen, bis sie fast erstickten. Auf der Flucht auf den Flur brüllten die Kinder, »Das wird euch noch leidtun!«, und hofften, irgendwann würden auch sie einmal Männer sein und sich rächen können für das erlittene Unrecht.

Ich fand einen Platz auf dem Sofa, und Fábio setzte sich direkt vor den Fernseher auf den einzigen Sessel.

»Ich will kein Wort mehr hören!«, sagte er und schaltete um. *Wenn das hier keine Reality-Show wäre, hätte ich dir längst eine gescheuert, dass dir die Brille von der Nase fliegt und die Nase dazu, hast du verstanden? Du könntest schon längst nichts mehr sehen.* Fábio war vergnügt, er stellte den Ton lauter und sagte noch einmal, »Keinen Mucks, ich will zuhören!« *Wenn du mich schlägst, kriegst du von mir einen Kopfstoß, dass dir alle Zähne wegfliegen.*

Ich blieb sitzen, aus reiner Faulheit, Nélson neben mir flüsterte, »Fábio, die alte Schwuchtel, der liebt diese Sendung, pass auf, wie er sich freut, wenn sich die Tunten da streiten.« *Hör zu, habe ich dir jemals vertraut, elender Schuft?* Samuel saß auf dem Fußboden und wischte mit seinen Fingern im Staub herum, trällerte gleichzeitig in sich hinein, als wollte er sich von allem um ihn herum befreien.

Und ich dachte, wie herrlich das Leben doch sein kann, wenn man jemanden neu kennenlernt. Eigenartig, wie viele Menschen es gibt, die man noch nicht kennt, und dass das Leben nicht immer so wunderbar ist. Aber ich würde auch lügen, wenn ich behaupten würde, ich hätte in dem Moment schon gewusst, dass die Frau dort im Pão de Açúcar mich brauchte und eine Art Ruf war, dem ich zu folgen hatte, um ein besserer Mensch zu werden, um zu helfen.

Und ich dachte daran, wie widerlich sie gestunken hatte und wie ich, kaum nach der Begegnung mit ihr wieder im Wohnheim, den Arm, auf den sie sich mit aller Kraft abgestützt hatte, geschrubbt hatte, bis er regelrecht wehgetan hatte. Nach dem einen Arm auch den andern, dann meinen Hals, das Gesicht, mich schließlich mit reichlich Seife auch unter den Armen gewaschen. Ich hatte ein solches Verlangen nach Reinigung gehabt und danach, dass unsere Begegnung nie stattgefunden hätte.

Fábio hopste in seinem Sessel herum, wollte, dass wir alle Applaus klatschten. »Guckt euch das an, jetzt wird's richtig spannend.« *Wage es bloß nicht, wage es nicht, du verdammte, erbärmliche, winzige Kreatur.*

Durch das Fenster hinter dem Fernseher konnte man auf die Straße sehen. Die Autos kamen nur stoßweise voran, manche mussten alle zehn Meter abbremsen, andere zuckelten im ersten Gang vor sich hin, und die Fahrer starrten auf ihre Handys. Eine Mutter manövrierte einen Kinderwagen zwischen den Autos hindurch. Sie winkte, Achtung, Achtung. Ganz am Ende der Straße machten die kaputten Bremsen eines Autos Geräusche, die sich anhörten wie Walgesänge.

Auch wenn der Ekel noch da war, war es nicht mehr der heftige Anfall von da, wo ich sie gefunden hatte. Nun sah ich in ihr eine Art Erweiterung meines Fahrrads, so ganz allein und nur sich selbst überlassen da unten im Pão de Açúcar, und hatte auch nicht mehr dieses starke Bedürfnis nach Reinigung. Irgendwie stieg in mir sogar ein Gefühl von Dankbarkeit auf. Niemand hatte mich bis dahin für etwas gelobt, das mir gehörte oder das ich mit eigenen Händen gemacht hatte. Ich stellte mir vor, dass vielleicht Mütter es so machten: kleine Zettelchen überall hinterlassen, die ihre Kinder dann lesen. Ich wollte nun wissen, wer sie war, was sie machte, wie sie dorthin geraten war.

Du bist so unglaublich ordinär mit deiner beschissenen Art, ja, das bist du. Du verdammter Hornochse. Nélson versuchte, ein Grinsen zu unterdrücken, und zog mich am Ärmel und flüsterte mir ins Ohr, »Der drückt sich ja cool aus. Von wegen verdammter Hornochse!«

Samuel wischte weiter nur mit dem Finger im Staub herum.

Sie musste da unten im Keller ihr Brot in einem Verschlag essen, vielleicht sogar in das Wasserloch pinkeln, war höchstwahrscheinlich gar nicht mehr in der Lage, allein da rauszukommen. Im Gegensatz dazu war mein Leben geradezu gut. Ich schlief zwar mit lauter Idioten in einem Raum, aber ich hatte ein Bett. Sie musste auf dieser feuchten Matratze liegen, sich mit dieser gelben Decke zudecken. Ich hatte mit Frauen wie mit Dona Palmira zu tun, die so fett und so hässlich war, wie man es sich nicht vorstellen konnte, eine Art lebenslängliches Scheitern, aber genauso mit Mädchen wie Alisa, die mich anhimmelte und die ich anhimmelte. Ich konnte mich frei auf der Straße bewegen, mich mit den Rentnern im Park unterhalten und mich in den Dreckslöchern herumtreiben. Aber sie, wer wollte denn sie noch, wo sollte sie sich herumtreiben außer in diesem Keller, dem Drecksloch, aus dem sie nie wieder herauskommen würde? Ich hatte sogar Fernsehen.

Du mit deinen Drogengeschichten, du kleiner halbseidener Junkie, versuchst hier, den Leuten was vorzumachen. Mich legst du nicht rein. Fábio war bis auf eine Handbreit direkt vor den Fernseher vorgerückt und kommentierte, »Die sind echt richtig speziell.« Grilo und Leandro nickten.

Mein Alltag war voll von Gestalten wie Fábio, die einfach nur zuschlagen, oder Leandro und Grilo, die nur gehorchten, von Übergriffigen und Missbrauchten, ich hatte Freunde wie Nélson, die redeten und redeten, ohne Punkt und Komma, oder Samuel, dessen Schweigen so dermaßen viel mehr sagte. Alles besonders, einzigartig, aber hundertfach ganz genau so auch anderswo, an Orten, von denen ich keine Ahnung hatte, am anderen Ende der Welt oder sogar in Spanien. Und das war so beruhigend, wie wenn man direkt neben sich steht und sich von außen betrachtet, denn dann ist man nicht ganz allein, sondern ein winziges Teil im Getriebe des großen Ganzen.

Sie aber war, auch von außen betrachtet, nur der Anblick eines verbrauchten Körpers, den das Leben zerstört hat. Und mir nun völlig ausgeliefert sagte, *mach mit mir, was du willst.* Abgesehen von dem Ekel war die Begegnung mit ihr der Beginn einer neuen Erfahrung. Erst viel später, als sie mir erzählte, was sie alles durchgemacht hatte, wurde mir klar, wie viel ich noch zu entdecken hatte. Wie viel noch passieren würde.

Samuel setzte sich mit verschränkten Armen hinter Fábio, der immer noch wie gebannt der Streiterei auf dem Bildschirm folgte. Dann ging er aus dem Raum, Nélson folgte ihm.

Wer das nicht aushalten kann, soll es lassen. Bevor meine Lady auch nur einen Fuß auf den Boden hier setzt, solltest du ihn mit der Zunge ablecken. Fábio folgte der Schreierei wortlos mit seinen Lippen und Händen, als dirigierte er ein Orchester. »Jetzt bin ich gespannt, was er antwortet«, sagte er. *Ich schlag dir nur deshalb die Fresse nicht ein, weil wir gerade auf Sendung sind.*

Entschlossen, am nächsten Tag wieder in den Keller zu gehen, folgte ich Nélson und Samuel.

Wärst du ein Kavalier, würdest du mich zu einem Pistolenduell auffordern, verstehst du?

12

Sie setzte sich vor die Tür ihrer Hütte auf den Boden und wunderte sich, mich zu sehen, was denn los sei, dass ich gekommen war? Ich stellte meinen Rucksack ab und sagte, »Sag nichts, ich will zaubern.«

Ich vermied es, sie anzusehen, aber ein kleiner Blick reichte, um zu erkennen, dass ihr Körper wie ihr brasilianischer Akzent war. Nie wirklich da, sondern irgendwie schwebend. Ihre wohl schon ein ganzes Leben verlorene Jugend verbarg sich dahinter und eine immerhin noch zu erkennende Weiblichkeit, trotz ihres kantigen Gesichts und der unvermittelt hervorstechenden Wangen.

Ich holte aus meinem Rucksack ein paar Pinienzapfen, dürre Zweige, eine Flasche Wasser und einen Topf. »Wozu brauchst du das?«, fragte sie. »Ich habe doch gesagt, du sollst still sein, ich zaubere.«

Durch den Schacht fiel gerade genug Sonne, um das Unkraut am Boden sprießen zu lassen, anscheinend aber nie genug, um es die Wände hochwachsen zu lassen, sie zu begrünen. Ein paar Meter entfernt konnte man Wasser in das Wasserloch tropfen hören. Ich wollte hineinschauen, aber sie rief mir warnend zu, »Es ist tief, und es ist Wasser drin.« Es war viel Wasser drin, und es war sehr tief. Und dreckig.

Ich schichtete ein paar Zweige unter dem Lichtschacht auf, da, wo man die Öffnung erkennen konnte, legte ein paar Pinienzapfen dazu und steckte alles mit einem Feuerzeug an.

Die Flamme züngelte neben dem Holz entlang, brachte die Zapfen zum Knacken, bis alles brannte. In zehn Minuten kochte das Mineralwasser, das ich mitgebracht hatte und das irgendwie süßlich schmeckte.

Ich holte aus meiner Tasche eine Tüte Reis, mein Zauberkunststück, und schüttete den Reis in den Topf. Aus der anderen Tasche holte ich eine Handvoll Salz. Korn für Korn ließ ich es in das Wasser rieseln, wie man Farben auf einer Leinwand mischt, um ihr vorzuführen, wie man kocht.

Sie sagte, »Ich mag keinen Reis«, aber ich war mir sicher, er würde ihr schmecken, wieso auch nicht, denn sie hatte ja sonst nichts zu essen. Ich sagte, »Verdammt, ich weiß selber, was Hunger ist, und ich weiß, dass es dir schmecken wird.«

Der Reis wirbelte mit den Luftblasen im kochenden Wasser auf und sank wieder nach unten. Immer, wenn er nach oben kam, waren die Körner ein bisschen dicker und voller und weicher, bis sie in einem festen Schaum schwammen, wie Soße, die man gern getrunken hätte. Es roch gut, nach Wärme und zu Hause.

»Du hast Teller und Besteck vergessen.«

»Stimmt. *Fuck*. Nächstes Mal bringe ich Plastikbesteck mit. Heute müssen wir mit den Händen essen.«

Sie berührte den Reis vorsichtig mit der Spitze des Zeigefingers und kostete, hatte dann aber schon die ganze Hand voll mit Reis und sagte, »Das ist heiß!«, und schlang alles herunter, genießerisch, und dabei stöhnte sie wie ein Mensch, der sich als Tier herausstellt. »Super Koch, super Reis.«

Ich nahm mir von der anderen Seite des Topfes und achtete sehr darauf, keine Spucke von ihr abzubekommen oder andere Flüssigkeiten. Dass ich ihr zu essen gab, hieß nicht, dass ich so bescheuert war, mir gleich beim ersten gemeinsamen

Essen einen Haufen Krankheiten einzufangen. Sogar ihr Stöhnen übertrug eine Art Fieber.

So gierig war sie, ihre Hälfte zu essen, dass ihr gar nicht auffiel, wie ich zögerte.

Obwohl ich mich freute zu sehen, wie sie satt wurde, war mir allein von der Vorstellung übel, etwas von ihrer Krankheit könnte in den Topf gesabbert sein. Ich aß nicht mehr weiter und bot ihr den Rest meiner Hälfte vom Reis auch noch an. Sie dankte mir für meine Großzügigkeit.

Ich sagte, »Der Koch hier heißt übrigens Rafa«, und gab ihr die Hand. Sie erwiderte den Händedruck schlaff. Mir wurde klar, dass es zwischen uns viel Schweigen geben würde, nur unterbrochen von heftigem Husten und Räuspern.

Nach dem Reis schauten wir lange in die Glut. Sie hielt ihre Hände übers Feuer, um sich zu wärmen, während ich hier und da an dem Unkraut herumzupfte, um die Zeit totzuschlagen.

Nach einer Weile holte sie aus ihrer Hütte eine Strumpfhose und breitete sie vor meinen Augen aus, sicher, dass ich mich erinnern würde. »Das Fahrrad, Junge!« Ich zog eine alte Socke aus meiner Hosentasche.

»Aber glaub nicht, dass du es anfassen darfst«, sagte ich. »Du warst nicht mehr da, oder?«

»Rafa, wenn ich die Kraft hätte, Treppen zu steigen …«

»Gut, also warte hier.«

Ich rannte zur Treppe, hinter der das Fahrrad noch immer versteckt war. Man hätte sich gar nicht draufsetzen können, ohne sich den Hintern dreckig zu machen, aber das wollte ich sowieso erst tun, wenn auch die Reifen geflickt wären, sonst gingen die Felgen kaputt.

Ich trödelte etwas, bevor ich zu ihr zurückging. Untersuchte die Räder, wie dumm, die verbogenen Felgen. Schaute nach dem Lenker, kein schöner Anblick, so mit dem Besenstiel, mit dem ich ihn repariert hatte. Den Rahmen, wie albern, dieser grüne, selbstangestrichene Rahmen. Auch wenn es fertig wäre, würde es nie mehr ein schönes Fahrrad werden, sondern immer ein Haufen Schrott bleiben, den sich einer wie ich unter den Nagel gerissen hatte.

Als ich auf dem Weg in den Keller zurück über den Parkplatz ging, stieß ich einen Mann im Anzug an, und der brüllte, »Pass auf, wo du lang gehst!«, und ich antwortete, ebenso überrumpelt wie er, »Geh mir nicht auf den Sack, oder ich zeig' dir, wo's langgeht!« Der Wachmann war natürlich immer noch ganz weit hinten mit seiner Zeitung beschäftigt.

Ich setzte mich neben sie auf den Boden. Das Pão de Açúcar war eine Kathedrale, mit uns beiden im Mittelpunkt.

»Ist es schön geworden?«, fragte sie, wahrscheinlich traurig, dass ich ihr verboten hatte, das Fahrrad zu sehen.

»Geht so.«

»Wenn du das nächste Mal kommst, bring mal sechs Meter Gartenschlauch mit. Und noch mehr Reis, bitte.«

Dann schwiegen wir wieder und lauschten dem Wasser, das in den Schacht plätscherte und sich anhörte wie ein Bach draußen auf dem Land. Ihr fielen die Augen zu. Ich gehörte nun auch hier in den Keller, zum Fahrrad. Wohin auch sonst.

Ich war froh, dass ich ihr für ein paar Minuten das Leben hatte erleichtern können, ohne ständig daran denken zu müssen, wie wenig sie, von den Umständen gezeichnet, noch eine Frau war, kaum mehr als eine atmende menschliche Hülle. Jeder Mensch wäre wohl in so einem Kellerloch einer verlassenen Baustelle nach meiner Reismahlzeit nur noch sehr wenig Frau oder Mann.

Mein Ekel war trotzdem noch da, hartnäckig wie die Prügel, die man als Kind bekommt und als Schmerzen ein Leben lang mit sich herumschleppt. Genau wie der Gedanke, dass dieser Frau mittlerweile so einiges fehlte, um eine Frau zu sein.

Schon halb im Schlaf sagte sie, dass sie Gi heiße. Und dass ich gehen solle, es sei schon spät.

»Hast du gesehen, wie dunkel es ist?«, wiederholte sie.

»Warte, ich bin gleich zurück.«

Ein paar Minuten darauf war ich wieder bei ihrer Hütte und warf ihr ganz außer Atem das Fahrrad vor die Füße. »Pass gut darauf auf, nächstes Mal kannst du mir helfen, es zu reparieren.«

13

Alisa fragte, »Ra-fa-el ohne Abkürzung, wo warst du?«

Es war Pause. Als sie sich zu mir runterbeugte, konnte ich im Ausschnitt ihre Brust erkennen. Auf ihrer linken Brust war ein Kuss tätowiert, ein Lippenabdruck. Mit diesem Körper, der sogar Anweisung gab, wohin man küssen sollte, war sie ganz klar mehr Frau als ich Mann.

Grilo, Leandro und Fábio spielten allein auf dem Fußballfeld. Die Mädchen um uns herum trugen gelbe Haarreifen, die damals in Mode waren, die Jungs protzten mit Nokia-Handys und saßen in Grüppchen herum auf den Treppen zum Haupteingang. Es wurde gestikuliert, Mäppchen und Zigaretten wechselten vom einen in den anderen Rucksack.

Einer der Jungs schaute dem Fußballspiel zu und rief, »Mach ihn fertig, du Trottel! Mannomann ... Zwei am Stück, drei, schieß schon, du Lusche! So kriegst du nie einen rein, du hast keine Ahnung!«, und verkrümelte sich, bevor Fábio sehen konnte, wer da gebrüllt hatte. Grilo zögerte tatsächlich, den Ball abzugeben, dribbelte wie ein Idiot, spielte furchtbar, weil er sich vor Fábio in die Hosen machte, das Weichei. Er ging regelrecht in die Knie, dass es eine Freude war.

»Lass uns mal was unternehmen«, sagte Alisa. *Ich bringe dir ein paar Sachen bei, die du in deinem weiteren Leben ganz gut gebrauchen kannst,* schien das im Klartext zu heißen. *Und ich kann dir zeigen, wie man ein Fahrrad repariert,* hätte ich dafür anbieten können, wäre es nicht ein recht ungleicher

Tausch gewesen, handwerkliche Fähigkeit gegen Lebenserfahrung. Wahrscheinlich hätte sie schnell gemerkt, dass sie dabei den Kürzeren zog.

Dann aber sagte ich es doch, »Nicht die Reifen sind das Problem. Die kann man flicken, wenn man Ahnung hat. Aber die Tretlager, wenn die festgehen, ist nichts mehr zu machen.«

Alisa kam näher. Anscheinend hatte sie mein plötzlicher Themenwechsel, mit dem ich mich als Straßenmechaniker geoutet hatte, nicht abgeschreckt. Sie war nun so nah, dass ich sie riechen konnte, diesmal aber roch sie nicht nach besagtem Heu, das ich für den Eigengeruch der Mädchen hielt, sondern nach Parfüm, Erdbeerduft, fast wie der Zettel von Gi.

»Ja, am Schraubkranz ist ein Keil, für den Freilauf der Radnabe freigibt, aber was, wenn die Kugellager festgehen?«, fuhr ich fort. »Alte Fahrräder haben auch gar keinen Schraubkranz, sondern man muss die Nabe mit einem Maulschlüssel losdrehen.«

Das war es dann auch schon mit den Fachbegriffen, und sie hatte schon fast aufgehört, mich verstehen zu wollen, dann aber fiel mir noch ein, »Man muss eben nur wissen, wie. Wusstest du zum Beispiel, dass man auch Speiseöl nehmen kann? Das habe ich selbst rausgekriegt, als ich mir Gedanken gemacht habe. Wenn du das Öl auf die Kette schmierst, fährt das Fahrrad total leicht. Es riecht höchstens ein bisschen nach Pommes!«

Alisa lachte und sagte, »Vielleicht machen wir mal einen Fahrradausflug?«, guckte dabei aber so traurig und schmiegte sich eng an mich, so wie die Dreißigjährigen im Bus, die ich manchmal begrabschte.

Aus Versehen hatte Grilo Fábio doch ausgespielt, er konnte einfach besser spielen, und Fábio brüllte, »Du glaubst wohl, du kannst mir ein Bein stellen, oder was? Los, verschwinde, du Monster!«

Wir setzten uns auf eine Bank. Von mir aus hätten wir uns noch ewig über Fahrräder unterhalten können, anscheinend machten meine Erläuterungen sie völlig gefügig. Noch vor ein paar Minuten hätte ich nicht einmal etwas dagegen gehabt, wenn Nélson das Schweigen mit einer seiner Geschichten bereichert hätte, oder Samuel dabei gewesen wäre, dessen Erfahrung mit Mädchen ja wie seine Fähigkeit war, Landschaften auf Papier zu zaubern. Aber jetzt nicht mehr.

»Wusstest du, dass man den Sattel mit einer Socke ganz gut reparieren kann? Du musst keinen neuen kaufen, sondern nur eine Socke drüberziehen.«

Alisa ließ ihr T-Shirt bequem aus der Hose hängen. Ihre Brust, das Tattoo, ihr Haar, sie. Wie war es nur möglich, dass wir am Fluss Händchen gehalten hatten, und wie war es möglich, dass sie sich nun schon wieder an mich schmiegte, und ihre Brustwarzen waren hart, keine Ahnung.

Irgendwann wollte ich mich in ihr versenken und einfach nur glücklich aufhören zu existieren.

Alisas vollkommener Körper ließ mich Gi denken. Beide standen an entgegengesetzten Punkten im Leben, und beide interessierten mich, jede auf ihre Weise, nur jeweils anders. Im Vergleich zu Alisas Körper tat Gi mir unendlich leid, denn so etwas würde sie nie mehr haben. Als hätten sie sich geschlagen um ihre Weiblichkeit, und wer gewonnen hatte, war klar. Und ich gab Alisa die Schuld dafür.

Ich setzte mich auf und wollte gerade noch sagen, »Aber wen interessieren schon Ketten und Zahnräder?«, als Alisa mir tief in die Augen sah, dorthin, wo es wirklich bedeutend war, und erklärte, »Ich will mit dir einen Ausflug machen, aber ich kann nicht Rad fahren.«

Das sagte sie wie ein Geständnis, und mir wurde schlagartig klar, wie wunderschön diese Sitzbänke auf dem Schulhof der Pires de Lima waren, ein Ort des unendlichen Friedens.

Ich strich ihr mit den Fingern durchs Haar, um ihr sehr deutlich zu machen, dass mich das wirklich nicht störte, und wollte ihr sagen, das macht nichts, und vorschlagen, wir könnten ja auch zu Fuß gehen, dann aber überkam mich viel drängender ein Begehren nach dem, was ich die ganze Zeit schon hatte tun wollen, seit wir da saßen – sie küssen. Händchen halten am Ufer des Douro war mir nicht mehr genug.

Ich näherte mich ihrem Gesicht, und dann weiß ich nicht mehr, was in mich gefahren ist, denn mit einer stürmischen Bewegung setzte ich meinen Mund auf die Tätowierung, küsste sie heftig auf die warme Haut und biss ihr ganz leicht in die Brust. Alisa brüllte, »Schau mir nicht drunter, du Sau!«, knallte mir eine und war weg.

14

Ich warf einen Blick in die Hütte. Sie schlief. Ich hängte die Brötchentüte an ihre Tür, wie es die Leute im Dorf tun, und ließ den Gartenschlauch in den Staub fallen. In meinem Rucksack hatte ich eine Überraschung dabei.

Es war schön, wieder im Pão de Açúcar zu sein, ich war aufgeregt, sie wiederzusehen, und gespannt, wie sie wohl reagieren würde auf das, was ich ihr mitgebracht hatte, Reis, Wasser, Süßigkeiten, und malte mir aus, wie ihre sonst eher ein bisschen zu tiefe Stimme kurz hell »Danke, Junge« sagen würde, was auch aufrichtig klingen würde.

Solange sie noch schlief, machte ich mich ans Werk.

Ich holte aus meiner Tasche ein paar Rollen Klopapier, das ich in der Pires de Lima und in den Cafés zwischen Anstalt und Campo 24 de Agosto hatte mitgehen lassen. Aus der Werkstatt etwas mitzunehmen, war unmöglich, weil dort jeder für sich klaute, auch von den anderen. Sogar Seife.

In hohem Bogen warf ich Rolle für Rolle über die Streben ihrer Behausung, und sie blieben dort hängen wie Lianen aus Klopapier. Rolle für Rolle ließ ich um ihre Hütte herum einen Dschungel entstehen. Im Wind baumelnd und vom Regen nass, wurde aus Klopapier ein gutes Versteck für Gi.

Bevor ich sie kennengelernt hatte, dachte ich, Pires de Lima, die Werkstatt, der ganze andere Scheiß seien das, was mich ausmachte und mit dem sich erklären ließe, was ich sei, aber dann trat Gi dort hinein, wo ich vorher gar nicht gedacht hatte, dass dort eine Lücke war, und machte mich zu einem anderen: jemandem, der, um jemand anderem eine Freude zu machen, sich einen Urwald aus Klopapier ausdenkt.

Wenn man drunter hindurchging, hefteten sich die Papierstreifen an die Schultern, manche rissen an der Perforation auseinander, andere hielten, wie echte Lianen.

»Gi, komm! Schau dir das an!«

Noch einmal.

»Schau mal, was ich für dich gemacht habe!«

Sie quälte sich aus ihrer Behausung, gebückt, richtete sich dann aber auf, als sie merkte, dass sie zwar immer noch unten im Keller war, nun aber ganz woanders und mitten in einem Papierdschungel.

Ich hatte ein »Schön!« erwartet oder »Rafa, mir fehlen die Worte«, aber sie schaute nur nach allen Seiten, von Liane zu Liane, ohne den Ort wiederzuerkennen, und ließ mich warten.

Ich fragte, »Gefällt es dir?«, und wollte schon alles wieder einsammeln.

Sie antwortete, »Du machst mich so glücklich wie Leonardo und Carolina«, und streckte mir ihre Hand entgegen. Ich fasste sie an den Fingerspitzen, wie eine alte Frau, die einen bittet, ihr die Treppe hinaufzuhelfen. Ihre weiße Hand ohne Ringe verharrte für ein paar Sekunden in meiner, dann stemmte sie sie wieder in ihre Hüfte.

»Sie sind mir überallhin gefolgt, weißt du?«

Sogar in die Konditorei Ruial an der Ecke der Travessa do Poço das Patas. Sie erlaubte vollkommen Fremden, sie zu streicheln, aber aus Angst, dabei aus Versehen auch Gi zu berühren, streichelten diese sie höchstens ganz vorsichtig kurz. Manchmal sprangen sie ihren Freundinnen auf den Schoß. »Wir trafen uns oft. Manche lebten dort in der Straße, andere kamen von weiter weg, aber wir haben uns immer nur im Ruial verabredet.«

Der Besitzer der Konditorei hatte nichts gegen die Hunde, sie waren ja klein, und Gi bestand darauf, trotzdem schimpfte er, wenn sie sich winselnd um die kleinen Fleischstückchen balgten, die Gi ihnen auf dem Tellerrand hinhielt. Wenn sie den Kampf, in den Hals und in die Beine zwickend, gewonnen hatte, leckte Carolina ihr immer dankbar und immer noch weiter bettelnd die Hand.

Ihre Freundinnen sagten, sie solle die Hunde doch lieber zu Hause lassen, aber dann fasste Gi sie am Halsband, um sie wie vor einer unbekannten Bedrohung zu schützen, und sagte, »So kleine Yorkshire-Terrier, wer sollte sich daran denn stören?«

Dann ließ irgendwer in dem Haus, in dem Gi wohnte, die Tür offen stehen, und die Hunde rannten raus auf die Straße, die dort so eng ist, dass die Autos die Rückspiegel einklappen und langsam fahren müssen, aber als Gi ihre Hunde dann endlich fand, sahen sie aus wie achtlos weggeworfene Fleischabfälle, auch wenn sie noch atmeten.

Die Straße, von der niemand wusste, wer in den Häusern dort eigentlich lebte, wenn überhaupt, von oben bis unten grau und so unbedeutend, dass dort die Berufsvereinigung der Gastronomiebediensteten ihren Sitz hatte mit einem Plakat vor der Tür, »Wir tun alles, um uns nicht zu vergessen«, hatte nun noch dazu zwei tote Hunde und ihre Besitzerin, die um sie heulte wie ein verzweifelter Mann.

Von dem Dschungel aus Klopapier überwältigt, war dies ihre erste Erinnerung, die sie mir anvertraute. Von da an gab sie mir immer, wenn ich sie besuchte, ein bisschen mehr von sich preis, alles in allen Einzelheiten zu erzählen, würde sich gar nicht lohnen.

»Rafa«, fuhr sie fort, »es ist wunderschön, das Papier, Junge, aber noch besser wäre es, man könnte sich damit den Hintern abputzen.« Ich zuckte mit den Schultern, warf ihr die eine Rolle zu, die noch übrig war, und sie verstaute sie in ihrer Hütte. Dann sagte sie, »Gib mir mal den Schlauch.«

Mit einer Schere aus ihrer Hütte schnitt sie den Gartenschlauch in zwei Hälften, hielt ihn mir hin und sagte, »Kannst du dir denken, für was das ist?«, ich aber hatte da noch keine Ahnung, dass man Fahrradschläuche auch durch Gartenschläuche ersetzen kann. Nach ein paar Handgriffen waren die Fahrradreifen dann nicht mehr platt.

Wir bewunderten unser Werk.

Anstatt mich erfüllt zu fühlen, war mir nun klar, dass ich etwas verloren hatte, nun nichts mehr hatte, um meine Hände beschäftigt zu halten.

»Warum fährst du nicht?«, fragte sie.

»Nächstes Mal.«

Denn das Fahrrad bot immer noch diesen traurigen Anblick (der Rahmen dunkelgrün, der Sattel mit den zwei Strümpfen darüber, Reifen aus Gartenschlauch, ein Besenstiel an der Lenkstange, und dann dieser Geruch nach Salatöl), kaum mehr als ein Haufen noch dazu völlig nutzloser Teile.

Der eigentliche Zweck war ja gewesen, es zu reparieren.

Wir lehnten das Fahrrad an eine Säule und setzten uns unter die Klopapierstreifen. Nun war es Gi, die wieder in Ordnung gebracht werden musste, meine Aufmerksamkeit brauchte, ja, gerade weil sie, wie es schien, nie mehr richtig in Ordnung kommen würde. Beinahe freute es mich, zu erkennen, dass dieses Projekt zu Ende sein würde.

Und wenn sie starb, wäre trauern nur eine weitere Art, sich um sie zu bemühen, ich würde ihr also für immer helfen.

So wie ich es jetzt tue, wo ich wieder der kleine Junge bin und sie wieder im Keller des Pão de Açúcar kauert, mich nach Reis fragt und mir dabei hilft, mein Fahrrad zu reparieren.

Die Papierstreifen wehten im Wind, ihr Haar auch.

Da fiel mir zum ersten Mal auf, dass ich Samuel und Nélson noch immer nichts von ihr erzählt hatte. Solange ich ihnen noch nichts erzählt hatte, gab es sie gar nicht. Außerdem war es mit jedem Mal schwieriger, ihnen zu erklären, wohin ich verschwand. Sie löcherten, »Hey, du Idiot, wetten, du bist mit Alisa zugange?«, oder »Ey, wir wollen auch unseren Spaß.« Und natürlich musste ich ihnen auch endlich vorführen, wie geschickt ich sie vor ihnen verheimlicht hatte und wie ich sie mit Reis und Brot am Leben hielt. Wie gut und wie schlau ich war.

Der Regen war stärker geworden und weichte das Klopapier völlig auf, das sich nun auch in Gis Haaren verfing. Ich klaubte es ihr aus den Haaren, und sie brüllte dabei, hustete, lachte, alles zusammen, und da beschloss ich, es auch Nélson und Samuel zu erzählen.

15

Eine Woche darauf weckten sie mich in der Nacht. Ihren Gesichtern war anzusehen, dass bei ihnen im Schlafsaal schon die ganze Nacht über geheult und eingenässt wurde, aber im Vergleich zu dem, was sie mir zu erzählen hatten, schien dies nicht von Bedeutung zu sein.

Mit der Hand vor dem Mund sagte Nélson, damit nur ich es hören sollte, »Haptschill!«

Ich setzte mich in meinem Bett auf und sagte, »Nimm die Hand vom Mund, Mann!«

Er wiederholte ein bisschen lauter, »Ich hab die Schlüssel!«

»Schlüssel?«

Und Samuel, »Na klar, die Schlüssel!«

Wir hatten schon immer von allerhand Wunderdingen auf dem Dachboden gehört, aber wir kannten niemanden, der je dort gewesen war. Wenn in den Schlafsälen der Dämmerzustand zwischen Noch-wach-Sein und Schlafen die besten Gespräche ermöglichte, ging die Legende von ausgestopften Schwänen, Teleskopen, Kupferleitungen mit unglaublich viel Strom drauf, einem drei Meter langen Krokodil, das ans Ufer starrte (auch wenn natürlich kein Fluss da war), eingerollten Gürteltieren, einer Kultstätte so mystisch wie eine Kapelle, nur viel unzugänglicher, also näher an Gott.

Fábio erzählte, in dem Jahr, in dem er gekommen war, sei dort einer auf dem Dachboden verschwunden und nie mehr gesehen worden. Selbst schuld, ein Angeber sei das gewesen, habe überall herumgeschnüffelt, und auch eine Tunte, habe sich so schräg hingesetzt und die Beine übereinandergeschlagen, und eine ziemliche Petze auch, habe alles immer gleich den Betreuern erzählt und sei dann immer enttäuscht gewesen, wenn ihm niemand mehr glaubte. Wenn es eine Gerechtigkeit gebe, sei seine Leiche noch immer dort oben.

Leandro glaubte an das, was Fábio erzählte, schlug sich mit der Hand gegen die Stirn und wiederholte, »die Leiche da oben ...« Grilo, für den der Tod immer noch mehr eine vage Vermutung war, obwohl er schon selbst Leute in Särgen gesehen hatte, fragte nach, »Und lässt ihn da niemand raus?«

Die Jüngeren hielten sich aus der Legende vom Dachboden raus, hatten sich damit abgefunden, dass es in der Werkstatt nichts Spannendes geben könne, so wie die Anwohner der Fernão de Magalhães genau wussten, dass ihre Straße unweigerlich dem Verfall preisgegeben war, wie das Pão de Açúcar. Ihnen genügten die Flure, das Fernsehzimmer und manchmal der Unterricht in so nützlicher Handwerkskunst wie der Buchbinderei und des Buchdrucks.

Ich stellte mir manchmal vor, wie der Leiter der Jugendanstalt einmal die Tür öffnete und uns diese Sammlung vorführen würde. Wir wären dann völlig begeistert, das Warten hätte sich endlich gelohnt, und er würde schließlich nach einer Pause erklären, »Hier fließt all das Geld rein, das uns der Staat für euch gibt«, und niemand von uns wäre sauer, sondern wir wären alle sehr einverstanden und würden nur staunen, »Genau, das alles hier gehört uns.«

Aber die Tür blieb verschlossen, was Nélson seit einigen Monaten immer wieder beklagt hatte. »Irgendwann schaffe ich es, dass wir dort reinkommen.« Samuel und ich nickten, wie damals, als er den Vogel in seiner Jacke versteckt hatte, und waren uns sicher, dass auch dieses Projekt irgendwann wie der Vogel damals plötzlich durchs Fenster verschwinden würde.

Nun aber zerrte er mich aus dem Schlaf und sagte noch einmal, »Die Schlüssel, die Schlüssel.«

Ich habe ihn nie gefragt, woher er die Schlüssel hatte, wahrscheinlich aus der Hosentasche eines Betreuers, dem es vielleicht sogar ziemlich recht gewesen war, seine Hand dort zu spüren.

Und mit einem Satz standen wir nun alle drei vor der Tür zum Dachboden.

Samuel legte mir seinen Arm über die Schulter und sagte zu Nélson, »Was ist nun?« Und Nélson zauberte grinsend einen sehr kleinen Schlüssel hervor, wie ihn sich Verliebte schenken, um sich gegenseitig die Herzen zu öffnen, und hielt ihn uns direkt vors Gesicht.

»Ihr seid nichts als Scheißer, wie alle anderen. Ich bin der Einzige, hört ihr, der Einzige, der hier an die Schlüssel gekommen ist. Große Sache. Kniet nieder! Kniet nieder!«

Das Arschloch wollte doch tatsächlich, dass wir uns hinknieten, um seine Großartigkeit anzuerkennen. Samuel setzte auch andeutungsweise ein Knie auf den Boden und sagte gestelzt, »Dom Nélson der Wortreiche, lasset uns ein.«

Ich wollte mich nicht so weit herablassen und sagte, »Mach schon die Tür auf, sonst trete ich dir in die Eier.« Er aber tat so, als hätte er es gar nicht gehört, und drehte den Schlüssel im Schloss um. Beim Öffnen quietschten gar keine Scharniere, wie man es vermuten würde bei so alten Sachen, aber natürlich wartete er, bis ich mich vorsichtig an ihm vorbeidrückte, und spuckte mir in dem Augenblick in den Nacken.

Wir gingen die Treppe mit hoch, leuchteten mit Feuerzeugen, die kaum ein Licht warfen, dafür aber den Staub in der

Luft kurz zum Knistern brachten, wie ein winziges Feuerwerk nur für uns.

Oben schalteten wir dann das Licht ein. Ich glaube, das, was man sich unten erzählte, war wirklich der Katalog dieser Ausstellung, der Schwan, das Krokodil, Fernrohre, Stromkabel, alles, was wir erwartet hatten, war da und noch einiges mehr: zwei Barometer, ein Globus, mehrere versteinerte Trilobiten und Pflanzen, ein Affe auf einer Bank, ein anderer, der auf einen imaginären Baum kletterte, und eine Pappschachtel, auf deren Deckel »Meteorit B612« stand. Alles durcheinandergestapelt, und überall Staub, Staub, Staub.

Wegen der stickigen Luft mussten wir uns vorantasten, um noch atmen zu können. »Ich wusste es, ich wusste es«, platzte Nélson heraus, der nie sehr zurückhaltend sein konnte im Umgang mit seinen Großtaten. »Schaut euch nur an, wie großartig! Ich habe echt Lust, den ganzen Scheiß hier in Stücke zu schlagen.«

Samuel betrachtete total fasziniert all die Sachen, stellte sich natürlich längst vor, sie auf Papier festzuhalten, die Formen, die Materialien, ihre Beschaffenheit, ihre Farben. Er vermaß den gesamten Bestand, einer Logik folgend, die sich mir entzog, als wolle er sie in neuer Form neu zusammensetzten, völlig von dem erfüllt, was ich nur Vision nennen kann, falls man so etwas nur vom Anblick von Sachen bekommen kann.

Nélson dagegen drehte erst einmal dem Schwan den Hals um, riss die ersten Seiten aus einem Lexikon heraus und simulierte die Vergewaltigung des ausgestopften Kletteraffen.

Samuel schüttelte eine Decke aus, die er auf einem Möbelstück gefunden hatte, und breitete sie auf dem Boden aus. Dann legte er sich darauf, die Augen zur Decke gerichtet, die

Arme hinter dem Kopf verschränkt, als wolle er in den Himmel sehen, aber ich wusste, dass er noch einiges mehr als das sah. Das Krokodil, das auf ein Impala lauert, den Meteorit, wie er in die Atmosphäre eintritt, den gründelnden Schwan mit dem Kopf unter Wasser und möglicherweise den ganzen Globus, bevölkert von Tausenden von Millionen Personen und noch einmal so vielen Tieren.

Ich hatte unterdessen einen Glasbehälter mit Knochen und einem Schädel gefunden. Auf dem Schild stand »Maria José, 1897«.

Ich zeigte ihn Nélson, der sagte, »Bloß weg mit dem Scheiß, das bringt Unglück!«, dann stellte ich den Behälter neben Samuel auf den Boden. »Wenn du das Fábio zeigst, glaubt der Idiot, es sei diese Heulsuse, die hier hängen geblieben ist«, sagte er.

Ich legte mich neben Samuel, um auch etwas von dem Kaleidoskop des Lebens mitzubekommen, aber über mir waren nur Dachgebälk, Spinnweben und eine nackte Glühbirne in einer schon echt in die Jahre gekommenen Fassung. Über dem Dach gab es nichts, keinen Himmel, keine Sterne. Ich kam mir wie blind vor.

Heute überlege ich mir, was wohl aus ihm geworden ist, ob er wie ich in einer Autowerkstatt arbeitet und wegen seiner öligen Hände kein weißes Papier mehr anfassen kann. Oder ob er noch zeichnet oder dieses Talent irgendwann auf der Strecke geblieben ist, als gehörte es nur zu der Zeit damals – mit Nélson, der Werkstatt, den engen Straßen von Porto und mit etwas Glück auch mit mir. Und ich frage mich, ob er wohl auch noch mein Gesicht vor sich sieht, wenn er vor einem weißen Blatt Papier sitzt.

Ich kann mir allerdings vorstellen, dass er gar nicht mehr zeichnet, und bin froh, dass ich damals genau davor gewarnt habe, deutlich, wie es wohl nur zwei oder drei Mal im Leben vorkommt.

Ich sagte zu ihm, »Samuel, werde Zeichner. Du bis zum Zeichnen geboren, nur das wird dich retten. Befreie dich aus all dem hier, werde was Besseres. Wir anderen können das nicht, ich nicht und Nélson erst recht nicht. Schau doch, wie er da gerade so tut, als würde er einen Affen ficken. Und Fábio noch weniger. Aber du, Samuel, du kannst es schaffen. Das meine ich ernst.« Er drehte sich zu mir, schaute mich an, als betrachtete er mich ganz genau wie all die anderen Sachen dort auf dem Dachboden. Und ich redete weiter, »Es ist doch ganz einfach, vergiss deine Freunde, konzentriere dich auf das Zeichnen. Wir stehen dir nur im Weg.«

Daraufhin drehte er sich wie verärgert wieder auf den Rücken, verschränkte die Arme und sagte, »Das mache ich ganz bestimmt nicht! Das wäre Verrat. Freunde lässt man nicht im Stich.«

Dabei wirkte er so entschlossen, dass ich mir dachte, so würde er es im Leben nie zu etwas bringen. Und dass er, wenn es nach ihm ginge, sich für immer an solche hirnrissigen Loyalitäten klammern würde wie unsere Freundschaft.

Nach zehn Minuten brüllte Nélson, wir sollten abhauen, die Nacht sei schon fast vorbei. Und wir hätten ja nun sowieso den Schlüssel und der ganze Dreck hier gehöre nun uns, wann immer wir wollten.

Bevor wir in unsere Schlafsäle zurückgingen, sagte ich, »Lasst uns morgen die Schule schwänzen, dann zeige ich euch auch was, das noch besser ist als der Dachboden.« Nélson fand, dass es nichts Besseres gebe, er habe schließlich den Schlüssel, und Samuel sagte, »Okay.«

16

»Deiner Mutter geht es gut.« Ein ängstlicher Norberto. Der Flur der Werkstatt, nun zum Besuchszimmer geworden, roch nach Desinfektionsmittel und dem charakteristischen Hauch von Gemüse im Schweiß der Besucher.

Der Tod meines Vaters gehört zu den guten Erinnerungen, denn nun war keiner mehr da, der meine Mutter verprügelte und unser Geld klaute, um sich Stoff zu kaufen. Norberto redete immer sehr freundlich mit ihr, *Schatz, ganz ruhig, Liebling, was sollen wir denn machen,* vom Schreien meiner Mutter genervt, die sich nun an ihm für die Prügel rächte, die sie hatte einstecken müssen. Allerdings machte ihn dies so sehr an, dass er versuchte, sie manchmal vor meinen Augen anzufassen, ihre nackte Haut zu berühren, ohne auf ihr »Leise, der Kleine« zu achten.

Er konnte einem leidtun, wenn er dann anschließend traurig auf dem Sofa schlafen musste und nicht mehr ins Bett durfte. Er tat einem leid, und man konnte sich schämen, so einen zum Stiefvater zu haben, der sich nicht einmal gegen seine eigene Frau durchsetzen konnte, ihr nicht widersprechen, vielleicht hätte es ihr sogar gutgetan, wenn jemand die Zügel in die Hand genommen hätte.

Wochentags fuhr Norberto Lastwagen, bis hoch nach Deutschland, Vierzigtonner, fünfzehn Meter, fünfhunderfünfzig PS, Ruhezeiten auf dem Seitenstreifen, die Nacht meistens irgendwo auf der Tankstelle, auch wenn er in Spanien nicht gern über die Hauptrouten fuhr. Er lieferte Bremsenteile für Autos in die Gegend von Helieske oder so ähnlich.

Als er zu uns zog, schenkte er mir eine Palette Trinkjoghurt, die ein Kollege von der Ladung abgezweigt hatte. Er stellte sie mitten ins Wohnzimmer und erklärte, »Und wenn ich dafür ins Gefängnis komme, nicht schlimm, es ist ja für dich.« Eine Woche lang trank ich das Joghurt, das nach Erdbeere, Banane und Pfirsich schmeckte.

Meine Mutter scherte sich nicht um die Prostitution in Araya oder das Gerede von den langen Geradeausfahrten in Frankreich, nur der Benzingeruch machte sie wahnsinnig. Ein Benzinfilm lag über den Lieferwagen, den Autotransportern, den Lastzügen und auf den Dächern der Mautstationen. Auch auf Norbertos Lippen, Händen, Armen. Es durchtränkte seinen gesamten Körper, und sie küsste ihn nicht mehr, aus Furcht vor Krankheiten und weil sie sich vor dem Geschmack ekelte.

Einmal schenkte er ihr als Entschuldigung eine Schmelzsicherung aus glänzendem Metall. »Die kannst du dir um den Hals hängen«, sagte er, aber sie lehnte das Ding sofort ab, weil es genauso nach Sprit roch und schlimmer noch, nach getrocknetem Öl.

Norberto sagte, in Portugal sind die Straßen nicht lang genug zum Nachdenken. Selbst wenn man Chaves bis Faro fährt, ist die Straße zu Ende, bevor man überhaupt merkt, dass man den ersten Gedanken noch gar nicht gefasst hat. Die Fahrt nach Helieske war anders. Bis zu den Pyrenäen hoch hatte er sich längst drei oder vier Sachen überlegt und wusste, dass noch immer genug Strecke vor ihm lag, um ausführlich nachdenken zu können.

»Weißt du, ich habe viel über dich nachgedacht. Ich wäre

gern noch einmal so alt wie du, und du sollst das Leben genießen und nicht hier in diesem Heim hocken.« Er rückte mit seinem Stuhl näher heran und schaute nach rechts und links. Noch zwei andere Jungs unterhielten sich mit ihren Familien. Blendete man aus, was es wirklich war, hätten es auch Gespräche zu Hause am Esstisch sein können. Aber Norberto schüttelte den Kopf und fuhr fort, »Aber das Leben ist immer irgendwas zwischen dem, was man hat, und dem, was man gerne hätte.«

Die Weisheit von seinen Reisen, auf denen er Zeit zum Nachdenken hatte, beeindruckte mich, trotzdem hielt ich ihn für einen Versager, der ständig auf dem Sofa schlief. Auf meine unschuldige Art, mir Gedanken zu machen, spürte ich, dass ich jetzt, wo ich Gi kannte, sowieso Freude am Leben hätte, obwohl ich weiterhin in dem Heim hockte.

Auf der langen Fahrt machte er sich nicht nur Gedanken über mich, sondern manipulierte auch den Fahrtenschreiber seines LKW. Als der noch nicht digital war, genügte es, mit einem Radiergummi die Tachoscheibe zu bearbeiten, nun aber musste ein Magnet irgendwo zwischen zwei Kabel geklemmt werden, um die Impulse durcheinanderzubringen.

Ein paar Tage vor seinem Besuch hatte die Polizei ihn irgendwo bei Helieske gestoppt. Sie hatten die Ladung durchsucht, sich auf Deutsch unterhalten, und die Bremsenteile durcheinandergeschmissen, dann ihren Computer ans Armaturenbrett angeschlossen und ihm gesagt, dass er aussteigen solle.

»Die sind krass drauf da in Deutschland«, erzählte er. »Ich musste mich breitbeinig an ihre Autotür stellen, und dann haben sie mir zwischen die Beine gefasst.« Dabei stellte er sich breitbeinig hin, um es mir vorzuführen. »Einer von denen hat mich auf Ausländisch angebrüllt, so wie deine Mutter immer schreit, so was wie *du wirst schreien vor Schmerzen, du scheiß Portugiese*. Dann hat er mich gegen das Auto gedrückt, und ich habe echt fiese Bauchschmerzen gekriegt, verdammt, wie ein Knoten im Darm.« Den Druck verdeutlichte er mit aufeinandergepresstem Daumen und Zeigefinger. »Und der Typ hat gelacht! *Verfickter Portugiese!* Und je mehr er gelacht hat, umso mehr hat es mir im Bauch wehgetan.«

Norberto hatte wohl eine ziemliche Weile zu leiden gehabt, bis sie ihn wieder vom Polizeiauto wegließen, sein Bauch muss so wehgetan haben, dass er völlig vergaß, dass der eigentliche Grund für die Schmerzen tatsächlich dieser Magnet war, den er noch vor der Kontrolle geschluckt hatte, damit ihn die Polizei nicht fand. Das mit der Karosserie verfehlte seine Wirkung nie, denn natürlich zog der Magnet alle Gedärme in Richtung Blech.

»Ich musste Strafe zahlen, und die Firma hat mich rausgeschmissen.«

»Und jetzt?«

»Lerne ich Pflasterer.«

»Und ich?«

»Du musst wohl noch eine Weile hierbleiben.«

Als Norberto ging, musste ich daran denken, wie ich damals die Joghurtdeckel unter meiner Matratze versteckte. Ich hatte noch nie so ein tolles Geschenk von so weit her bekommen, wo genug Platz war zum Nachdenken.

17

Sie blieben ein paar Meter hinter mir und sagten, »Wart mal, mach langsam, Mann.« Ich wollte, so früh es ging, an der Pires de Lima vorbei, aber als wir die Straße überquerten, in Richtung Campo 24 de Agosto, schloss Dona Palmira gerade das große Schultor auf und rief zu uns rüber, »Rafa, wird das jetzt zur Gewohnheit, und nimmst du jetzt auch noch deine Freunde mit?«

Ich zog meine Mütze und versuchte zu pfeifen, aber Nélson kam mir zuvor, »Keine Sorge, wir gehen nur schnell ein paar Wohnungen ausrauben und sind pünktlich zur ersten Stunde zurück.«

Sie erwiderte, »Blödes Geschwätz, du weißt, was man von einer großen Klappe kriegt?«

Nélson grinste, »Hunger?«

Bevor wir um die Ecke waren, rief uns Dona Palmira noch hinterher, »Nächstes Mal melde ich es«, aber ich wusste, dass es ihr nie in den Sinn kommen würde, uns anzuschwärzen, denn dann wäre Schluss mit den Pfiffen von mir.

An der Hand führte ich sie über eine imaginäre Grenze und war gespannt, wie sie das Pão de Açúcar finden würden, nur ein weiteres Drecksloch (natürlich um einiges größer, als die schon ausgelutschten), und ging jede Wette ein, dass sie enttäuscht sein würden. Bestimmt nicht besser als der Dachboden. Aber dann, wenn sie da wären, würden sie sagen, »Scheiße, das ist echt besser als auf dem Dachboden!«

Auf halbem Weg hörten wir, als wir am Billard Triunfo vorbeikamen, jemanden rufen. Wir gingen weiter, dann aber kam Fábio raus und sagte noch einmal, »Hey, Jungs, ich komme mit, es ist höchste Zeit.«

Ich wusste nicht, was ich tun sollte, Nélson auch nicht, aber dann machten wir es wie Samuel, der uns einen Blick zuwarf, grinste und losrannte. Zwei, drei, vier Straßen weit blieb Fábio hinter uns. Je mehr er brüllte, »Ihr Arschgesichter, ich mach euch fertig, ich fick euch, ihr Schweine!«, desto mehr geriet er außer Atem.

Schließlich konnten wir ihn in einer Passage nahe der Kirche Bonfim abschütteln. An eine Wand gelehnt, schnaufte und lachte Samuel gleichzeitig, Nélson sagte, »Jetzt sind wir am Arsch, wir sind fertig«, und fasste sich mit der Hand an die Brust, um seine letzten Herzschläge spüren zu können, da Fábio uns nun ganz bestimmt umbringen würde.

Aber auch wenn wir am Arsch waren, lachten wir minutenlang, die unmittelbare Gefahr waren wir ja nun erst einmal los. Die Werkstatt, die Schule und sogar die Erinnerung an unsere Familien verblassten, und das Leben war jetzt nur noch die gemeinsame Freude, dass wir das Arschloch abgehängt hatten.

Von dort war auch schon das hoch aufragende Vila Galé zu sehen, neben dem Pão de Açúcar.

Die Rentner auf dem Campo 24 de Agosto spielten Karten. Sie hatten ein neues Kartenspiel, ein Geschenk der Gemeindeverwaltung Bonfim in der Hoffnung, dass sie dann auch das Richtige wählten. Nélson ging kurz zuschauen und flüsterte, »Hier werden ganz große Geschäfte gemacht«, aber ich trieb ihn zur Eile an, damit wir noch kurz etwas essen konnten, bevor ich ihnen Gi vorführte. Einer der Alten klagte, »Meine Frau sagt, sie ist eifersüchtig auf euch, stellt euch vor, wir hängen hier gelangweilt herum, und sie sitzt eifersüchtig zu Hause und jammert, dass wir nicht genug Zeit miteinander verbringen. Dabei hatte sie mich schon vierzig Jahre lang!«

Wir gingen weiter ins Piccolo. Xavier weigerte sich, uns Bier zu geben. Er sagte, »So jung noch und schon so früh saufen … In zehn Jahren spätestens seid ihr kaputt. Mein Café wird das nicht unterstützen«, und gab uns Kuchen und Milch mit Zucker.

Nélson fragte immer noch nicht, wohin wir eigentlich wollten, er und Samuel schlürften ihre Milch und schauten mich in Erwartung weiterer Anweisungen an. Samuel hatte einen Milchbart.

»Also Folgendes: Wir gehen gleich da gegenüber rein«, ich deutete auf die Betonfassade auf der anderen Straßenseite. »Ich will euch was zeigen, aber ihr dürft es nicht weitererzählen und auch nicht ohne mich hingehen.« Pause. »Nélson, du hast den Schlüssel zum Dachboden, Samuel, du kannst zeichnen. Ich, Rafa, ich habe das«, wieder deutete ich auf die andere Straßenseite, »das Pão de Açúcar«. Es war nicht gelogen, mehr hatte ich wirklich nicht.

Beide nickten und waren sich der Feierlichkeit des Moments bewusst.

Nachdem wir über den Parkplatz gegangen waren, führte ich sie in den ersten Stock. Nélson fing an, wild herumzurennen, von einer Ecke zur anderen zu hampeln, als sei er gerade aus einem Käfig entwichen. Dann pinkelte er gegen eine Wand. Ich bewegte mich langsam, ging schweigend und stellte mir vor, was sie wohl sagen würden, wenn wir dann im Keller wären. Samuel folgte dem Verlauf der Pfeiler, taxierte ihre Proportionen, die Graffitis, die Sprüche.

Ich führte ihnen das Pão de Açúcar vor wie ein Hausbesitzer, der neuen Gästen die Zimmer zeigt. Das Beste natürlich zum Schluss.

Wir gingen bis ganz nach oben und hatten von dort einen neuen Ausblick, wie damals das Meer vom nördlichen Gebäude aus. Die Sonne brach zwischen den Wolken durch, was im Januar eher selten ist, und man konnte bis hinters Valongo-Gebirge und in die Gegend von Gaia sehen.

Auch andere aufgegebene Gebäude waren von dort zu erkennen. Aus der Perspektive war die Stadt eine einzige große Ruine, die uns ins Auge stach und dort blieb.

Wie beim letzten Mal sagte ich, »traumhaft«, und auch Nélson seufzte. Diesmal aber blieb nicht einmal Samuel ungerührt, denn diese Aussicht interessierte nun auch ihn, er erklärte uns, was man alles erkennen könne. Die ganze Stadt. Nélson fand, es sei alles genau wie vom nördlichen Bau in Prelada aus, zuckte mit den Schultern und sagte, »Wenn du meinst, Samuel.«

Dann erst gingen wir runter in den Keller.

Nélson und Samuel stritten immer noch über die Aussicht oben, »Die Treppen gingen ja so weit hoch, fast bis ganz in den Himmel«, sagte Samuel und machte sie damit noch ein Stückchen höher, als sie in Wirklichkeit waren, und Nélson ergänzte, »Als würden sie echt schon den Himmel berühren«, und beide freuten sich darüber, wie gigantisch das alles war.

Ich war gespannt, und dann war endlich ganz hinten Gisbertas Verschlag zu erkennen, der ja eigentlich fast auseinanderfiel. Davor die Blumenkübel. Ein paar Streifen Klopapier baumelten noch im Wind.

Sie sagten nichts mehr, als wir das Wasser in den Schacht plätschern hörten, vielleicht weil ihnen klar wurde, dass eine solche Kathedrale Respekt einforderte.

»Wohnt hier tatsächlich jemand?«, fragte Samuel.

»Ja«, sagte ich.

Der Wind hob die Platten auf der Hütte ein Stück an und wehte das Klopapier weg.

Nélson trat zwei Schritte zurück, als wollte er einer plötzlichen Begegnung ausweichen. Der Abfall überall war zu erkennen, die einäugige Puppe, das viele Papier und das Ebenholzkreuz ohne Jesus, das Samuel heimlich einsteckte. Nélson schlurfte mit den Füßen absichtlich durch den Dreck und murmelte, »Nélson greift an, überwindet furchtlos jedes Hindernis, die Menge tobt.«

»Ist da jemand?«, fragte Samuel, aber ich rief schon, »Gi, du kannst rauskommen, ich bin es mit ein paar Freunden.«

Sie kam aus der Hütte, warf ihre Haare zurück und strich sich ihr T-Shirt glatt, um sich von ihrer besten Seite zu zeigen – damit wir wenigstens noch etwas Schönheit erkannten –, schlug dabei aber mit dem Kopf gegen den Holzbalken und war kurz wie benommen.

»Junge, was soll das?«, fragte sie und rieb sich die Stirn. »Du hast mich nicht vorgewarnt, dass du noch Leute mitbringst.«

»Ich habe sie trotzdem mitgebracht. Nélson und Samuel.«

Sie gab beiden die Hand, und sie schauten mich dabei an, unsicher, ob sie sie anfassen durften, vielleicht auch aus Angst, dass ihr Geruch sich auf sie übertragen würde. Ich nickte, und sie sahen darin die Genehmigung, ihr die Hand zu geben.

»Rafa besucht mich hier seit ein paar Tagen. Er ist sehr nett«, sagte Gi. »Seine Freunde sind auch meine Freunde.«

Wir setzten uns im Kreis vor die Hütte. Ich erklärte ihr, »Nélson und Samuel leben auch in der Werkstatt. Nélson erzählt gern Geschichten, Samuel zeichnet.« Und an die beiden gewandt, »Gi lebt hier, und ich bringe ihr Essen.«

Ganz unvermittelt sagte sie sofort zu Samuel, »Zeichnest du mich irgendwann mal?«, und der Exhibitionismus, der darin lag, ärgerte mich, so gleich bei der ersten Begegnung. Typisch für eine alte Hure.

»Er kann echt gut zeichnen, guck dir das mal an«, sagte Nélson.

»Später könnt ihr es mir zeigen.«

Aber schon unterhielten sie sich über Zeichentechniken, Samuel sagte, das, was die Leute als Zeichenkohle bezeichneten, sei Grafit, und Gi erzählte, in Brasilien habe sie so viel Schönes gesehen, Landschaften, Leute, Tiere, obwohl sie ja in São Paulo geboren sei, einer reinen Betonwüste.

Ich ging zur Hütte hin und ließ sie reden. Das Ganze lief überhaupt nicht, wie ich es mir vorgestellt hatte. Sie hatte mich, außer als sie uns dreien die Hand gab, nicht einmal direkt angesprochen. Wenn es so war, konnte ich ja auch weggehen.

Im Inneren der Hütte war alles so vollgestopft wie noch nie, in einer Ecke sah ich verkrustete Einwegspritzen, manche davon mit verbogenen Nadeln. Die gelbe Decke hatte fast keine Farbe mehr, dafür waren Gis Umrisse darauf gut zu erkennen.

Dann merkte ich, dass Nélson zu mir schaute, er wollte nur weg. Er schaute zu Gi, dann wieder zu mir und dann wieder auf Gi. Nach kurzem Nachdenken wie beim Kopfrechnen kam er zu mir.

Er brauchte mich.

Er nahm mich beiseite und sagte ein paar Meter von Gi und von Samuel entfernt, »Die ist so hässlich, die Alte, die sieht aus wie ein Mann!«, ich verdrehte ihm daraufhin den Arm. Vom Schmerz gelähmt, sagte er nichts mehr.

18

Im Saal wurde ihr Name gebrüllt, sie hörte, »Gisberta, komm raus! Gisberta, wir lieben dich!« Sie blieb in der Tür stehen, durch die aus dem Saal die Musik dröhnte, das Brüllen musste noch stärker werden: Sie wollte sie toben sehen – eintreten und von ihrem Publikum mit den Augen, dem Mund, mit Applaus verschlungen werden. Weil sie gierig darauf waren, sie zu sehen.

Als Gi mir das erzählte, zitterte sie. Alle riefen, begehrten sie. »Das war schön, Junge.« Sie beugte ihre Schultern zu einer Pose, eine Erinnerung an Momente, in denen sie alles Körperliche überwand und nur der Geist sich ihres Körpers bemächtigte. So wie sie sich selbst empfand, diesen Zauber konnte ihr niemand nehmen, niemals würde sie vergessen, wie ihr Publikum sie mit den Augen verschlang, sich die Luft angereichert hatte mit Duft, der für sie allein bestimmt war, wenn sie Marilyn war, mehr als die echte Marilyn.

Jetzt war es nur noch eine Andeutung, die Schultern vorgebeugt, um den Gang über den Laufsteg zu simulieren, dann warf sie noch einen Handkuss in die Luft (nicht zu mir) und sagte noch einmal, »Junge, das war schön.« Ich wusste nicht, wie ich auf so viel verblasste Kraft reagieren sollte, und schwieg, weil es leichter ist, nur durch Schweigen zu reden, wenn es nichts zu sagen gibt. Und wirklich, Gi lächelte, sah in mir ihr verlorenes Publikum, all die Männer, die sie nur verführen wollten. Sie drückte eine Hand mit der anderen (meine nicht), als berührte sie Hände, die ihr nach jedem Auftritt entgegengestreckt wurden.

Der Promoter hatte mit Kreide »zur Show« an die Tür geschrieben. Auf der Straße bei den Arkaden des Malaposta sahen die Leute sie warten und zischten Beschimpfungen, knöpften ablehnend ihre Jacken zu und wechselten die Straßenseite.

Es machte ihr Freude, den richtigen Lippenstift aufzutragen, sich am Hals entlang über die Haut zu streichen, Tanzbewegungen zu machen. Die Hitze der Bar entwich durch die beschlagenen Fenster, erfüllte die Nacht.

Bis zum Gang über den Laufsteg musste sie draußen auf der Straße warten. Draußen verhärteten sich von der Kälte ihre Züge, drinnen verlangte das Publikum brüllend nach ihr. Der Fuchs, den ihr Rute ausgeliehen hatte, schlang sich um ihren Hals, ihre Schultern. Weiter unten war im Kontrast dazu nicht mehr als ein eng anliegendes Seidenkleid, unter dem sich ihre harten Brustwarzen abzeichneten, kleine Errungenschaften des Skalpells.

Sie trat auch in anderen Häusern auf, aber im Adam's Apple herrschte eine andere Wahrheit. Ihre Freundinnen sagten, »Sie ist eine Künstlerin, strahlt Schönheit aus, sie ist blond und bewegt sich so wunderbar auf der Bühne. Sie verkörpert die Großen perfekt, und sie ist ein guter Mensch. Ressentiments gibt es natürlich auch, wir sind alle nicht frei davon.«

Bei jedem zweiten Wort hustend, erzählte mir Gi, was ihre Freundinnen über sie sagten, und ich verstand nicht, wie man auf eine neidisch sein konnte, die Hustenanfälle bekam und wohl Scheidenpilz hatte. Erst als sie mir ein altes Foto aus dem Adam's Apple zeigte, sah ich, dass meine Gi heute nur ein erbärmlicher Abklatsch war von der damals auf der Bühne.

Natürlich hat sie mir das erst nach sehr viel mehr Reis erzählt.

Das Rufen schwoll an, die Tür ging auf, und der Moment war gekommen, auch wenn sie sie gern noch mehr zum Rasen gebracht hätte. Sie kam auf die Bühne mit trippelnden Schritten, wie es sich gehörte, und wurde mit einem »Gisberta, wir lieben dich!« empfangen, dass ihr fast die Tränen kamen. Auf halbem Weg über den Laufsteg weinte sie längst.

Die Musik setzte langsam ein.

My heart belongs to daddy.

Sie konnte kein Wort Englisch, aber den Text hatte Gisberta verinnerlicht, mit ihren Schultern, dem Hüftschwung, dem ganzen Körper, der mehr als ein Körper war, sondern Musik.

Die Männer an den Tischen und auf dem Sofa ganz hinten im Raum waren ihre Väter, sie gehörte ihnen, erkannte in jedem einzelnen von ihnen ein Gesicht von früher, eine alte Zeit, wenn sie es zuließe, würden wohl alle sie in den Arm nehmen wollen. Die Musik aus den Lautsprecherboxen pries sie als Julie London an, aber Gi warf Handküsse in alle Richtungen wie Marilyn Monroe, schlängelte sich zwischen den Tischen hindurch bis zur Bar und zurück auf die Bühne, ohne denen nachzugeben, die nur mal kurz anfassen wollten.

I know you're perfectly swell / but my heart belongs to daddy.

Der Besitzer der Bar drehte die Musik leiser, ein Zeichen für Gi, nun von Tisch zu Tisch zu gehen und zu fragen, »Noch eine Flasche, Daddy? Für mich, ja?« Die Gäste schauten auf ihre Tische voll leerer Flaschen, aber Gi bettelte weiter, »Für mich, nur für mich.« Vom Beschützerinstinkt ergriffen und ohne auch nur den Gedanken daran, dass sie von jeder Flasche Prozente bekam, bestellten sie schließlich den teuersten Sekt.

'Cause my daddy, he treats me so well.

Ihre Leber war damals noch jung, und sie trank, was man ihr anbot, und hielt noch die ganze Nacht durch, ohne sich den Alkohol anmerken zu lassen. Sie kannte das Spiel, wusste mit all diesen Väterchen umzugehen, setzte sich zu ihnen an den Tisch wie mit sämtlichen anderen Vätern und ging dann mit Taschen voll Trinkgeld nach Hause.

I simply couldn't be bad.

Der Körper, den sie selbst erschaffen hatte, war nur zum Anschauen da, nur zum Zeigen. »Mann, wie hat es mir Freude gemacht, ihn vorzuführen«, sagte sie mir.

Wenn Gi dann wieder auf der Bühne war, ging die Musik aus. Es wurde auch nicht mehr gebrüllt, »Gisberta! Gisberta, wir lieben dich!«, sondern es wurde still, und sie bekam ihre beste Belohnung, die Stille, Beweis dafür, dass sie die Männer verzaubern konnte.

Erschöpft, völlig dem Saal preisgegeben, zog sie ihr Kleid aus, ließ es hinabfallen bis zu den Füßen, wie einen umgekehrten Heiligenschein. Nun wurde nicht mehr gepfiffen und geklatscht, jetzt wollte sie jeder nur noch für sich haben. Und dann sahen sie ihr Haar über die nackten Schultern fallen, ihre wohlgeformten, weißen, festen Brüste, ihre schmale Taille, die breite Hüfte. Und dann die enthaarte Scham und schon längst ohne großes Erstaunen den Penis zwischen ihren Beinen.

Yes, my heart belongs to daddy.

19

Als ich Nélson den Arm auf den Rücken drehte, zischte ich, um den Effekt noch zu steigern, ganz nah an seinem Ohr, »Du hast ja gar keine, Ahnung, das ist ein Typ, der nur gut aussieht wie eine Frau«, und er strampelte sich frei. Ich bat ihn, »Halt bloß die Klappe, halt's Maul.«

Gi plauderte derweil mit Samuel, der seine erste Überraschung überwunden hatte, und bekam selbst davon gar nichts mit.

»Wieso soll ich das Maul halten, Arschloch?«

»Damit Gi es nicht hört.«

»Soll sie es doch hören! Was soll der Scheiß?«

»Der ganze Scheiß hier geschieht uns nur recht.«

Ich erkannte an ihm dieselbe Abscheu, den Ekel, den ich selbst auch gespürt hatte, als ich ihr zum ersten Mal begegnet war, aber verdoppelt. Meine eigene Aversion war verflogen. Dass ich ihr half, zeigte, dass ich inzwischen kein Kind mehr war, sondern ein Mann, erwachsen und kein kleiner Junge mehr, anders als Nélson. Oder Samuel, der sich weiterhin ganz entspannt mit Gi unterhielt, aber nur, weil er noch nicht begriffen hatte, dass sie trans war, wie die Transvestiten, die wir immer in Santa Catarina beleidigten.

Wenn gerade nichts anderes los war, trieben wir uns dort herum. Die Leute schlenderten über die Bürgersteige, die Ladenbesitzer versuchten, wie Marktschreier auf sich aufmerksam zu machen, und die Bettler postierten sich mit ihren

Plastiktüten möglichst nah an den Ecken neben den Eingängen. Die Transvestiten darunter waren immer die Eindrucksvollsten, recht groß, und ihr Gesichtsausdruck zeigte, dass sie sich dessen, was sie zu bieten hatten, genau bewusst waren.

»Zeigst du den Kunden auch deinen Schwanz?«, riefen wir.

Sie überhörten es und warfen uns Handküsse zu, was vor allem Leandro und Grilo echt wütend machte, als seien es Liebesbekundungen, auf die sie mit Gewalt zu reagieren hatten. Oft schmissen wir Steine nach ihnen und hofften, ein Treffer könne das Missverständnis aus der Welt schaffen.

Einmal auf der Gonçalo Cristóvão griffen wir sogar einen mit Fußtritten an, der nahm seine Männerbeine unter den Arm und flüchtete, was natürlich einer gewissen Ironie nicht entbehrte, denn eine richtige Frau wäre uns nie entkommen.

Nélson steckte sich den Finger in den Hals, als müsse er kotzen, krümmte sich und nannte mich Schwachkopf und Freund einer Schwuchtel.

Samuel und Gi schauten zu uns rüber, fragten, was los sei. Nélson antwortete, »Nee, alles klar«, und ich drehte ihm noch mehr den Arm auf den Rücken. Ich hätte ihm ihn gern gebrochen, denn er hatte ja keine Ahnung, dass ich als Freund eines Transsexuellen viel besser war als sie alle beide zusammen.

Um ehrlich zu sein, war mir schon im ersten Moment, als ich sie kennengelernt hatte, klar, dass was fehlte, hatte das aber erst auf ihren Gesundheitszustand und den Hunger geschoben. Aber als sie mir dann irgendwann die Geschichte vom Adam's Apple erzählte, als würde sie den ganzen Striptease noch einmal nur für mich ganz allein wiederholen, hing ich schon längst viel zu sehr mit drin, um da wieder rauszukommen.

Um ganz ehrlich zu sein, war es zum Teil ganz genau der Kontrast, der mich dazu bewogen hatte, sie auch Samuel und Nélson vorzustellen, ihnen zu zeigen, wie überlegen ich war, dass ich mit ihr umgehen konnte, ganz anders als sie, die mich dafür wahrscheinlich verfluchten.

Genau deshalb hatte ich auch Gi nichts gesagt. Hätte sie geahnt, dass ich sie für mein eigenes Ego benutzte, hätte sie mich vielleicht zurückgewiesen. Dann wäre ich den Beweis meiner Überlegenheit wieder los gewesen.

Ich ließ Nélsons Arm los, nachdem er versprochen hatte, sich zu beruhigen. »Jetzt gehen wir wieder da hin, und dann verschwinden wir«, sagte ich.

Gi und Samuel unterhielten sich gerade über ein Bild und darüber, wie schön eine einzige Bleistiftspitze das Leben doch machen könne. Zu mir war er nie so offen, nie habe ich ihn je so begeistert über seine Begabung erzählen hören und aufzählen, was er alles in ganz alltäglichen Dingen erkannte.

Denn in vielerlei Hinsicht war Samuel, anders als ich, noch ein Kind. Er sah Dinge oft nicht, wie sie waren. Gi hat er wahrscheinlich als Frau angesehen, die man zeichnen kann, und nicht wie die anderen, jedenfalls niemals als das, was sie war. Sonst hätte er sich wahrscheinlich, obwohl naiv, genauso vor ihr geekelt.

Denn niemand tolerierte sie so wie ich, und kaum jemand hätte mit ihr wie ich Reis gegessen.

Gi verabschiedete sich von uns mit einer leichten Verbeugung und bat, »Kommt gerne wieder«, wie die Leute in den Geschäften in Santa Catarina.

Nun lümmelten wir hier auf der Decke auf dem Dachboden, jeder für sich, atemlos, ängstlich, jemand hätte uns vielleicht gesehen oder etwas mitbekommen. Nélson und Samuel voller Angst, dass der Ausflug dort in den Keller Spuren hinterlassen hatte, für alle sichtbar, und ich sehr zufrieden mit der Wirkung, die ich damit offenbar erzielt hatte, zumindest bei Nélson, der tatsächlich vor Aufregung zitterte.

Wir hörten uns atmen, spürten, wie sich unsere Körper entspannten, wir langsam begriffen, wie wenn man eine Wahrheit herausfindet, wie wenn man mit jemandem schläft und schon weiß, dass es das letzte Mal ist.

Das ausgestopfte Krokodil glotzte mich an. Die Glühbirne schaukelte im Wind, der sich stoßweise durch die Dachziegel zwängte. Ganz bei uns stand der Glasbehälter mit den Knochen von Maria José. Schulter an Schulter erkannten wir die Ausmaße dieses Augenblicks nicht.

Es verband uns ein einziger Gedanke, eine imaginäre Verbindung, die für immer halten sollte. Bis heute ertappe ich mich manchmal dabei, sie nach der harten Arbeit in der Werkstatt im Bett liegend atmen zu hören.

Nélson stand auf, spuckte in die Hände und wischte sie sich dann an der Hose ab. Er sagte, »Scheiße, Scheiße, Scheiße.« Hätte es auf dem Dachboden eine Dusche gegeben, hätte er sich garantiert ausgezogen und jeden Zentimeter Haut unter brühheißem Wasser mit Stahlwolle abgeschrubbt.

Samuel und ich blieben liegen, die Köpfe ganz nah beieinander, immer noch völlig im Bann der Begegnung. Ich lächelte, und er hatte seine Augen geschlossen. Vielleicht suchte er nach Erklärungen, aber er wusste bestimmt, dass ich ihm in diesem Moment keine geben konnte. »Was für ein Leben, was für ein Leben«, murmelte er vor sich hin.

Erst beim sechsten oder siebten »Scheiße, Scheiße, Scheiße« von Nélson, der auf dem Dachboden auf und ab ging, machte er wieder die Augen auf.

»Was ist los?«, fragte er.

»Was los ist? So ein Arschloch, der Typ! Ist dir das nicht gleich aufgefallen?«

»Was soll mir aufgefallen sein?«

»Verdammt, hast du nicht kapiert, dass die Hure ein Typ ist?«

Samuel lehnte sich gegen einen Schrank, von dem Staub runter auf seine Schultern rieselte, und sagte, »Was willst du eigentlich? Ich kenne die längst.«

20

Alisa und ich trafen uns wieder auf derselben Bank, denn der Zufall wollte es, dass wir uns wieder vertrugen. Ganz eng zusammen, die Beine nebeneinander, versuchte ich mich zu entschuldigen und kapierte nicht, dass nach dem Biss die Entscheidung darüber, was nun kommen sollte, bei ihr lag.

»Ich weiß nicht, was in mich gefahren ist«, sagte ich. Sie sagte, psst, strich sich die Hosenbeine glatt und streckte ihren Busen ein wenig heraus, um die Tätowierung zu verstecken. Psst. Offenbar nannte sie mich nicht mehr Schwein und hatte mir wohl stillschweigend verziehen.

Auf der gegenüberliegenden Seite des Schulhofs jagte ein Möwenschwarm über dem Dach der Schule einer Taube nach. Ihr Schnattern klang wie das Schleifen von Messern, aber das wimmernde Kreischen der Taube, die fiepste wie ein in die Enge getriebenes Kaninchen, machte auf mich noch viel mehr Eindruck.

»Was für eine Angst«, sagte Alisa und klammerte sich an mich. Obwohl ich mich, nach all dem, was passiert war, über ihre Nähe wunderte, fand ich es auch schön, so zu lieben, dass man sogar zu einem zurückkommt, von dem man gebissen wurde.

Auf dem Schulhof wie immer: Fußball, Nackenschläge, überall Aufsicht, die sich einen Scheiß darum kümmerte. Aber auch Grüppchen, die sich in Comichefte vertieften wie beim Ritual einer Sekte, Jungs, die sich gegenseitig auf die

Finger schlugen, um zu sehen, wer länger aushielt, bis es blutete; und einer, der erklärte, »Ich weiß genau, was der Schmerz in der Brust hier bedeutet, ich muss nicht einmal zum Arzt«, als ein Mädchen vorbeiging, das sich dann bei der Turnhalle zu seinen Freundinnen stellte und sagte, »Sie sind zwar unglaublich dumm, aber wir mögen sie trotzdem«, ein älterer Junge in einer Ecke schrieb Liebesgedichte in einen Brief, von dem ich wette, dass er mit »Liebe ist ein Lodern, das unsichtbar zehrt« anfing.

Auch wenn ich nun mit Alisa Händchen hielt, mit ihrem intensiven Heugeruch, dachte ich trotzdem noch immer mehr an Samuel als an sie. Er hatte uns gebeten, Nélson und mich, nach der Schule auf den Dachboden zu kommen, aber ich dachte, es sei doch schon alles gesagt. Dass er Gi längst kannte, seit er ein kleines Kind war, dass Nélson versprochen hatte, ihr nichts zu tun. Wozu also noch weiter darauf herumreiten?

Alisa schmiegte sich an meine Schulter und redete weiter, die Möwen würden so wild durcheinanderhacken und sicher gemeinsam auch einen Menschen umbringen können. Sie aber vertraue darauf, dass ich sie schützen würde. Eine Annahme, die so gar nicht nach einem Mädchen klang, das älter als ich war und womöglich noch meine Bissspuren neben der Brustwarze hatte und doch am eigenen Leib schon erfahren hatte, dass ich durchaus ein Stück kleiner war als sie, es aber schon mit ihr aufnehmen konnte.

Plötzlich hörte ich hinter uns Stimmen. Bevor ich mich umdrehen konnte, zog mich jemand an den Schultern zu Boden. Mein Rücken schrappte über Steine und Dreck.

»Hört auf damit, aufhören!«, schrie Alisa.

»Hurensohn, hast du wirklich geglaubt, du musst keinen Respekt vor mir haben? Ich zeig' dir, was los ist«, hörte ich nur. Und zwei weitere Stimmen, die sagten, »Das hat er sich wohl so gedacht, echt.«

Alisa schrie immer noch, jetzt »Hör auf, Fábio! Ich ruf den Hausmeister!«

Ich versuchte, aufzustehen, aber ein Fuß im Rücken hinderte mich daran. Ich strampelte, um mich zu befreien, und konnte mir gar nicht erklären, wofür ich eigentlich büßen sollte.

In der Bedrängnis ein Funken Hoffnung: Ich sah, dass die Möwen eine nach der anderen umkehrten, ihre Flügel waren wie Linien am Himmel. Auch damit, dachte ich, hatte Alisa recht, wenn sie fliegen, sind Vögel ganz friedlich und nicht in der Lage zu töten.

»So ist das, wenn man keinen Respekt vor mir hat, Arschloch«, fuhr Fábio fort.

»So ist das.«

Leandro und Grilo fassten mich an den Beinen und zerrten mich in die Mitte des Pausenhofs. Ich wollte Fábio zu einem Kampf Mann gegen Mann herausfordern, aber wo der Typ solchen Wert auf Respekt legte, hätte das vielleicht alles nur noch schlimmer gemacht.

Alisa hörte nicht auf, damit zu drohen, den Hausmeister rufen zu wollen, und ich sagte, »Sei still, ich bin doch keine Petze.«

Daraufhin knallten sie mich mit den Eiern gegen einen Torpfosten, Grilo und Leandro zerrten mich an den Beinen, Fábio gab Anweisungen, und ich versuchte, den Druck auf die Lenden, so gut es ging, mit den Handflächen abzumildern.

Dann brüllte Fábio, »So sieht das aus, wenn man keinen Respekt hat, merk dir das! Sag deinen Freunden, das kommt davon, wenn sie vor mir abhauen. Da können sie mal sehen, wie das ist«, und dann sagte er, dass sie aufhören sollten.

Man könnte glauben, er meinte es sogar noch ganz gut mit mir, er hatte mich ja kaum geschlagen, und das auch mehr als Ermahnung, als dass es wirklich wehtun sollte. Ein Brennen im Schritt blieb natürlich, aber sonst fast gar nichts.

Als die Arschlöcher weg waren, setzte Alisa sich neben mich und jammerte, »Was haben sie meinem Kleinen nur angetan?«, und ich erwiderte, »Gar nichts, lass mich in Ruhe, du nervst.« Sie streckte ihre Brust raus und machte sich davon, einigermaßen verwundert, dass unsere Versöhnung anscheinend nur von kurzer Dauer gewesen war.

Abends taten mir die Beine schon fast nicht mehr weh, trotzdem war es nicht so ganz einfach, hoch auf den Dachboden zu kommen, als würden Leandro und Grilo mich immer noch gegen den Pfahl drücken.

Nélson hatte dem Krokodil noch den Affen wie eine Perücke auf den Kopf gesetzt, um das Tier noch grotesker aussehen zu lassen. Umso lächerlicher, als er das Fell des Affen auch noch mit den Fingern frisiert hatte. »Krokostyle«, lachte er.

Samuel schob die Möbel herum und stellte den Globus und das Teleskop auf einen Tisch. Seit ich ihn zu Gi mitgenommen hatte, versuchte er, alles zu ordnen. Im Schlafsaal rückte er die Fotos gerade und strich Bettdecken glatt, im Speisesaal stapelte er die Blechteller, hier ordnete er eben Ausstellungsstücke.

Ich hatte ihn lang nicht mehr zeichnen gesehen, vielleicht, weil das Leben ihm nun etwas gab, das sich nicht mehr in Zeichnungen festhalten ließ. Ein Ziel wie meins, helfen, den Alltag verschönern, wie wilde Blumen, die nach dem letzten Regen im Winter noch sprießen.

Irgendwie hatte er mich damit nun überholt. Anstatt sein Talent auf Papier festzuhalten, stellte er es nun ebenfalls in den Dienst von Gi. Dort war Begabung weit wichtiger als beim Zeichnen, eine Art Wesenszug, eine echte Gabe, die sich in allem Möglichen äußerte, nicht nur auf dem Papier.

Aber ich war es doch gewesen, der ihm Gi gezeigt hatte, ich hätte die Regeln bestimmen sollen.

Als ich ihn das Teleskop auf den Tisch stellen sah, dachte ich, es sei gut, jemanden wie ihn zu kennen, sowieso gut, ihn zum Freund zu haben – auch wenn er gerade dabei war, mir Gi zu klauen.

Ich fragte, »Was ist los?«, Nélson platzte heraus mit »Der Affe ist nun die Frisur von dem Glatzkopf!«

»Was ist, Samuel?«, fragte ich.

Er ließ das Teleskop stehen und bat uns, unter der Lampe zusammenzukommen.

»Ich habe nachgedacht über Gi und uns.« Ihm sei klargeworden, dass Gi uns brauchte. Nichts Neues. Er musste einsehen, dass ich das auch schon gesagt hatte, fand aber trotzdem, wir müssten es nun wirklich ernsthaft tun. Es war wichtig: Es sei der Moment gekommen, erwachsen zu werden.

»Was meinst du damit?«, unterbrach ich ihn.

»Lasst uns einen Pakt schließen.«

»Wir haben doch schon längst besprochen, dass wir ihr helfen.«

»Aber es muss ein Pakt sein. Mit einer Zeremonie wie im Gottesdienst.«

Er holte ein Cuttermesser aus seiner hinteren Hosentasche. Er schwenkte es vor unseren Augen, dass die Klinge im Plastikgriff klackerte, und sagte noch einmal, »Lasst uns einen Pakt schließen.« Die Spitze der Klinge sah aus wie ein Stilett.

Dann stach er sich in die Handfläche und ließ etwas Blut heraustropfen. Nélson streckte ihm sofort seine Hand hin, und er machte es auch bei ihm.

Meine Hand ebenfalls auszustrecken, hätte bedeutet, Samuel nun das Kommando über unseren Umgang mit Gi zu überlassen; sie würde dann mehr ihm gehören. Sich zu weigern, hätte feige gewirkt.

Beide schauten mich auffordernd an. Nélson sagte, »Los, Schlappschwanz, wir haben nicht ewig Zeit«, Samuel sagte, »Rafa, bitte.«

Bei mir blutete es mehr als bei ihnen. Als wir uns die Hände gaben, sagte Samuel, der Pakt sei, dass wir uns um sie kümmern sollten und kein Wort darüber verlieren durften. Ich starrte auf das Gemälde aus unserem Blut und nickte.

21

Zur Pension hoch führte eine Treppe mit Teppichboden, in dem sich der Staub, Dreck und alles verfing, was oben vor sich ging. Alle vierzehn Tage wurden die Zimmer gesaugt, anspruchsvollere Kunden wischten trotzdem erst mal alles mit den Feuchttüchern ab, mit denen sie anschließend auch sich reinigten, nachdem sie sich an den Frauen befriedigt hatten. Sie zahlten, schworen dann ewige Liebe und hielten dies für ein zusätzliches Entgelt, ein Trinkgeld, um ihnen den Tag zu versüßen.

Die Lampen, an denen zu sehen sein sollte, wenn ein Zimmer belegt war, ein kleines Flackern am Türpfosten, funktionierten nicht immer, also klopften die Kunden an oder traten auch ein, ohne zu klopfen. Dann bot sich ihnen manchmal ein sehr intimer Anblick, ein Moment aus dem Leben der Anderen.

Männer, die weinten, wenn sie in den Arm genommen wurden. Fünfzehnjährige Mädchen, eingewickelt in Decken, die sich gerade ihres Körpers bewusst wurden, als sei er ihnen im Augenblick erst erschienen, in dem Moment, als sie realisierten, was es bedeutete, Kunden zu machen; in anderen Zimmern viel zu alte Frauen, die längst nicht mehr darüber nachdachten, was es bedeutete, Kunden zu machen; Männer im Dauerzustand der Adoleszenz, die irgendwie mit ihrem Trieb umzugehen versuchten, aber nur dort jemanden fanden. Und Kunden, die sich einbildeten, die Frauen, die sie schon seit Jahren kannten, körperlich und seelisch zu befriedigen, und dann beleidigt waren, dass ihnen weiterhin Geld abverlangt wurde.

Wenn einer aus Versehen die falsche Tür öffnete, stutzte er kurz, sagte Verzeihung und ging weiter ins nächste Zimmer, um dort bedient zu werden.

Ihre Kinder ließen die Frauen unten an der Rezeption zurück, denn sie wussten nicht, wohin sie sie sonst hätten tun sollen, und weil sie ihnen so oder so auch eine Art Schutz bot.

Die Kinder spielten leise, um die Kundschaft der Mütter nicht zu verschrecken. Die Empfangsdame kümmerte sich möglichst nicht um sie und schaute erst auf, wenn sich welche zu heftig stritten und getrennt werden mussten, aber auch dann erst, wenn nicht vielleicht doch das dümmere Kind einfach den Kürzeren zog. Was nie der Fall war.

Das letzte Zimmer war immer für die reserviert, denen es nichts ausmachte, bis ans oberste Ende der Treppe zu gehen, und an den Mädchen nicht interessiert waren.

Wer dort arbeitete, sprach nicht darüber, was dort vor sich ging, denn das eigentliche Gerede war Schweigen, du weißt, was ich meine. Und Bescheid wussten alle. Umgehen musste man damit später mal irgendwann, jetzt wurde erst einmal nichts gesagt.

Dort aus dem Zimmer kamen meist auch die harten Geräusche, ein Schnaufen wie Kämpfen, wenn ein Körper nur in der Lage war, Lust zu empfinden, wenn man ihn schlug, Stimmen, die sich abmühten, dass etwas nachgab. Was dauerte. Und das Bett war zu hören, wie es sich bewegte und knarzte, und eine dünne, vielleicht zu dünne Stimme, die sagte, »Vorsicht, ganz vorsichtig.«

Wenn der Kunde dann rauskam, die Augen starr auf den

Boden gerichtet, ein Anflug von Triumph im Gesicht, dazu Abscheu, vergaß er, die Tür zuzumachen. Dann stand Gi vom Bett auf, knallte sie zu und brüllte, »Du Hurenbock, du verdammter!«, und der Kunde ging hastig, mit noch offenem Hosenschlitz die Treppe runter.

Dann kam Gi im seidenen Morgenmantel, den Saum bis zum Teppichboden. Das Haar schon zum üblichen Knoten gebunden.

»Hier, das Geld für den Tag«, sagte sie zur Empfangsdame.

Sie setzte sich auf das Sofa und blätterte in einer Illustrierten, wartete auf den nächsten Kunden, immer auch darauf gefasst, dass etwas Unvorhergesehenes passierte. Sie hatte mit den Kolleginnen vereinbart, dass sie sich auch um die Kunden kümmerte, die eventuell grob wurden, denn so schön sie als Frau auch war, sie war immer noch stark wie ein Mann.

Dann umringten die Kinder sie, zupften sie an ihrem Morgenmantel (sie hielt ihn zu, damit ihre Brust nicht zu sehen war) und baten sie, ihnen etwas zu erzählen, sich mit ihnen zu beschäftigen, denn sie brauchten Zuneigung.

Sie erzählte ihnen von der Prinzessin und der Biene, vom Esel und dem Hund, von der Wunderlampe, dem Glücklichen Prinzen und vieles andere; manche Geschichten dachte sie sich selbst aus, improvisierte wie bei einer Scheherazade-Show und besser als bei jedem Auftritt im Adam's Apple.

Unter den Kindern war auch ein etwa sechsjähriger Junge, der immer nur zuhörte, nie näher kam. Er saß mit verschränkten Armen immer in einer Ecke, genervt, weil Gi ihre Geschichten nie bis zum Ende erzählte.

Wenn sie die Kinder fragten, »Warum erzählst du uns das Ende nie?«, sagte Gi, »Wenn ich das Ende verrate, kommt ihr wahrscheinlich nie wieder.«

Jeden Tag erzählte sie den vier oder fünf erwartungsvoll vor ihr aufgereihten Kinderköpfen den Anfang eines neuen Abenteuers, und diese fragten gespannt, »Erfriert der Glückliche Prinz?« Und sie antwortete, »Das hört ihr gleich«, und die Kinder, für die sich nie jemand so eingesetzt hatte, wie in dem Märchen die Statue, erklärten, »Wir wollen auch wie der Glückliche Prinz sein.«

Nach der Geschichte gab Gi ihnen Kekse, die sie in einer braunen Papiertüte aus dem Ruial mitgebracht hatte. »He, Junge da drüben, willst du auch einen Keks?«, fragte sie auch das Kind in der Ecke.

Und einmal, als Gi nach der Schicht nach draußen ging, zupfte das Kind sie am Ärmel und fragte, »Gibt es heute keine Geschichte?«

Sie nahm ihn an der Hand und ging mit ihm auf die andere Straßenseite zu einer Konditorei und deutete auf das Gebäck im Schaufenster. »Sag, was du möchtest.« Der Junge seufzte, die Stirn gegen das Glas gepresst, und konnte sich nicht zwischen Cupcake, Blätterteigstückchen und Schokoladenkuchen entscheiden.

»Schokoladenkuchen ist immer das Beste, natürlich«, bestimmte Gi.

Der Junge aß den Kuchen direkt aus der Hand, leckte sich dann noch die Finger ab, sagte, »Lecker!«, und bedankte sich sogar. Versuchte sogar die Papierserviette noch abzulecken, in der er den Kuchen angefasst hatte, aber das Papier löste sich auf. Gi trank Kamillentee und schaute ihm dabei zu.

»Magst du Geschichten?«

»Nein.«

»Warum hörst du dann immer zu?«

Der Junge wischte noch einmal mit dem Zeigefinger über den Teller, versuchte, geschmolzene Schokoladenstückchen aufzutupfen, und antwortete, »Ich mag Geschichten nicht, nur deine Geschichten.«

Das war für Gi so was wie Liebe ohne Gegenleistung, auch wenn der Schokoladenkuchen durchaus eine Art Bezahlung gewesen war, und sie wusste überhaupt nicht, wie sie darauf reagieren sollte, auf diesen Sechsjährigen, der in ihr nicht die *Transe* sah, sondern die Transe, die immer Geschichten erzählte.

Seiner Mutter aus Zimmer 102 hatte sie nie mehr als nur Hallo und Tschüss gesagt, nun aber kam ihr kurz der Gedanke, wie gern sie vielleicht selbst diese Mutter wäre.

»Willst du Tee?«

»Hab ich noch nie probiert.«

»Schmeckt gut, orientalisch.«

Er trank zwei Schlucke und verzog das Gesicht, ekelhaft, dieses orientalische Zeug, schob die dampfende Tasse weg. Gi strich ihm über den Kopf und sagte, »Du bist ein guter Junge, wie der Glückliche Prinz.«

Um sie nicht zu beleidigen, verriet er ihr nicht, dass seine Freunde ihn dazu angestachelt hatten, denn er würde sich nicht trauen, in ihrer Gegenwart etwas zu essen aus Angst, sich mit irgendwas anzustecken. Und er verschwieg auch, dass er Geschichten durchaus mochte, nicht nur die von Gi. Für ihn waren es Zeichnungen, nur aus Worten.

22

Gi wirkte nicht überrascht, dass wir zurück waren. Sie bat uns um Hilfe, das Blech und die Kunststoffplatten an ihrer Hütte wieder in Ordnung zu bringen, die der Wind in der Nacht fast zerstört hatte, und setzte sich anschließend mit uns unter den Lichtschacht. Von dem Toilettenpapier war nichts mehr da.

Nélson ging nervös auf und ab, Gis Anwesenheit machte ihn unruhig, aber er hielt sich an unseren Pakt, Samuel sagte, »Rafa hat heute Nudeln dabei.« Ich sagte, er soll die Klappe halten, und bestätigte, »*Linguine*.«

Während ich Feuer machte, setzten sich Gi und Samuel bei der Hütte hin, wo ich sie nicht hören konnte. Von Weitem wirkte es wie eine Szene aus einem Stummfilm: er ausdrucksvoll, sie theatralisch. Irgendwann strich ihm Gi mit der Hand über den Kopf, und er ließ diese Zärtlichkeit mit einer solchen Selbstverständlichkeit zu, wie ich es niemals gekonnt hätte. Wie es nur jemand kann, der den Umgang mit Transvestiten von klein auf gewohnt ist. Mich traf es wie eine Pfeilspitze direkt in den Kopf: So gestreichelt zu werden, war mehr, als die meisten vom Leben verlangen konnten.

Sie unterhielten sich noch eine Zeitlang, sie im Schneidersitz, er gegen die Hütte gelehnt. Ich stellte mir vor, dass sie sich darüber austauschten, was alles passiert war, seit sie sich das letzte Mal gesehen hatten. Dann ging Gi ihre Fotos holen und zeigte sie ihm eins nach dem anderen, um das, was sie ihm zu erzählen hatte, zu illustrieren.

Obwohl diese Vertrautheit mit mir nichts zu tun hatte, ging ich hin und sagte, »Die Nudeln kochen.« Als sie mich kommen sah, ließ Gi die Fotos hinter ihrem Rücken verschwinden, aber ich konnte erkennen, dass sie auf einigen davon selbst zu sehen war.

In dem Moment wünschte ich, mir hätte auch jemand einmal Schokoladenkuchen gekauft. Aber solche Gedanken sind wie die Hoffnung auf den Eurojackpot und führen nur zu völlig unnützen Träumen, die nur im Gegensatz stehen zum beschissenen Alltag.

Nach dem Pakt hatte Samuel mir, ohne dass Nélson es hören sollte, gesagt, »Ich verrate dir, woher ich Gi kenne, aber du darfst es niemandem weitererzählen.« Im Heim unterhielten wir uns nicht über unsere Vergangenheit, diskutierten auch nicht über Zukunft, deswegen überraschte es mich, als er sagte, er würde sie kennen, aber ich freute mich auch, dass er Nélson nichts davon erzählte. Nur mir.

So sehr, wie mich seine Aufrichtigkeit überrascht hatte, war mir auch sehr klar, wie angreifbar er sich dadurch machte. Worum es dabei ging, war nicht wichtig, wir alle hatten solche Eltern. Aber, dass er es erzählte, offenbarte eine Verletzlichkeit, die nicht wenige als mädchenhaft – Schwäche – interpretiert hätten. Dass er solches Vertrauen in mich setzte, stellte unsere Freundschaft unter Beweis.

Und ich behielt seine Verletzlichkeit für mich, habe nie jemandem davon erzählt, aber mir war auch sofort klar, dass ich ihn beneidete für seinen Mut. Hätte ich Gi als Kind schon gekannt, hätte ich es niemals erzählt. Aber getauscht hätte ich schon gern mit ihm und wäre gern ebenso vertraut mit ihr umgegangen.

Gi hätte nicht einmal diese Fotos verstecken müssen: Um mich wie ein Außenseiter zu fühlen, genügte es, zu wissen, dass Samuel sie schon mit sechs Jahren gekannt hatte. Ich war an die Schwelle zu einem besseren Leben gelangt, aber sie hatten mich draußen gelassen.

Was mich aber wirklich wurmte, war, zu erfahren, ob das, was mich an der Sache eigentlich störte, vielleicht Liebe war, von der ich dachte, man könne sie höchstens für Mädchen wie Alisa empfinden, deren Körper ich heiß begehrte, aber auf keinen Fall Freunden wie Samuel gegenüber und erst recht nicht zu Gestalten wie Gi.

Das Pão de Açúcar bekam neue Bedeutungen, als seien Gi und Samuel, da zusammen in der Ecke, ich, wie ich über den kochenden Nudeln wachte, und Nélson, der das Wasserloch inspizierte, so eine Art Gleichnis.

Nélson fing an, von dem Wasserloch zu erzählen, um uns zu einer Art Wettbewerb anzustacheln, wer wohl den Mut hätte, da drüberzuspringen. Samuel sagte, »Mach nur, Gi und ich schauen dir gerne zu«, und Gi versuchte, es ihm auszureden, »Du spinnst, du brichst dir die Knochen!«

Samuel und ich schauten uns an, plötzlich wieder versöhnt, weil wir beide wussten, dass es keinen Zweck hatte, Nélson umzustimmen. Wir alle machten, was wir wollten, und widersprachen nicht, wenn einer den Helden spielte, und sei es auch nur, um die Gelegenheit nicht zu verpassen, ihn stürzen zu sehen und dann der zu sein, der ihn aus der Tiefe des Brunnens rettete. Diese stillschweigende Übereinkunft beruhigte mich. Es gab unterschiedliche Arten, zueinander zu gehören, und eine schloss alle anderen keinesfalls aus.

Einstweilen ernüchtert, kam Nélson zu mir und ließ sich Nudeln geben. Wir setzten uns alle vier vor die Hütte, und ich verteilte die Nudeln mit einem Löffel auf Plastikteller.

Beim Essen behielt ich mein Fahrrad im Auge, das an einem Pfeiler lehnte. Auch wenn man schon damit fahren konnte, hatte ich für mich beschlossen, es nicht zu tun, zum Beweis, dass ich mich jetzt nur noch um Gi kümmerte.

»Heiß, Rafa«, sagte Gi.

»Schmeckt gut«, sagte Samuel.

Nélson nickte wortlos und leckte sich über die Lippen. Dann sprang er auf, sagte, »Fickt euch«, und rannte ans andere Ende des Kellers.

Gi warnte noch einmal vor der Gefahr, wir sollten Nélson aufhalten, und fragte, warum ich denn nichts tun wolle, wo er doch kurz davor stand, sich wehzutun? »Ich bin nicht so schnell wie du!« Warum tat Samuel nichts? Gott, wie blöd können Jungs sein.

»Halt die Klappe, Weib, ich mache, was ich will!«, brüllte Nélson schon bei der Wand, wo er Anlauf nehmen wollte. Er scharrte mit den Füßen im Dreck, beugte sich vor und spannte seinen Körper an.

Er holte tief Luft und rannte los, auf das Wasserloch zu, schaute abwechselnd zu uns und auf den dreieckigen Spalt, der immer näher kam. Wir hörten ihn immer heftiger atmen und wie seine Füße im Dreck aufschlugen. Wenige Zentimeter vor dem Loch warf er sich wie ein Leichtathlet in die Luft.

Die Beine voran und die Arme eng um den Brustkorb geschlungen, rette sich, wer kann, nun war er wirklich allein, was weder in der Werkstatt noch in der Schule je möglich war, wo man ja immer mindestens alle eineinhalb Meter auf jemanden stieß und gezwungen war, alles zu teilen, von der Körperhygiene bis zu den Gedanken. Und nicht nur allein war er, sondern plötzlich auch frei, ganz sich selbst überlassen, irgendwo in der Schwebe zwischen Sturz und Selbstüberwindung.

Er blieb wesentlich länger als eine halbe Sekunde so über dem Abgrund: Manchmal kommt es mir vor, als schwebte er heute noch in der Luft und wir seien anschließend ebenfalls in der Zeit stehen geblieben, Gi vor dem Eingang ihrer Hütte, Samuel neben ihr in der Hocke auf dem Boden und ich, wie ich die Reste vom Boden des Kochtopfs kratze.

Dann aber landete er auf der anderen Seite des Wasserlochs, schürfte sich die Hände am Kies auf und grinste erleichtert. Gi brüllte, »Bravo!«, und klatschte.

»Applaus, Applaus. Was ein Mann alles fertigbringt!«, sagte Nélson und schleuderte Hände mit Dreck in die Luft.

Samuel, der sich, als Nélson gesprungen war, an Gis Arm geklammert hatte, um sie zu beruhigen, sagte, »Siehst du, es ist alles gut, er ist nicht abgestürzt.«

23

Nach der Pension kam der Stoff, und der drängte sie bis nach Aleixo runter, die Abkürzung an der São-Martinho-Kirche entlang, wo sie mit etwas Glück den Passanten entging, die ihr zuriefen, »Nimm die Beine unter den Arm, Süße!«

»Junge, sogar als ich schon krank war, wollten sie mich noch«, sagte Gi, und deutete auf ihre Schenkel. Sie redete darüber so offen, dass ich fast anfing, mir Aleixo als einen freundlichen Ort vorzustellen.

Die Treppen zum Hochhaus Nr. 1, wo die Leute sie mit einer Begeisterung grüßten, die sonst nur Zirkusartisten vergönnt ist, waren mit Hakenkreuzen, Liebesschwüren, Datumsangaben, allerhand Zahlen und Gesichtern beschmiert, die nicht einmal die Porträtierten erkannt hätten. Die Prosa des Viertels erzählte von Drogen, Sex und von alten Leuten: Im obersten Stock stand in schwarzer Schrift, »U Can Lock Our Body's but U Can Never Lock Our Spirit's«, und in Weiß, »Rui Rio, du Schwuchtel, schmeiß die Reichen raus aus der Stadt«.

»Es war die Hölle«, sagte Gi, und ich überlegte mit einem Blick ringsum in den Keller, ob es noch ein schlimmeres Ende der Welt geben könne als dieses, auch wenn es unser Ort war.

Im Innern des Hochhauskomplexes fiel ihr Blick auf die Wäsche, die die Witwen im Treppenhaus aufhängten, damit der Geruch nach Waschlauge und nassem Fell wegging. In ihrer Gier nach dem Stoff fiel ihr sicher nicht auf, dass die Babyhemdchen, die bunten Kinderklamotten, die schwarzen Kopftücher die Biografien der Leute dort waren.

Ihr ging es sowieso nur darum, heimzukommen, zu duschen und sich zu betäuben, schon auf dem Rückweg dachte sie aber daran, nur heimzukommen, sich zu betäuben, zu duschen oder sich zu betäuben, nicht einmal nach Hause zu kommen und auch nicht zu duschen.

Nach Hause, das sagt sich so schön.

Die Eingangstür führte ins einzige Zimmer außer der Küche, eine Art Wohnzimmer, wo Gi aß, schlief und Drogen nahm. Die Wände waren mit Tüchern mit kleinen Spiegeln daran behängt. An der Wand hinten im Zimmer lehnte ein Frisiertisch aus Sperrholz. Daneben ein Schlafsofa. Eine Lichterkette baumelte von der Decke an Schraubhaken. Streifenvorhänge aus dem Chinaladen, die Fliegen abhalten sollen, trennten den Raum von der Küche.

Ich sagte, »Deine Wohnung muss wunderschön ausgesehen haben.«

Auf jeden Fall schöner als die Bruchbude, die meine Mutter zu einer Insel gemacht hatte, wo Haufen gewaschener Wäsche den Geruch nach alten Lappen verströmten. Die Nachbarinnen schrubbten ihr Zeug in den Waschtrögen mit solcher Kraft, dass mir die geschundene Kernseife richtig leidtat. Die übermäßige Sauberkeit wirkte auf mich wie ein Mangel an Hygiene und drang uns als Armeleutegeruch unter die Haut.

»Besser als hier«, sagte sie.

Wenn sie die Weihnachtsbeleuchtung einschaltete, strahlte ihr Zimmer, und sie war wieder in einer der Bars, wo sie aufgetreten war, aber hier war kein Publikum, das nach Brüsten und Penis verlangte. Auf dem Frisiertisch stand eine kleine, handbemalte Figur der Heiligen Jungfrau aus Polyurethan. Gi bat die Figur lächelnd, »Lass mich deine Tochter sein.« Das sagte sie jeden Tag, und der Spruch gab ihr eine alberne Hoffnung, wie sich mit Kernseife abzuwaschen und doch niemals sauber zu werden.

Einmal fragte ich, »Hast du die Heilige noch?« (So viele Jahre vergeblicher Bitten, sie hätte sie besser nicht aufgehoben.) Sie antwortete, »Der Vermieter hat das Mobiliar damals als Bezahlung genommen, ich habe nur noch die Fotos«, und wechselte schnell das Thema, weil die Fotos nur für Samuel bestimmt waren.

Nachdem sie einen Kuss auf zwei Finger und diese dann auf den Umhang der Heiligen gedrückt hatte, setzte sie sich immer nackt vor den Spiegel im Bad. Dann betastete sie ihr Gesicht, ihre Brust, ihre Schenkel. Eine Minute lang, streckte dann ihre Zunge heraus, untersuchte sich zärtlich, als sei in ihrem Spiegelbild ein Kind zu sehen.

Das aber nur, wenn sie es nach Hause schaffte. Oft blieb sie schon im Durchgang zur São-Martinho-Kirche hängen. Dann war ihr der Rückweg zu lang, und Aleixo war keine zwei Schritte entfernt. Umzukehren schien ihr logischer. Sie kannte dort welche, wo sie unterkommen konnte.

Oliveira machte die Tür zu seiner Baracke auf und sagte, »Immer gut, wenn eine Frau im Haus ist.« Der Mann, eins sechzig groß und inzwischen fast blind, mit gebrochenem Nasenbein, war mal Amateurboxer gewesen, Champion: Das konnte man an seiner Beinstellung erkennen und daran, wie er die Arme hob, wie als ginge er gegen Angriffe in Deckung, die es schon längst nicht mehr gab.

Die Baracke war ein hastig zusammengezimmerter Unterschlupf auf dem Brachland vor der Hochhaussiedlung. Im Vergleich dazu wirkten die Hochhäuser wie diese Gated Communities, von denen damals so viel die Rede war.

Hastig versammelte Oliveira dort alle, die irgendwie da waren, immer drei oder vier Leute. Setzte sie auf die alten Sessel rund um einen niedrigen Tisch im Licht einer Kerze. Ihre Gesellschaft gab ihm eine Art Frieden, mit ein paar Leuten war es immerhin besser als ganz allein. Dafür lieh er den Leuten Spritzen aus, schenkte Besteck her und fing sich Tuberkulose ein.

Der Alte in der Baracke nebenan sagte, »Je mehr du da reinstopfst, desto mehr bringst du um«, aber Oliveira wusste sowieso, dass wir alle früher oder später in der Grube landen würden.

Sein Boxring war jenseits der Tür: Zitronen, Coca-Cola-Verschlüsse, Kronkorken, Spritzen, Löffel, Pfeifen, leere Kugelschreiber, allerhand Dreck, alles, was zu einem Haushalt gehört, in dem Drogen genommen werden.

»Jetzt fängt der Scheiß also schon wieder an«, brummte er mit geschlossener Faust, den Arm abgebunden. Er streckte ihn vor, als wolle er in einem Boxkampf ein paar Haken verteilen, aber seine Venen gingen in Deckung hinter narbigen Knoten. »So Gott will, so Gott will. Nicht hingucken, das bringt nur Pech.« Er verfehlte die Vene, zog die Nadel noch einmal heraus, dann kam Blut. »Jetzt gibt es schon wieder ein matschiges Hämatom. Herrje, das Miststück will nicht.« Er verfehlte die Vene, zog die Nadel heraus, es kam Blut.

Gegenüber am Tisch juckte sich Gi an den Beinen, am Kopf, aufgeregt, sich auf den gleichen Kampf vorbereitend. Um sich zu beruhigen, sagte sie, »Bleib ganz ruhig, dann erwischst du sie.«

Nach Oliveira war sie dran. Mit dem Kolben der Spritze rührte sie das Zeug im Deckel einer Mineralwasserflasche an und schnürte sich den Arm mit einem Schuhsenkel ab. Wenn sie Glück hatte, die Wirren der Anatomie sind unergründlich, pochte ihr Arm wie ein Geflecht aus Venen, aus denen sie sich eine aussuchen konnte.

Sie stach die Nadel hinein und wartete, bis der Zylinder voll Blut war. Erst wenn sie es fließen sah, spritzte sie. Den Arm wieder entspannt, war sie dankbar, dass Oliveira alles Nötige dahatte, großzügig war und nichts dafür verlangte. Deswegen war es auch egal, ob sie dort in der Bude war oder zu Hause.

In den Sekunden, in denen sie auf die Wirkung des Heroins wartete, wiederholte sie leise, »Lass mich deine Tochter sein«, auch wenn sie genau wusste, das sich dies niemals erfüllen würde. Wenn er sich wieder aus seiner Benommenheit löste, sagte Herr Oliveira, »Sauereien werden hier nicht geduldet«, um ihr zu verstehen zu geben, dass er sie allein aus Mitleid als Frau behandelte.

Mit fünfundvierzig, als ich sie traf, fehlte ihr immer noch einiges, um jemandes Tochter zu sein, aber sie beschrieb mir dies mit einer solchen Erleichterung – ein bisschen im eigenen Körper zu Hause zu sein –, dass ich glaubte, eine Droge müsse etwas sehr Gutes sein. Balsam.

»Immerhin hattest du Ruhe«, sagte ich einmal.

Wenigstens einmal ein bisschen weniger aufrichtig, schaute sie dann zu Boden, vielleicht um mir die hinterhältige Wirkung des Heroins zu verdeutlichen. Hinterhältiger als ein Kater nach Alkohol, dieses Aufhören-Wollen und es gleichzeitig unbedingt wieder haben zu müssen.

Ich zog sie am Ärmel und bat sie, »Wie ist das genau?«, und dann gab sie sich, nachdem sie sich ihre Jeansjacke zugeknöpft hatte (sie versteckte sich vor dem Blick wie ein verlegenes Mädchen), einen Ruck. »Junge, das ist so wie Frieden.«

Es knallte bei ihr jedes Mal voll rein, und dann waren die Zweifel weg, und sie schwebte wie in ruhigem Wasser ohne

Gezeiten, ohne das Mysterium, zufällig in einem Männerkörper geboren zu sein. Ihre Hände, ihre Schultern, ihr Haar rochen nach Kölnischwasser, nach Abendschweiß und nach den Straßen São Paulos. Der typische Vatergeruch. Sie hörte auf damit, »Lass mich deine Tochter sein« zu beten und betastete ihren Adamsapfel mit einer anderen Zärtlichkeit. Denn in den Stunden der Euphorie, in denen die Baracke von Oliveira die Welt in sich aufsaugte, fühlte sich Gi wieder vollkommen als Mann.

24

Außer, dass er über das Loch hatte springen können, erzählte uns Nélson Geschichten mit einer Leichtigkeit, wie sie nur einer hat, der vom Leben nichts weiter erwartet und nicht einmal weiß, dass auch Worte für sich allein stehen können. Die Handlungen vermengten sich, so wie er von irgendeinem Mitschüler redete, konnte er sich ebenso gut auch im Weltraum bewegen und sagen, er hätte noch nie das Gesicht des Mondes gesehen, obwohl es doch heißt, dass es von oben auf uns runterlacht. Über wen eigentlich?

Ein paar Wochen gingen wir ins Pão de Açúcar, meist zur Mittagszeit. Nélson hatte sich inzwischen an Gi gewöhnt, zwar sprach er kaum mit ihr, aber immerhin fand er, dass sie uns half, öfters vom Schulunterricht wegzukommen. In seinen Erzählungen tauchte nun eine neue Figur auf.

Der schrumpelige Franzose, der immer wieder bei ihm herumgeisterte. Gegenüber der Werkstatt wohnte ein französisches Ehepaar, und Nélson schnorrte den Mann regelmäßig um einen Euro an. »Aberr nischt für Sigaretten«, sagte ihm dieser. Anscheinend hasste er die Portugiesen, denn er brüllte ihnen *Scheiße* und *Shit* hinterher, mehr französische Worte kannte Nélson nicht.

»Der Typ hat sogar mal eine ganze Armee auf Portugal losgelassen, versteht ihr?«

Samuel hatte wieder angefangen zu zeichnen, unterhielt sich aber immer noch ganz alleine mit Gi, als wäre beides miteinander vereinbar und Teil ein und derselben Person. Nämlich seiner, die alle Künste beherrschte. Ich wiederum stocherte in der Glut herum und fühlte mich Gi nun genauso fremd wie der Figur, von der Nélson gerade erzählte.

»Das einzig Gute an dem beschissenen Typen ist, dass er seine Mutter liebt«, fuhr Nélson fort.

Ich hatte den Franzosen noch nie mit seiner Mutter gesehen und auch keine Ahnung, warum Nélson so eine Wut auf ihn hatte, dass er es für dessen einzige gute Eigenschaft hielt, dass er seine Mutter liebte. Sogar Samuel, dessen Mutter ja bekanntlich Hure war, sagte, es sei schön gewesen, wenn sie ihm nach dem Baden mit einem Handtuch die Haare abtrocknete und dazu »A Treze de Maio« sang. Es ergab auch keinen Sinn, dass der Franzose aus unserer Straße außer »Nischt für Sigaretten« zu sagen, angeblich auch noch Soldaten in unser Land schickte.

Nélson stand auf und schmetterte linke und rechte Haken gegen einen unsichtbaren Feind. Er spuckte ihm sogar entgegen und sagte, »Wir schlagen ihnen die Fresse ein, dass sie sich nie wieder mit ihrem Arsch herbewegen.«

Samuel flüsterte Gi etwas zu, sagte, »Bin gleich zurück«, und ging, ohne sich noch einmal umzusehen.

Dem Hupen und Brüllen der Leute in ihren täglichen Scharmützeln nach zu urteilen, schien rund um das Pão de Açúcar das Leben zu toben.

Ich nutzte die Gelegenheit, um zu Gi zu gehen. Uns verband ganz bestimmt nicht das Gleiche wie Samuel und sie, doch es reichte vielleicht an das heran, was man sich unter Freundschaft erarbeitet.

»Setz dich«, sagte sie.

Gi knöpfte ihre Jacke zu und berührte mich dabei ganz leicht (sie roch immer noch schrecklich), dabei sagte sie,

»Samuel ist ein guter Freund.« Ich sagte nichts. Er war doch gar nicht da, hatte also nun zwischen uns nichts zu suchen.

Ich wollte das Thema wechseln und sagte, »Was soll ich dir nächstes Mal zu essen mitbringen?«, sie aber fragte nach meinem Fahrrad.

Da platzte es aus mir heraus. Mit einer für mich seltsamen Offenheit sagte ich, furchtlos und ohne Umschweife, »Das Fahrrad ist jetzt egal, scheißegal. Nur du bist im Moment wichtig.« Und meine Halsschlagader pochte.

Gi rückte ein bisschen von mir weg, fuhr sich mit den Fingern durchs Haar und fing an, heftig zu husten, was erst nach ein paar kräftigen Schlägen auf ihren Rücken vorbeiging.

»Das ist wie ein Geschenk für mich«, sagte sie, als sie aufgehört hatte zu husten.

»Was denn? Das Essen?«

»Nein, Freundschaft«, antwortete sie. »Und ein Problem.«

»Wieso ein Problem?«

»Verdammt, ich bin wirklich krank, Junge.«

Was machte es schon, dass sie krank war? Ein Grund mehr für die Freundschaft, dass jemand, der kann, sich um jemanden kümmert, der dazu nicht in der Lage ist. Aber sie schaute verlegen weg und ließ ihre Finger knacken.

Ich erklärte ihr, es sei schön, dass sie der Meinung sei, meine Freundschaft nicht zu verdienen. Und dumm, denn so viel hätte ich ihr ja nicht zu bieten.

»Da irrst du dich«, sagte sie.

Wir hatten uns gegenseitig jeweils ein Stück voneinander geschenkt, waren nun kleine, zerbrechliche Tresore, die jeden Moment drohten, aufzuspringen. Und das Schlimmste stand uns noch bevor.

»Es ist ein Problem, Junge«, sagte sie noch einmal.

Da wurde mir klar, dass sie mich wirklich mochte. Sie

machte sich Sorgen darum, was in Tagen, Wochen oder Monaten sein würde, egal: wenn sie tot wäre. Und gab mir zu verstehen, dass sie fürchtete, mein Stück von mir dann mit sich zu nehmen.

Aber ich war mit jedem Mal glücklicher. Nicht mehr die Zukunft zählte, denn gerade hatte sich jemand, und sei es auch nur eine Transe, entschlossen, sich um mich mehr Sorgen zu machen als um den eigenen Tod.

»Es ist kein Problem, du musst Kräfte sammeln, solange es geht«, sagte ich und verstand, dass der Tod schon lange vor dem letzten Augenblick spürbar wird. Genauso sicher war ich aber auch, dass da noch einiges an Leben zu leben war.

Dann kam mir ein guter Gedanke. Ich sagte, »Essen allein reicht nicht! Wir müssen raus, uns was Schönes anschauen. Was willst du sehen?«

Sie vermied es, zu antworten, vielleicht weil sie dachte, es würde dem widersprechen, was sie gerade über die Freundschaft gesagt hatte, aber dann fasste sie sich ein Herz. »Von ganz oben hat man einen schönen Blick, früher bin ich dort manchmal bis hoch, jetzt schaffe ich es nicht mehr allein. Du könntest mich hinbringen.«

»Und ob ich das kann, Donnerwetter!«

Mittlerweile war Samuel wieder da, Nélson erzählte noch immer von dem Franzosen, und die Welt war dort unten nur deshalb nicht plötzlich stehen geblieben, weil überall Schatten war.

Irgendwie hatte Gi für sich ausgemacht, dass ihr Stückchen von Samuel mehr wert war als das von mir, denn seiner Freundschaft gegenüber war sie weit offener. Und sie dachte, dass er, mehr noch als seine Zeichnungen und mehr noch als diese von wem auch immer geerbte Weisheit, derjenige von uns war, der am besten mit dem Tod umgehen konnte.

Und wegen der Schatten war es nun auch noch dringend geworden, nach oben zu steigen.

Samuel setzte sich zu uns, Nélson sprang immer noch hin und her und beharrte darauf, dass der scheiß Franzose uns niemals besiegen würde und sowieso niemand uns kleinkriegen könne. »Wir sind stärker, der soll bloß aufpassen!«, brüllte er.

Gi stellte ihre eigene Fähigkeit zum Geschichtenerzählen hintan und fragte, von Nélsons kindischer Kraft fasziniert: »Wie hieß denn nun dieser Herr?«

Den Vornamen kannte Nélson nicht, so weit war er noch nicht gekommen. Ein Pech, denn er hatte diesmal, ganz anders als sonst, wirklich aufgepasst, bei der Sache mit diesem französischen Homo, der uns ans Leder wollte, aber den Nachnamen kannte er immerhin, denn der Lehrer hatte gesagt, nun ginge es um Napoleon.

25

Manchmal zogen die Betreuer die Zügel an und legten sich vor der Schule auf die Lauer. Mehr gegen ihr eigenes schlechtes Gewissen, denn eigentlich kümmerten sich die Idioten nicht einmal darum, wenn sich Kleinere über die Fummeleien im Schlafsaal beklagten oder Minderjährige nachts plötzlich mit Fünfzigeuroscheinen von der Gonçalo Cristóvão kamen. Sogar der Pater, der die Anstalt leitete, schlich nur gereizt durch die Flure, als wären wir nur eine lästige Hürde zwischen ihm und Gott.

Aber ich will auch nicht klagen. Das Ganze bescherte uns ja die bestmögliche Jugend, ohne Verpflichtungen, allein uns selbst überlassen oder ausgeliefert und mit einer Lebenskraft ausgestattet, die nur versteht, wer Ähnliches durchgemacht hat. Durch die Stadt ziehen, Autos aufbrechen, Fenster einwerfen und Kiffen war der Anfang von allem, was später an Gutem noch kommen mochte.

Wenn wir nicht gerade zu Gi gingen, waren wir frei füreinander, Nélson, der überall in der Stadt nun Napoleon sah, Samuel, der die Last, die man ihm vor ein paar Tagen auf die Schultern gepackt hatte, scheinbar losgeworden war. Frei von Verpflichtungen, sogar der, einen aidskranken Transvestiten zu füttern, der es kaum mehr aus seiner Hütte schaffte.

Wir beschlossen also, kaum hatten uns die Betreuer vor der Pires de Lima wieder laufen lassen, unserer eigenen Wege zu gehen. Sie hatten, als sie uns direkt an der Schule ablieferten, noch gerufen, »Diesmal benehmt euch!«, und Nélson hatte ihnen im Weggehen geantwortet, »Fickt euch, sag deinem Schwanz, dass er sich benehmen soll!«, und Samuel hatte gegrinst.

Als wir hinten über den Zaun sprangen, merkte ich, dass Alisa mich von der anderen Seite des Schulhofs aus sah. Sie war kleiner geworden seit letztem Mal, war nun kleiner als ich, auch ihre Brüste waren geschrumpft. Sehr klein und geschichtslos. Sie tat mir leid. Ich winkte ihr, und sie drehte sich um.

Anstatt zum Pão de Açúcar zu gehen, schlugen wir uns diesmal in Richtung Prelada, dem Drecksloch. »Verbotene Orte«, erinnerte Nélson.

In Samuels Rucksack klapperten Dosen. Nélson fragte, »Was hast du da?«, und Samuel ging drei Schritte voraus und gab keine Antwort.

Dort, wo damals dieses Drecksloch war, stehen heute zwei Supermärkte, ein Pingo Doce, ein Continente, ein paar Dutzend Häuser und eine Waschanlage, wo Leute aus dem Viertel ihren Feierabend verbringen. Außer ihre Autos zu waschen, unterhalten sie sich, trinken Automatenkaffee und erfrischen sich aus den Wasserschläuchen. Die Zigeuner sind immer noch auf der anderen Straßenseite und haben sogar noch ein schmutziges Pferd, das jedes Mal, wenn ein Auto hupt, wiehert.

Das oberste Stockwerk des nördlichen Gebäudes, wo wir uns immer trafen, ist inzwischen eine Fünfzimmerwohnung, in der wahrscheinlich eine Familie mit Geld wohnt, mit Kindern, die anders als wir keine Ahnung davon haben, was Freiheit ist.

Als wir auf dem obersten Stock waren, fiel mir ein, dass Gi

ja überhaupt nichts zu essen hatte, und es ärgerte mich, dass Samuel nie von ihr erzählt hatte. Seit unserem Pakt kam sie ausschließlich im Pão de Açúcar vor, wie eine Legende. Anders als Samuel dachte ich ständig an Gi. Zum Beispiel überlegte ich mir, wie ich sie hoch auf das oberste Stockwerk bekommen könne.

»Sagst du uns jetzt, was du in deinem Rucksack hast?«, fragte Nélson und setzte sich an die Dachkante, acht Stockwerke über dem Boden. Das Meer in der Ferne war so aufgewühlt, dass wir beinahe die Brandung hörten.

Samuel öffnete seinen Rucksack und holte drei Sprühdosen heraus.

Normalerweise hielt er seine Begabung lieber in Zeichenblocks und auf weißem Papier fest, für sich allein, zeigte es nur, wenn er einen für vertrauenswürdig hielt. Jede Zeichnung ein Vertrauensbeweis und auch ein Einblick tief in sein Inneres.

Nun aber schüttelte er die Dosen und sprühte Farben gegen die verwaschenen Betonwände, dass jeder es sehen konnte. Ich wandte mich ab und genoss die Aussicht.

Nélson hinter mir sagte in kurzen Tiraden, »Genau, Kunst, die man auch sehen kann, ist viel besser«, oder »Gib mal eine Dose, ich will mich auch hier verewigen.« Ich warf aus dem Augenwinkel einen Blick auf das Graffiti, es war nur ein einziger Satz, kleingeschrieben, »wir sind von hier«.

»Einverstanden?«, fragte mich Samuel.

»Von mir aus.«

Wir setzten uns zu Nélson an die Dachkante. Die Windstöße waren zwar kalt, aber sie zausten uns in den Haaren wie die zärtliche Hand einer Mutter. Unten kamen drei Gestalten auf das Gebäude zu. Als Nélson sie sah, sagte er, »Weg!«, aber ich wollte mich weiter mit Samuel unterhalten, weil ich so ein Gefühl hatte, dass unsere Ausflüge ins nördliche Gebäude bald nicht mehr sein würden.

Ich wartete, bis Nélson ein paar Schritte entfernt war, und fragte Samuel, »Hör mal, worüber redet ihr da die ganze Zeit, du und Gi?«

»Über alles Mögliche«, sagte er und schmiss eine Handvoll Erde auf die Straße runter.

»Nur weil ihr früher mal Freunde wart, müsst ihr euch doch nicht für immer absondern.«

»Wir sondern uns nicht ab. Du machst Essen, und Nélson läuft rum und redet Mist.« Dann lächelte er, »Ich sitze eben mit ihr rum, nichts weiter.«

»Und worüber redet ihr?«

»Über alles Mögliche.«

»Das ist mir klar, aber worüber wirklich? Alles Mögliche …«

»Also, wenn du es wirklich wissen willst, ich hab die Schnauze voll.«

»Okay, aber auch wenn du die Schnauze voll hast, schuldest du mir eine Antwort.«

Wir schwiegen ein paar Sekunden. Nélson rief noch einmal drängend, schon von der Treppe her, »Weg hier!«

»Das ist es nicht«, fuhr Samuel fort. »Ich hab die Schnauze voll davon, mit ihr zu reden. Mit ihm. In der Pension damals haben sie sich schon über mich lustig gemacht, weil ich mich mit ihr unterhalten habe, und wahrscheinlich hatten sie recht.«

Dann stürmte er hinter Nélson die Treppe runter.

Als wir aus dem Gebäude kamen, standen auf dem Bürgersteig Grilo, Leandro und natürlich Fábio. Ich versteckte mich hinter Samuel, allein aus Angst, wieder an den Pfosten geknallt zu werden.

»Es ist alles vergeben«, erklärte Fábio. »Ich will euch beweisen, dass es so ist. Kommt mit. Los!«

Wir hatten keine andere Wahl, als ihnen zu folgen. Nélson flüsterte Samuel fragend zu, »Wo ist dein Rucksack?«, und der antwortete ihm noch leiser, »Auf keinen Fall will ich, dass sie meine Farben in die Finger bekommen.«

Unter Fábios Blicken deutete Grilo ein paar Fußballschritte an, die in Wirklichkeit nichts anderes waren als Tanzschritte, nur ohne Technik, weil es nicht angebracht war, dass er geschickter als Fábio war. Leandro kickte Steinchen vor sich her.

Wir blieben neben einem Fiat Cinquecento stehen, der aussah, als sei er schon seit Monaten nicht mehr bewegt worden. Nachdem er seine Zigarette hinter dem Ohr festgerückt hatte, brachte Fábio einen Blechstreifen zum Vorschein, den er in den Fensterspalt an der Fahrerseite fädelte, während Leandro am Auspuff schnupperte und sagte, »Da ist noch genug Sprit drin, der springt gleich beim ersten Mal an.«

Ich weiß bis heute nicht, wie wir zu sechst in das Auto gepasst haben, vielleicht einer auf dem Schoß des anderen. Als wir uns hineinzwängten, baumelte am Rückspiegel ein neonfarbener Rosenkranz. Leandro traf mich mit dem Fuß und Nélson brummte, »Ziemlich eng.«

Fábio rammte einen Schraubendreher ins Zündschloss, unter den Blicken von Samuel, der das Ganze vom Beifahrersitz aus beobachtete.

»Mach schon, los, sonst kommen noch Leute«, sagte Leandro.

»Ganz ruhig«, sagte Fábio, die Zigarette im Mundwinkel, um sich besser zu konzentrieren.

Nach zwanzig Minuten standen wir immer noch da, das

Zündschloss vom Schraubendreher nun völlig zerstört und alle Kabel rausgerissen, wie nutzlos herumbaumelnde Adern. Die Scheiben waren längst beschlagen, und es stank.

Ich überlegte mir, wie unfair es sei, dass Gi und Samuel so etwas Besonderes gemeinsam hatten und er schon nach ein paar Besuchen wieder die Schnauze voll hatte. Ich hatte mir nie vorgestellt, dass er sie nicht ebenso mochte wie ich. Aber das machte alles nur schlimmer, ein riesiger Irrtum, den ich lösen musste.

Nach ein paar Minuten fing die Instrumentenbeleuchtung selbständig zu blinken an, was immerhin zeigte, dass die Batterie offenbar funktionierte, auch wenn das Auto noch immer nicht ansprang.

»Wird das jetzt was, oder nicht?«, fragte Grilo.

»Es wird«, antwortete Fábio, und ihm fiel gar nicht auf, dass sogar seine Zigarette inzwischen neben dem Schalthebel lag.

Da sagte Samuel, »Lass mich mal«, und fasste zwei lose Kabel, die noch nicht aneinandergehalten worden waren. Vom Rücksitz aus hörte ich das Geräusch eines Kurzschlusses, als er draufspuckte und die Kabelenden kurz gegeneinander hielt.

Das Auto sprang an.

Fábio war so überrascht, dass er Samuel ans Steuer ließ.

Eine Stunde später kurvten wir durch die Außenbezirke von Porto, so schnell es in einem Fiat Cinquecento mit sechs Jungs drin eben ging. Nélson hielt seinen Kopf gegen den Fensterspalt, da das Fenster sich nicht ganz öffnen ließ, Fábio hämmerte mit seinen Fäusten auf Samuels Schultern, als Zeichen seiner Dankbarkeit, und ich schloss die Augen, überließ mich dem Schwanken des Autos und freute mich, dass am Steuer mein Freund saß.

Zwei Straßen vor einer Bushaltestelle ließen wir die Karre dann stehen, bevor sie noch wegen Spritmangel liegenblieb.

Seit da weiß ich, dass dieses merkwürdige Ereignis, für das es später die unterschiedlichsten Erklärungen geben sollte – von Wahnsinnigen aus der Anstalt Magalhães Lemos über Filmproduzenten, die Scheiße gebaut und dann fluchtartig alles verlassen hätten, bis zu einem ganz einfach zu erklärenden, aber trotzdem völlig absurden Naturphänomen –, ganz allein ihm zu verdanken war, Samuel, und sonst niemandem.

26

Du bist das Universum, bist Leichtigkeit. Du bist alles, was möglich ist. Lass dich gehen! Gib dich dem Universum hin! Sieh, was du dafür erhältst. Werde ruhig, tauche ein in den Fluss, der nicht mehr über die Ufer tritt. Du erkennst ihn nicht? Hattest vergessen? Man nennt es Frieden.

Gi beachtete diese Flugblätter längst nicht mehr. Sie las sie und machte sich über die Fotos der jungen Leute lustig, die aus Dankbarkeit über die Güte des Universums in Tränen ausbrechen. So wie der weinende Junge auf diesem Bild, speckig und glatt, als hätte er niemals im Leben Schläge bekommen. Und so jemand wollte ihr erzählen, dass sie glücklich sein solle.

Sie betrat den Pavillon durch die Hintertür, hastig wie jemand, der nicht gesehen werden will, aber trotzdem gern auffällt.

Im Speisesaal setzte sie sich immer in die hinterste Ecke, dort, wo man die Tabletts zurückgeben sollte. Die Freiwilligen gingen von Tisch zu Tisch wie kleine Werktätige der Wahrheit, Friedensbringer, und fragten, »Schmeckt es?«, »Ist die Suppe in Ordnung?«, oder »Nehmen Sie sich nachher noch einen Kaffee«, Variationen dessen, was sie eigentlich sagen wollten. »Tut Buße. Nehmt den Frieden an!«

Gi fand sie merkwürdig, vor allem den einen, der ihr seine Hand auf die Schulter legte und sagte, »Gut sehen Sie aus heute.« Manchmal legte er ihr ein Ferrero Rocher neben das Essenstablett.

Das Kinderheim gegenüber hatte der Einrichtung, die die Armenspeisung betrieb, den Kampf angesagt. Über Nacht tauchten schwarze Transparente vor der Tür auf mit Sprüchen wie »Spiritisten, nicht hier!« und tagsüber hörte man Kindersingen über das Zähneputzen, gesundes Essen und andere Litaneien, mehr dazu gedacht, zu verletzen, als gesungen zu werden.

Gi konnte das nicht verstehen. Man brauchte nur einen Blick in den Speisesaal werfen, um zu begreifen, dass die Leute da – Drogensüchtige wie sie, Transsexuelle wie sie und noch ein paar andere, einfach nur arme Leute wie sie – genauso waren wie alle anderen. Genauso aßen, ihre Tabletts wegräumten wie im Einkaufszentrum, genauso hungrig auf ihr Essen warteten wie alle anderen.

Sie kannte alle.

Den Jugendlichen, der zornig zu Hause weggerannt war und vergessen hatte, dass er ja zurückkehren konnte. Die Frau mit dem Notizbuch unter dem Arm, die nach Miesmuscheln fragte, Miesmuscheln verlangte, wo bleiben die Miesmuscheln, aber nie welche bekam. Ein Mann, der Herrn Oliveira aus Aleixo ähnelte, aber noch die Kraft hatte, sich bis zur Armenspeisung zu schleppen. Eine alte Frau, die alle Briefe ihrer früheren Verlobten vor ihrem Tablett aneinanderreihte und laut daraus vorlas. »Meine Liebe, es kommt mir vor, als seien schon Tausende Jahre vergangen, seit wir uns das letzte Mal gesehen haben.« Und ein altes Ehepaar, das geduldig wartete, bis es an der Reihe war: sie in abgetragener Jacke, er mit schmutziger Krawatte und beide viel zu gepflegt, um dort essen zu müssen.

Die Freiwilligen verkündeten über Lautsprecher, »Nach

dem Essen laden wir Sie gern in die Bibliothek oder in den Gebetsraum ein«. Zu essen gab es meist Eintöpfe oder Fleisch, das so lange geklopft und gezogen worden war, bis sich das Wunder der wundersamen Vermehrung ergeben hatte. Einmal gab es eine cremige, weiße Suppe, die sie an Paris denken ließ. Sie benutzte dafür einen ausländischen Begriff, der sich für mich anhörte wie *Vischis Oase*.

Der Drogensüchtige ihr gegenüber starrte auf seinen Teller und sagte, »Das ist ein Angriff auf meine Menschwürde.« Da erschrak Gi sich zum ersten Mal und hatte sofort gewusst, dass sie besser an einen anderen Tisch gehen sollte. Zwei Freiwillige kamen, und der Drogensüchtige deutete auf den Teller. »Das Fleisch hier ist eine Beleidigung!« Seitdem fühlte er sich von jedem Essen beleidigt, vor allem von Kartoffelsalat. Die Freiwilligen gingen weiter und sagten zueinander, »Ihm hat sich das Universum noch nicht offenbart.«

Nach dem Essen ging Gi in den Fernsehraum. Er muss ähnlich gewesen sein wie der in der Werkstatt: ein paar Sessel im Halbkreis, ein großer Röhrenfernseher von früher und Zuschauer, die sich um die Fernbedienung stritten. Nur, dass es in der Werkstatt keine Tische mit Broschüren und Gebeten gab.

Es ist der Geist, der Himmel und Hölle erschafft – der Geist, der misstraut, zerstört, der gläubige Geist wird erhört. Wiederhole drei Mal. Du bist, was du von anderen hältst, das Universum verlangt von dir Rechenschaft. Einmal wiederholen.

Erschöpft von der Mahlzeit oder einfach zu müde, um sich noch für andere zu interessieren, merkten die anderen Besucher gar nicht, dass sie sich weit weg vom Fernseher hinsetzte und vor sich hin murmelte, wie jemand, der über ein schwieriges Problem nachdenkt.

»Meine eigene spiritistische Sitzung«, sagte sie.

Sie redete mit ihrer Vergangenheit, was wir ja alle mal machen. Erinnerte sich an ihre zwei älteren Schwestern hinter verschlossener Tür, den BH in der Hand, hörte die Holzwerkstatt des Vaters in der Garage und ihre Mutter rufen: »Gisberto, Zeit zum Baden.« Hörte den Baum krachend den Abhang hinunterstürzen, roch trockenes Holz und Kölnischwasser. Erinnerte sich daran, wie in der Poço das Patas kein Platz mehr war für die Mutter, wie das Auto neben ihr hielt, damals bei einem Ausflug ins Alentejo.

Und verbrachte so eine halbe Stunde in der Geräuschkulisse des Fernsehers.

Beim Gehen winkte sie den Eltern und den Betreibern des Kinderheims zu, die dort Plakate aufhängten. *Weg mit den Spiritisten. Porto will solche Leute nicht.*

Einmal, als der Direktor ihr sagte, »Mach da nicht mit, die wissen nicht, was sich gehört!«, hatte sie ihm augenzwinkernd geantwortet, »Mach ich, wenn Sie mich dafür zum Essen einladen.«

Mit einem Schulterzucken hatte der Direktor in Richtung der Eltern gesagt, »Hab ich es nicht gesagt, dass es hier nur Unruhe gibt? Wie sollen wir nur unsere Kinder schützen? Eine Gefahr für die öffentliche Gesundheit ist das.«

Und Gi hatte schnell die Straßenseite gewechselt und war weg. Unruhe gegen Unruhe, die in der Pension war ihr lieber.

27

Fast hätte ich vergessen zu erwähnen, dass wir ihr auch Zigaretten brachten. Daran klammerte Gi sich noch mehr als an das frischgebackene Brot damals, als ich sie gefunden hatte. Wenn wir ihr eine Packung gaben, bot sie uns welche an und fragte, »Wollt ihr?«, und natürlich wollten wir.

Wir rauchten schweigend, aber ich hätte gern losgebrüllt, »Du beschissene Hure, hast du immer noch nicht gemerkt, dass Samuel die Schnauze voll von dir hat?« Aber stattdessen beließ ich es dabei, den Rauch meine Nerven beruhigen zu lassen, und versuchte, nicht an die Ungerechtigkeiten des Lebens zu denken.

Das Versprechen, sie bis hoch aufs Dach zu bringen, stand immer noch, nur, dass es mir jetzt nicht mehr so dringend erschien, weil es früher oder später sowieso an Samuel scheitern würde.

Nach dem, was dann ein paar Tage später passierte, war logisch, dass die Leute vom Gericht sich nicht weiter mit dem psychologischen Profil beschäftigten. Wäre es ihnen gelungen, ein Gutachten in Auftrag zu geben, hätte es wohl nur besagt, was ich sogar mit meinen zwölf Jahren schon wusste. Dass Kunst keine Erlösung ist (das stammt von mir), dann aber irgendwas wie: Dem Minderjährigen fällt es schwer, eigenständige Entscheidungen zu treffen, was sich auf eine strukturell geschädigte Familienkonstellation zurückführen lässt. Seine Mutter ist auf akute Betreuung durch die Sozialbehörden angewiesen, weshalb der betreffende Jugendliche sich entgegen dem ausdrücklichen Wunsch seiner Mutter derzeit in Obhut der Jugendhilfeeinrichtung Oficina de São José befindet. Zudem zeigt der Minderjährige Schwierigkeiten beim Aufbau zwischenmenschlicher Beziehungen zu realen Personen, aufgrund derer er sich um den Ausdruck von Empfindungen mithilfe bildlicher Darstellungen bemüht, anstatt adäquates Verständnis durch Dritte zu suchen, was insbesondere in Hinblick auf eine soziale Kontrolle dazu führt, dass er impulsives Verhalten im zwischenmenschlichen Kontakt für akzeptabel erachtet.

Dem Wortschwall nach zu urteilen, der, später im Sommer, als ich schon ganz gut vom Betonsteg an der Praia do Molhe ins Meer tauchen konnte, zu lesen war, hätte es so ungefähr in dem Gutachten über Samuel stehen können.

Wie auch immer, ich wollte Gi ganz alleine besuchen, um mein Versprechen zu halten.

Wenn ich sie aufs Fahrrad setzte, brauchte ich sie nur die einhundert Meter durchs Untergeschoss zu schieben und aufpassen, dass sie dabei nicht umkippte wie ein Kind.

Sie würde bewegt danke sagen. Dann endlich würde sie die frische Luft einsaugen, den weiten Ausblick genießen, ganz anders als da im Keller, wo die Luft stand und der Blick immer irgendwo an der Wand endete.

Wie schön wäre es, mit ihr ganz bis nach oben zu steigen, sie zu begleiten in einem ihrer letzten Momente des verantwortungslosen Glücks.

Wir würden über den Parkplatz gehen, uns nicht an den Autofahrern stören, die dort ihre Autos abstellten, Leuten, die keine Ahnung davon hatten, dass wir uns im Mittelpunkt der Welt befanden, vielleicht gar des Universums. Vielleicht würde ein Kind auf uns deuten, die Mutter an der Hand ziehen und sagen, »Die Frau da und der Junge sind komisch, mit dem Fahrrad da zwischen den Autos.« Die Mutter würde sich zwingen, nicht hinzusehen, und sagen, »Man zeigt nicht mit dem Finger auf andere Leute.«

Der Wachmann natürlich würde uns nicht sehen, wenn wir über den Parkplatz gingen, dann würden wir das Fahrrad abstellen und langsam aufs Dach hinaufsteigen. Gi würde nur mühsam vorankommen. Auf den Treppenabsätzen würden wir jedes Mal Pause machen, minutenlang warten, bis sie wieder normal Luft bekam, trotzdem würde sie eine Zigarette rauchen.

»Schadet dir das viele Rauchen nicht?«

»Was mir schadet, kann mir jetzt nur noch guttun«, würde sie antworten und dann »Weiter geht's« sagen und weiter von mir gestützt die Treppe hochsteigen.

Nélson und Samuel würden dort sein, wo sie gerade waren, am liebsten so weit weg wie möglich. Nélson würde sich vielleicht mit den Rentnern auf dem Campo 24 de Agosto unterhalten, und Samuel würde ihn bitten, weiterzugehen.

Auf dem letzten Treppenabsatz würde man schon die Geräusche der Stadt deutlich hören können, das Hupen der Autos, die Busse beim Bremsen mit einem hydraulischen Zischen, die Kräne, aber auch den Wind über dem Beton und die Stare auf ihrem Flug Richtung Douro.

Und wenn wir ganz oben wären auf dem Dach des höchsten Gebäudes, würden wir in der Ferne das Valongo-Gebirge sehen können, die Serra do Pilar auf der anderen Seite des Flusses, das Grand Hotel Vila Galé gegenüber, nur eine Armlänge weg. Mit etwas Glück würde die Sonne durchbrechen, was im Winter in Porto nicht häufig ist.

Gi würde sagen, »Rafa, hier bekommt man viel besser

Luft, es ist so schön, ich hatte es schon längst vergessen«, und mein Herz würde sich mit echter Freude füllen.

Von dort aus würden wir alles in anderem Licht sehen, alle Probleme würden im Keller da unten zurückbleiben. Ihre Probleme, der Tod, der sie von innen heraus auffraß, sie zwang, jeden Tag ein Stück mehr aufzugeben; und meine, zu wissen, dass die Notwendigkeit, ihr zu helfen, nur Sinn ergab, weil wir beide niemanden mehr hatten.

Dann wäre der Moment gekommen, an dem Gi kaum mehr auf die Umgebung achten würde und lieber zu mir schauen würde und sagen, »Du bist ein guter Junge, wie der Glückliche Prinz.«

28

Sie hielten mit ihrem Kleinbus am Rand der Landstraße EN2 unter einer Korkeiche im Schatten. Dort breiteten sie eine Decke aus und packten aus ihrem Picknickkoffer die Brote mit Schinken aus, Käse aus der Serra da Estrela, die Apfelsinen, die Zé sorgsam geschält hatte. Auf der Landstraße fuhren die Autos vorbei.

»Ist er nicht ein Schatz?«, fragte Rute Bianca, als sie es sich auf der Decke bequem machten, dann aber sagte sie nichts mehr, weil Gi zu den Leuten gehörte, die sich von Herzlichkeit nicht sehr beeindrucken ließen. Zé hatte sich Rute geschnappt, und nun begleiteten die beiden Freundinnen ihn auf seinen Fahrten, bei denen er Supermärkte mit Apfelsinen belieferte.

Rute war eine der Ersten gewesen, die sich von Kopf bis Fuß hatte operieren lassen, Gi war ein bisschen neidisch darauf, aber auch stolz, denn sie sehnte sich selbst nach der Operation in Casablanca. Was im Augenblick aber nicht möglich war, denn der Penis war bei den Kunden in der Pension immer noch einiges wert.

Sie hatten sich in Paris kennengelernt, beide illegal über die Grenze gekommen und dann in Pigalle gelandet. Sie hausten in Zimmern, die sie nur mühsam mit Shows hier und da, meist im Chat Noir, finanzierten. Sogar Preise für ihre Kostüme bekamen sie, für Choreografie und Interpretation. Manchmal traten sie auch auf Bühnen auf, die sich am Studio

54 in New York orientierten und die Auftritte mit Laserstrahlen und farbigem Rauch aufpolierten.

In Pigalle waren die Straßen ein Strom von Menschen, die sich verkauften, und anderen Menschen, die kauften, Menschen, die sich anderen Menschen an Straßenecken anboten und wiederum anderen, die sie dabei beobachteten. Die Menschenwoge war aufregend und ging ans Herz und machte Passanten auf ewig zu Kindern, die auf der Suche waren nach Unterhaltung und Sex.

Woche für Woche starb jemand am Bois de Boulogne, und das war für die Polizei ein Problem, denn sie musste oft Gutachten einholen, um zu ermitteln, ob es sich bei der Leiche um einen Mann oder eine Frau handelte. Aber letztendlich war es egal, denn es gab immer genug, die die Straßen bevölkerten, die Peepshows und Sexshops besuchten, ins Cochon Rose gingen, um frische Pommes Frites zu essen.

Rute und Gi hatten sich angefreundet, weil sie dieselbe Sprache sprachen, vor allem aber, weil Rute sich für sie eingesetzt hatte.

Sie traten zusammen auf, machten Playback von »Je suis toutes les femmes« mit Federn auf dem Kopf und all dem anderen Klimbim, wie die echte Dalida. Nach dem Auftritt ging Gi dann wie immer von Tisch zu Tisch und bestellte »Noch eine Flasche Champagner, okay?«

Einmal war ein Besucher genervt von dem Drängen und sagte, »Ich will deinen beschissenen Champagner nicht.« Es war der Moment, wo nach Belieben gefingert wurde.

Es wurde still im Saal, die Musik wurde leiser, und Gi zerschlug eine Flasche, um sich zu wehren, aber der Kunde entwand sie ihr mit zwei Handgriffen.

»Anfassen ohne Champagner!«, brüllte er und schleuderte die Flasche in ihre Richtung.

Auf dem Höhepunkt der Auseinandersetzung hatte Rute sich dazwischengeworfen, der Kunde hatte ihr in Ermangelung von etwas Greifbarerem den Flaschenhals in den Bauch gerammt, ihn aufgeschlitzt bis zur Leber. Ein Wettlauf gegen die Zeit bis ins Krankenhaus, bei dem ihr Französisch sehr brasilianisch geklungen hatte, und seitdem war ihr Leben und das von Gi gemeinsam weitergegangen.

Als sie sich an diese Episode erinnerte, konnte Gi nicht mehr sagen, ob sie mehr Angst vor der abgebrochenen Flasche gehabt hatte oder vor dem Begehren, das sie offenbar ausgelöst hatte.

»Wird es so nicht zu fett?«, fragte Zé, als er sah, wie Gi über den Schinken noch Käse schmierte.

»Schon, aber nicht sehr«, sagte sie.

Schön, diese Liebe so aus der Entfernung zu sehen, Zeuge zu werden, dass Rute es verdient hatte, den Angriff mit der Flasche damals überlebt zu haben und nun Zé begegnet zu sein. Ihr als Überlebender wäre es schwerer gefallen, sich dafür zu rechtfertigen, auch wenn das Brot mit dem Schinken Beweis genug war dafür, dass zu leben auch heißen konnte, im Alentejo mit belegten Broten zu picknicken.

Als sie sich gerade über Apfelsinenstücke hermachen wollten, hielt ein Auto direkt neben ihnen. Gi war das Fett von dem Schinken übers Kinn gelaufen, sie tat so, als würde sie etwas jucken. Der Fahrer schaute sie grimmig an und trat dann wieder aufs Gas.

Gi stellte sich vor, wie sie dort mitfahren würde, das Fenster heruntergekurbelt, die Haare im Wind. Wahrscheinlich nicht nur heimlich, jedenfalls nicht nur für sich. Das Fett von dem Schinkenbrötchen war ihr längst egal. Ein Autofahrer hatte angehalten, um zu überlegen, ob sie ein Kompliment verdient hatte oder eine Beleidigung.

Er sah gut aus wie einer, der wohl seine Zeit in den Betten der Frauen verbringt. Das aber hinderte sie nicht daran, davon zu träumen, er und so welche wie er könnten sie begehren, sich nach ihr sehnen, so sehr, dass sie dafür sogar Flaschenhälse zerschlugen. Für so Schöne und Saubere lohnte es sich, sich zu verstellen und auch ein bisschen zu leiden.

Sie schaute Rute und Zé an und hatte das Gefühl, Rute zu hintergehen, nicht nur, weil sie sich gerade Gewaltszenen ausmalte vor jemandem, der sie einst gerettet hatte, sondern weil ihr die Liebe der beiden so friedlich vorkam. Und dann verwirrte sie auch noch der Geruch nach dem Kölnischwasser des Vaters, der sie immer dann überkam, wenn sie sich für einen Mann interessierte.

»Hör mal«, sagte Rute, »findest du nicht, dass das hier alles arg ruhig ist? Alles zu ordentlich, diese Felder, diese endlose Landschaft, das alles.«

»Nicht alles ist Cabaret«, sagte Zé und reichte ihr die Tupperdose mit den Apfelsinenstücken.

»Sieht fast so aus, als magst du es nicht schön …«, sagte Rute.

»Die Apfelsinen schmecken sehr gut«, unterbrach Gi. »Dürfen wir sie denn einfach so essen?«

»Na klar! In den Stapelkisten haben wir so viele Zweige mit Blättern, das fällt den Chefs gar nicht auf«, sagte Zé.

Sie öffneten den Laderaum des Transporters, in den ein ganzer Orangenhain ohne Stämme und Wurzeln hineinging. Zwei Raupen kauten auf einem trockenen Blatt.

»Hier, nehmt, haltet mal diese zwei Zweige, lasst uns ein Foto machen«, sagte Gi und nahm den Fotoapparat von der Rücksitzbank.

Es sah merkwürdig aus, wie sie sich da umarmten und

lächelten und dabei diesen Zweig hielten. Gi hatte es schief fotografiert und mit einem schiefen Lächeln.

Als sie den Fotoapparat gerade wieder verstauen wollte, hatte das Auto noch einmal direkt neben ihr angehalten. Der Fahrer hatte sie mit einem undefinierbaren Gesichtsausdruck angestarrt, irgendwo zwischen schüchtern und misstrauisch. Sie war erstarrt voller Erwartung, was kommen würde, nicht einfach, sich im eigenen Körper verstecken zu wollen, aber dann hatte er nur die Scheibe heruntergekurbelt und gesagt, nun aus voller Überzeugung: »Du siehst scharf aus.«

29

Eifrig schleppte ich mein Fahrrad bis zu den Blumenkübeln, in denen das Unkraut verdorrte, obwohl überall durch die Spalten noch Wasser sickerte, in den Schacht mit dem Wasser vor allem, und klopfte an ihre Tür. Es schepperte wie Blech. Sie scheuchte mich mit einem »Hau ab!« weg, das genauso klang, wie als damals Norberto mit Fußtritten den Nachbarshund wegschickte, »Verpiss dich!« Und wie der Hund damals drehte ich erst einmal eine Runde und schlurfte mit den Füßen durch den Dreck am Boden und hockte mich dann vor die Tür.

»Was ist los, Gi?«, fragte ich und warf einen Stein gegen die Hütte. Der Stein prallte zurück und knallte mir gegen den Kopf. Ich warf ihn noch einmal, diesmal fester. Es hatte zwar niemand gesehen, aber es war unerträglich, wie lächerlich ich mich hier machte. Klar traf der Stein mich noch einmal. Von drinnen kam immer noch nichts weiter von Gi.

Der Tag hatte sonnig begonnen, und es war mir gelungen, mich in der Mittagspause aus der Schule zu verdrücken, ohne dass Samuel und Nélson es mitbekamen.

»Hau ab, sage ich.« Durch die Blechtür klang ihre Stimme gebrochen, metallisch.

»Ich bin hier, um mein Versprechen zu halten«, sagte ich hartnäckig, auch wenn mich ihre schroffe Zurückweisung schmerzte.

»Welches Versprechen?«

»Das mit dem Dach ...«

»Ach, Junge, das hatte ich längst vergessen.«

»Wir können gehen, ich bringe dich mit dem Fahrrad hin, und dann helfe ich dir die Treppe hoch.«

»Heute geht es nicht, Junge.«

Genauso wenig wie sonst. Weil sie keine Lust hatte und lieber im Bett blieb. Sie zog ihre Matratze der Sonne und meiner Hilfe vor. Wie die Kranken, die lieber krank bleiben.

»Nein, das stimmt nicht«, versuchte sie mir zu erklären. »Ich bin heute nur besonders schwach, ich schaffe es nicht einmal, aufzustehen.«

In meinem Eifer hatte ich ganz vergessen, ihr Essen zu bringen.

»Ich besorge dir ein paar Brötchen, dann gehen wir.«

Herr Xavier hatte gerade eine Ladung frischer Brötchen aus dem Ofen geholt, an denen er sich die Fingerspitzen verbrannte, als er sie in die Tüte stopfte. Bevor ich wieder zum Pão de Açúcar ging, fragte er mich, »Hör mal, habt ihr mein Café vergessen? Habe ich euch was getan?« Ich blieb kurz in der Tür stehen und versuchte, Nélson mit seinem Geplapper zu imitieren, und sagte, »Niemand schreibt uns etwas vor, und wir halten uns auf, wo wir wollen.«

Am anderen Ende des Parkplatzes diskutierte einer in Schlips und Anzug gerade mit dem Wachmann darüber, dass er nur, weil er den Beleg verloren hatte, nicht die Gebühr für den ganzen Tag zahlen wolle, für ein solches Loch sowieso nicht. Der Wachmann antwortete, »Ist aber so«, ohne von seinem Kreuzworträtsel aufzublicken. Ein paar Meter weiter drückte eine Frau auf ihrer Fernbedienung herum in der Hoffnung, ihr Auto zu finden. Und überall fuhren Autos, kamen an, fuhren weg, wild durcheinander, ein völliger Gegensatz zu der Stille da unten im Keller.

»Hier bitte«, sagte ich zu Gi auf der anderen Seite der Tür.

Nach ein paar Sekunden machte sie die Tür einen Spalt auf, um die Tüte zu nehmen. »Jetzt geh weg, es geht mir nicht gut«, sagte sie.

In der Hoffnung, es werde ihr besser gehen, wenn sie die Brötchen gegessen hätte, blieb ich da und ließ meinen Blick über den Dreck auf dem Boden schweifen. Noch immer derselbe Dreck wie damals, als ich noch nicht wusste, wer mir den Zettel an die Sattelstütze geklemmt hatte.

Ich tastete nach dem Papier, das ich seitdem in der Hosentasche bei mir hatte als wichtiges Zeugnis einer vergangenen Episode, und wartete weiter.

»Los! Lass uns gehen!«

»Verschwinde, Rafa, es geht heute wirklich nicht.«

Ich wollte gerade zu ihr in die Hütte gehen, als sie mit einer Stimme, die in meinen Ohren sehr sanft, aber doch provozierend klang, sagte, »Sag Samuel, er soll kommen. Ich muss mit ihm sprechen.«

Was sollte also dieses Gerede darüber, was wir voneinander aufbewahrten? Ich hatte geglaubt, damit sei alles gemeint und wir seien Hüter von etwas sehr Wertvollem: trotz aller Schwäche und aller Hustenanfälle.

Also nur Samuel verdiente es, ihr eine Stütze zu sein.

Bevor ich ging, stieg in mir das Gefühl auf, dass ich etwas tun musste gegen die Wut, indem ich für Gi etwas Nützliches tat, also genau nicht das, was ich am liebsten getan hätte. Ich nahm also den Eimer Scheiße, den sie hinter ihrer Hütte versteckte, und kippte den Inhalt in dieses Wasserloch.

30

»Setzt euch hin, Platz!«, sagte Gi, aber hinter der Tür bellten die Hunde weiter. *Carolina* biss in die Luft, schnupperte nach der Person, die da auf der anderen Seite näher kam.

Gi hatte die Wohnung von Grund auf geputzt, sogar die Weihnachtsbeleuchtung, die von der Decke hing, und sogar noch eine weitere Kerze vor die Figur von der Heiligen Jungfrau gestellt.

Sie hatte sie nicht mehr gesehen, seit sie siebzehn gewesen war, in dem Alter, in dem sich ein Körper noch formt und zu seiner endgültigen Form wächst. Deswegen kannte ihre Mutter sie noch gar nicht als richtige Frau.

Nachdem sich die Hunde beruhigt hatten, ließ ihre Mutter sich auf dem Sofa nieder, neben dem Frisiertisch, auf dem die zwei Kerzen schon brannten.

Umarmungen und die üblichen Floskeln beim Wiedersehen hatte es nicht gegeben, denn im Grunde sahen sie sich ja zum ersten Mal. Was nicht hieß, dass sie sich nicht gern umarmt hätten. »Wäre ich klüger gewesen, hätte ich alles vergessen und meine Mutter umarmt«, sagte sie.

Ihre Mutter hatte sich für die europäische Kälte gewappnet, von der sie gehört hatte. Und obwohl es schon Sommer war, trug sie beim Spazierengehen durch die Innenstadt am nächsten Tag einen abgetragenen Schal aus eigenartigem Pelz, der ihr in Büscheln über die Schulter fiel. Gi ging ein paar Schritte hinter ihr, um ihn notfalls aufheben zu können.

In den achtziger Jahren (für mich ist das so lange her, als hätte es sie nie gegeben) hatten die Drogen sie noch nicht so brutal im Griff, und sie konnte noch von den Auftritten leben, ohne in der Pension anschaffen zu müssen. Ihrer Mutter erklärte sie, sie sei Künstlerin.

Die Hunde folgten den beiden auf Schritt und Tritt, beide mit dem leisen Verdacht, dass die neue Frau ihnen die Hauptrolle streitig machte. Wenn nichts weiter zu tun war, kläfften sie herum.

Gi hatte so viel zu erzählen.

Zum Beispiel, dass ihr, nachdem sie die Garage des Vaters und das spießige Casa Verde hinter sich gelassen hatte, die Hochhäuser von São Paulo wie in Beton gekleidete Leuchtfeuer erschienen waren. Dort lebte sie in zwanglosen Wohngemeinschaften mit neuen Müttern (alten Transsexuellen und Transvestiten, von denen sie einiges lernte) und mit Leuten wie sie. »Siehst du wieder gut aus!«, sagten sie zu ihr. Gut konnte sie sich noch an den schwarzen Jungen erinnern, der gern ein reiches, behütetes, weißes Mädchen gewesen wäre, und an den Mann, der ununterbrochen *I am what I am, I am my own special creation* trällerte und sich die Nägel feilte.

Sie wollte erzählen, wie es sie nach Portugal verschlagen hatte, mit nichts als dem, was sie am Leib hatte, nachdem Schlägertrupps durch das Haus gezogen waren, in dem sie bis dahin gelebt hatte. Welche Gefahr und Vergnügen Paris war. Und dass Porto – mit diesen Zementstraßen, die sich manchmal in Schnee und in Regen verkleideten – als Stadt eigentlich gar nicht so deprimierend war.

Stattdessen unterhielten sie sich verlegen, wie ehemalige Liebende: Wie der Flug gewesen sei, über das Wetter, die Straße hier ist aber noch hübscher als die andere, schau mal, das Denkmal da.

»Meine Mutter wollte auch immer mehr sagen, das konnte ich spüren, aber sie hatte Angst«, erzählte mir Gi.

Sie gingen durch die Rua de Santa Catarina, wo die Transvestiten standen. Die Mutter hatte sich dort eher unwohl gefühlt, war kurz stehen geblieben, hatte die Transvestiten angeschaut und dann ihre Tochter. Bei Tageslicht war der Kontrast riesig, und sie muss sehr erleichtert gedacht haben, der Körper der Tochter habe sich gut entwickelt.

Gi beeilte sich, sie ins Majestic zu führen. Erst da, als sie sich gegenübersaßen, schauten sie sich zum ersten Mal an.

»Deine Schwestern sind beide verheiratet, schwanger. Isabella bekommt schon das zweite Kind. Thais ihr erstes«, erzählte die Mutter, nachdem sie ihre Mütze auf den Tisch gelegt hatte, ein wenig eingeschüchtert von den Kellnern und dem ganzen anderen Mist im Majestic.

Gi konnte sich nur noch mit Mühe die Körper der Schwestern vorstellen, deformiert von den Wesen, die aus ihnen herausdrängten. »Alles Jungs«, fuhr die Mutter fort. Das wiederum konnte sie sich vorstellen: schön, wie die Körper, die ihr geholfen hatten, eine Frau zu sein, nun neue Männer hervorbrachten.

Als sie mir das erzählte, reagierte ich nicht, aber verdammte Scheiße, was für Gedanken!

Die Kellner brachten Kaffee in Tassen und mit herzförmigen Sahnehäubchen darauf, die sich langsam auflösten. Am Teig der Croissants verbrannten sich beide die Finger, und von der Kruste krümelte es über die Tischdecke.

Die Mutter hat wahrscheinlich lächelnd in Gi ihren Sohn gesucht. Ich kann mir vorstellen, dass sie traurig war, aber doch ganz erleichtert, dass es ihn nun nicht mehr gab. Immerhin war die Tochter nicht zwischendrin hängengeblieben wie die Transvestiten da auf der Straße.

Sie hatte gespart, jahrelang, um den Flug zu bezahlen, also lächelte sie lieber weiter. Was ihr nicht glücken wollte, denn diesmal konnte sie nicht alles allein mit einem Lächeln sagen wie damals, als sie den Arzt gefragt hatte, »Was hat denn mein Junge?«, und der Arzt ihr erklärt hatte, er sei nur verwöhnt, weiter nichts.

Nachdem sie den Kaffee ausgetrunken, die Croissants gegessen hatten, winkte Gi nach dem Kellner. Die Mutter sagte, »Warte noch.«

Aber der Kellner unterbracht sie mit einem »Die Rechnung, ja?«, kam kurz darauf wieder mit einem Bon, der wie eine nach unten eingerollte Zunge aussah, und leider genau in dem Augenblick, in dem die Mutter, an ihren Schal geklammert, sagen wollte, »Dein Vater.«

»Das soll die Rechnung sein? Du liebe Zeit!«, sagte Gi, als sie die Summe gefunden hatte.

Die Mutter dagegen war längst schon nervös und fing an, verlegen zu kichern, und sagte noch einmal, »Dein Vater.«

»Das ist ja Wucher!« Gi rechnete nach, hoch und runter, während der Kellner ihr über die Schulter schaute, wahrscheinlich genauso gereizt, weil sie so deutlich von allen anderen Gästen zu unterscheiden war und so laut redete.

Sie las die letzte Position auf der Rechnung vor, einhundertzwanzig Escudos für ein Croissant, als die Mutter sich mit einem Lächeln verschluckte und dann endlich sagte, »Dein Vater ist tot.«

Gi reklamierte die Rechnung am Tresen und spürte, wie ihr die Knie weich wurden bei der Erinnerung an einen großen Baum, der die Böschung herunterkracht.

31

Leandro sagte zu Grilo, »Bleib cool, Mann, der macht nichts. Wenn er zurückkommt, wirst du sehen, erinnert er sich an nichts mehr.« An die Wand bei der Buchbindewerkstatt gelehnt, schnaufte Grilo wie ein alter Mann, der drei Treppenstufen hat gehen müssen. Leandro versuchte, ihn zu beruhigen, um das Problem loszuwerden, aber Grilo hielt sich die Augen zu. Leandro puffte ihn gegen die Schulter, versuchte, ihm die Hand wegzuziehen, und sagte, weil er sich nun berechtigt fühlte, ihn zu demütigen, »Hör auf zu heulen.«

Grilo machte sich gar nicht die Mühe, sich zu verstellen, und wimmerte, was sich sehr merkwürdig anhörte bei einem Körper, der viel zu schnell durch die Pubertät gegangen ist. So sehr er schon längst wie ein Mann aussah, heulte er nun dermaßen – und stank dabei so sehr nach Schnaps –, dass Leandro ihm schließlich die Hand vor den Augen wegriss, um ganz sicher zu sein, dass es tatsächlich Tränen waren.

Und Tränen war gar kein Ausdruck. Es war eine Art Lachanfall, hinter dem sich ein schluchzendes Heulen verbarg. Mir kam das dermaßen lächerlich vor, dass ich mich allein schon vom Zuschauen schämte. Nélson wollte schon eingreifen, als Samuel ihn am T-Shirt zurückhielt.

»Was steht ihr hier rum?«, fragte Leandro. »Habt ihr so etwas noch nie gesehen?«

»So jedenfalls noch nicht …«, sagte Nélson.

Ihn immer noch am Ärmel festhaltend, berichtigte Samuel, »Nélson meint, er will wissen, ob alles okay ist mit Grilo.«

Ich hatte schon einmal jemanden so weinen sehen. Norberto beendete seinen Tag oft mit einem ähnlichen Geheule und konnte dann erst nach einer guten halben Stunde und unter den wachsamen Augen meiner Mutter einschlafen. Grilo jedenfalls wimmerte gerade so hemmungslos und klang dabei dermaßen wie eine Frau, dass es auch Gi hätte sein können, obwohl ich sie nie hatte weinen sehen. Darin war sie sehr standhaft.

»Aber gut gespielt hast du, du hast ihn gut in die Ecke gestellt«, sagte Leandro gequält und irgendwie voller Reue.

Im Flur hatten sich zwischenzeitlich alle möglichen kleinen Kinder versammelt, die sich knufften und plärrten, »Gib mir mal die Nummer von deiner Mutter«, oder »Morgen mach ich dich fertig«, und Jungs, die sich unterm Hemd juckten, bevor sie dann in den Schlafsälen verschwanden.

Wir rückten ein wenig zusammen, um sie vorbeizulassen, Leandro in der Mitte und Grilo, der schluchzend erklärte, »Ich hab das doch nicht absichtlich gemacht.«

Am Nachmittag hatte Fábio gegen Grilo im Tor gestanden. Den ersten Freistoß hatte er gehalten, den Grilo noch vorsichtig weggekickt hatte, den zweiten auch, noch vorsichtiger, dann aber hatte Fábio gesagt, »Früher hast du noch ernsthaft gespielt, nicht so wie eine Schwuchtel, du kriegst ihn sowieso nicht rein.« Der dritte Schuss war dann kräftiger gewesen, aber Fábio hatte sich immer noch über ihn lustig gemacht und gebrüllt, »Du kriegst ihn eh nicht rein, du Anfänger!«

Das hatte Grilo dann nicht mehr ausgehalten und war es leid, unter seinem Talent spielen zu müssen. Er brauchte nicht einmal mit voller Kraft abzuziehen, um den Ball ins Netz zu bekommen, nahm Anlauf und setzte sein ganzes Körpergewicht ein, gegen den Mann. Fábio versuchte, den Ball mit dem Kopf abzuwehren, mit den Armen, dem Brustkorb, dem Solarplexus, schließlich war er grün und blau.

Es muss ein herrlicher Anblick gewesen sein, Grilo so völlig frei: völlig vergessen, was er Fábio schuldig war (ein erträgliches Maß an Zurückhaltung, und wenn er dafür hätte aufhören müssen mit dem Fußballspielen), nutzte er nun die Gelegenheit, dass Fábio kurz zu Boden gegangen war, um ihm dann direkt und gezielt zwischen die Beine zu schießen.

Nélson unterbrach die Geschichte mit »Jetzt zieht er dir das Fell über die Ohren« eher als Feststellung und weniger als die Provokation, die es hatte sein sollen. Grilo fing wieder zu zittern an, und Leandro schaute weg. Es war ihm peinlich, mitansehen zu müssen, wie wenig sein Freund sich im Griff hatte.

Als es zur Schlafenszeit klingelte, fragte Samuel, »Hör mal, Grilo, wo hast du den Schnaps her?« Und er antwortete, »Aus dem Café unten am Friedhof.«

Auf dem Weg sagte ich Samuel, dass wir uns lieber mit denen nicht abgeben sollten, Fábios Jungs seien zu krass drauf, weit unter unserer Würde, aber er sagte nur, »Mach dir keine Gedanken und trink, wir sind doch eh alle gleich.« Kurz darauf steckten wir tief im Sumpf einer miesen Spelunke mit Blick auf die Grabsteine.

Alle gleich, ungefähr. Während Leandro und Grilo gleich zwei oder drei Gläser hintereinander kippten, nippte Samuel nur an seinem Bier und schaute auf den Grund unserer Gläser, wie ein Hellseher, der im Kaffeesatz liest.

Anscheinend machte es der Besitzerin Spaß, Jungs betrunken zu sehen, jedenfalls glotzte sie uns von der anderen Seite des Tresens an. Wenn sie einem für wenig Geld wieder ein neues Glas hinstellte, fasste sie uns im Gesicht, strich sich das Kleid glatt und seufzte dabei wie eine Putzfrau.

Grilo hatte beim Trinken die Sache vom Nachmittag inzwischen vergessen, und der Gedanke, dass letztendlich beide aufeinander angewiesen waren, kam ihm sowieso nicht – Grund genug für Fábio, ihn in Ruhe zu lassen, auch wenn die Abrechnung früher oder später noch folgen würde.

Rundum mit Spiegeln verkleidet, pries das Café seine Speisen und Getränke auf Zetteln an, die mit Saugnäpfen über all den Glasflächen hingen. Eins siebzig für Schinkensandwich und ein Glas Bier, ein Euro zehn für Bifana mit Coca Cola. Auf einem Kalender war Biene Maia zu sehen mit dem Schriftzug »I'll always love you«. Neben Zetteln, auf denen »Hinweis« und »Renovierungsmaßnahme« stand, hing an der Tür noch ein Schild mit dem Hinweis auf körperliche und geistige Unterstützung auf Pilgerreisen nach Fátima. »Schuhe nicht inbegriffen.«

Nach einer Stunde hing Grilo besoffen an mir und laberte unverständliche Litaneien. Eigentlich achtete ich erst darauf, als der sagte, »Und wohin verschwindet ihr eigentlich dauernd?«

Ich schaute hilfesuchend zu Samuel, aber er wendete seinen Blick ab, als sei die Entscheidung, Gi weiterhin zu verstecken, nur meine gewesen und nicht unsere gemeinsame. Nélson, der damit beschäftigt war, ein Glas nach dem anderen wegzukippen und der Frau hinter dem Tresen zuzuzwinkern, schien nicht einmal mitzubekommen, was los war.

»Das ist uns natürlich längst aufgefallen«, fuhr Grilo fort und versuchte, sich irgendwie aufrecht zu halten und seinen traurigen Anblick zu überspielen, »Wohin geht ihr?«

Die Frau machte sich kurz die Frisur zurecht, dermaßen neugierig darauf, zu erfahren, worum es ging, dass nun auch sie fragte, wohin wir immer verschwanden. »Ganz einfach«, antwortete Nélson, nach einem letzten Glas Bier und einem weiteren Zwinkern, »Wir geh'n kaputt, und dich geht es einen Scheiß an!«

»Einen Scheiß«, sagte ich.

»Einen Scheiß geht es euch an«, ergänzte Samuel.

Die Frau beugte sich über den Tresen, völlig aufgeregt, wahrscheinlich, weil sie erwartete, dass es gleich eine Prügelei geben würde und Nélson sich nur um sie prügeln würde, aber Leandro und Grilo waren längst dermaßen blau, dass sie nicht einmal mehr reagierten.

Auf dem Weg in die Werkstatt zurück, völlig umnebelt vom Alkohol, überlegte ich, dass ich wohl tatsächlich nicht wirklich bedeutend sein musste, wenn mich sogar ein Mannweib nicht ernst nahm, das in einem Keller in einer Stadt wie Porto hausen musste, unter einem Parkplatz, auf dem nicht einmal Leute für ein paar Cent bei den Autos die Scheiben putzten.

32

Erst nach ein paar Tagen ging ich wieder ins Pão de Açúcar. Ich empfand mich immer noch als zurückgesetzt, aber so sehr ich auch diesen Zettel von Gi in der Nacht angefasst hatte, immer noch hatte ich irgendwie Sehnsucht nach ihr.

Ich merkte sofort, dass irgendwas anders war, dort im Keller, wie bei diesen Orten der Kindheit, an die man nach längerer Zeit erst zurückkehrt. Es war also nicht so, dass die Tage, an denen ich nicht bei ihr gewesen war, gar nicht stattgefunden hatten.

Etwas hatte sich deutlich verändert: Die vorher losen Platten, die der Baracke als Dach dienten, lagen nun sicher beschwert von vier dicken Steinen auf den Kanthölzern. In den Blumentöpfen war aus vier umgedrehten Wasserflaschen eine Art Tröpfchenbewässerung improvisiert. Und es war nicht mehr so offensichtlich, dass da in der Hütte Gi nur vor sich hindämmerte.

Von ihr selbst allerdings keine Spur.

Ich suchte am Ende des Kellers, wo hinter der Wand schon der Garten des Vila Galé war und die Tierklinik in der Rua da Póvoa, von wo eine Amsel zu hören war; ich warf sogar kurz einen Blick in den Brunnen, voller Angst und auch banger Erwartung, dass womöglich ein Unglück geschehen war. Denn irgendwie war ein Unglück ja immer noch besser als diese Ordnung. Aber im Wasserloch, aus dessen Rändern Armierstahl herausragte, wie aus frisch geschlagenen Wunden, war nur Wasser zu sehen, und es war voller Dreck und Plastiktüten.

Die Hütte sah nun von außen nicht mehr wie eine Hütte aus, sondern wie ein Zuhause. Auf den Platten aus Kunststoff und dem Blech waren nun Bilder mit Landschaften, auf denen sich fliegende Vögel zwischen wuchernden Pflanzen verloren und Zeichnungen einer Stadt mit Hochhäusern und Hunderten Köpfen, die alle nach oben schauten, weit über die Decke des Kellers hinaus. In den Himmel. An der Tür, dort, wo wir immer aßen, vermengten sich Landschaft und Stadt zur Gestalt einer Frau, die zum Eintreten aufforderte. Die Graffitis an dieser Hütte waren schöner als alles an jeder Mauer entlang der Straßen, die man vielleicht zwei Sekunden lang beim Vorbeifahren sehen kann.

Neben der Kellerruine und Gis erbärmlichem Zustand kamen mir diese Bilder nun vor wie ein wahres Fest. Ich wollte den Grund dafür wissen, obwohl ja klar war, dass nur Samuel Gi diese Zusammenfassung von Landschaften geschenkt haben konnte.

Ich bestaunte die neue Hütte und fing schon an, sie als eine Beleidigung zu empfinden, da hörte ich es von Weitem lachen.

Die Rampe in den Keller entlang kamen mir im Gegenlicht drei Gestalten auf einem Fahrrad entgegen und sagten, »Der hat es nicht einmal mitgekriegt« und »Ich bin es ja gar nicht gewöhnt, dass ich niemandem auffalle«. Natürlich waren sie es, woher auch immer sie kamen.

An die Hütte gelehnt und betont unbeeindruckt von Samuels Malerei ließ ich sie näher kommen. Sie sprangen und sangen und schoben Gi vor sich her, auch wenn Nélson dabei ein Gesicht machte, als sei es ihm unangenehm.

Das Fahrrad quietschte, und die Reifen aus Gartenschlauch

gruben sich wie eine empfindliche Bastelei in den Dreck, die jeden Augenblick auseinanderbrechen konnte, aber ich hatte ja gute Arbeit geleistet.

Sie begrüßten mich eher beiläufig, ließen das Fahrrad fallen und halfen Gi, sich in die Nähe der Glut hinzusetzen, die noch knackte. Sie schaute mich nicht einmal an – und ich wusste, sie schaute nur weg, weil sie damit auf ihre Art um Entschuldigung bat.

»Anstrengend«, sagte Gi zu Nélson, der unschlüssig wirkte, ob er so tun sollte, als sei nichts gewesen, oder anerkennen, dass nun auch ich da war.

Ich wollte sie anbrüllen, »Was soll der Scheiß?«, sie verjagen, irgendwie auf den Affront reagieren, aber ich beherrschte mich, viel zu stolz, ihnen zu zeigen, wie es tatsächlich war. Die Räder am Fahrrad drehten sich noch.

Trotzdem sah ein Teil von mir in all dem auch das Gute, eine Fortsetzung dessen, was ich angefangen hatte. Als etwas von mir oder von uns: Gar nicht so schwer, weiterzumachen, als sei nichts passiert.

Samuel muss das in meinem Gesicht erkannt haben, denn plötzlich hielt er mir ein Päckchen Nudeln hin. Ich riss es ihm aus der Hand wie einen Staffelstab und sagte danke.

Kurz darauf waren die Nudeln gekocht, wie an den anderen Tagen auch, und alles war wieder wie immer, ganz abgesehen davon, dass ich sie nicht mal gefragt hatte, wo sie gewesen waren.

»Gefällt dir Gis Wohnung, wie sie geworden ist?«, fragte mich Samuel und fügte hinzu, »Nélson hat mir geholfen.«

Gi unterbrach, »Mir hat es vorher ja besser gefallen, aber was soll man machen?«, doch das sagte sie nur mir zuliebe.

»Ich hab die Kohle besorgt!«, mischte sich Nélson ein und erklärte, wir hätten nun ein Finanzpolster, was sich irgendwie unverständlich anhörte. Die Rentner auf dem Campo 24 de Agosto, sagte er, seien zwar ziemlich misstrauisch gegenüber den Spielkarten der Marke Kem, spielten aber trotzdem um hohe Beträge und er, Nélson, hatte da irgendwie ein bisschen nachgeholfen, indem er dem einen das Blatt des anderen gesagt hatte. Bevor ein aufmerksamer Beobachter sie schließlich weggejagt hatte, hatten sie schon genügend zusammenbekommen für die Renovierungsarbeiten im Pão de Açúcar und zwei oder drei ordentliche Mahlzeiten. Jetzt kam er sich wichtig vor wie ein Mäzen, brummte, »Es war meine Kohle«, von sich überzeugt, wie es nur ein sehr guter Idiot sein kann.

Am Ende des Tages war ich dann wieder ganz in der neuen Routine des Kellers. Samuel machte ein Nickerchen, und Nélson war rausgegangen, um was abzuchecken, vielleicht um das Vertrauen der Rentner wiederzuerlangen oder sich bei Herrn Xavier einen Kaffee zu schnorren.

Gi hatte die Nudeln gegessen, was sie immer sehr langsam tat und die Wärme des Essens genoss, nur noch mühsam schluckend, und sagte dann mit vollem Mund, »Dein Fahrrad fährt richtig gut, es quietscht nur noch ein bisschen.«

Ich schleuderte den Nudeltopf in eine Ecke und sagte, »Ich wollte als Erster damit fahren.«

»Tut mir leid, Rafa, sie wollten es unbedingt. Aber weißt du was?«

Ich vermied es, sie anzusehen, und sie redete weiter, »Ich glaube, du solltest es von hier wegschaffen.«

»Warum?«

»Weil es nur dir gehört. Fahr mit ihm durch die Gegend.«

Statt ihr zu sagen, »Ich glaube, du hast recht«, deutete ich auf ihre Hütte und fragte, »Meinst du das ernst? Dass es dir vorher besser gefallen hat?«

Sie war verlegen und ließ ihre Finger knacken, wie sie es oft auch vor ihren Kunden gemacht hatte, wie viele Leute, die wie sie ziemlich schlau sind, aber nicht allzu ehrlich, zu sehr gefallen wollen. Sie lächelte, schüttelte den Kopf und gestand, »Aber natürlich, Junge, vorher war es viel besser. Weißt du, so wie am Anfang, als du hier aufgetaucht bist.«

»Verdammte Scheiße …«, sagte ich und überlegte mir, wie viel schöner die Hütte nun von Samuels Arbeit geworden war, ein richtiges Haus voller Kraft, voller Leben, weit über dem Elend der ganzen Umgebung. Wie eine Art Feier. Ich schaute Gi in die Augen und sagte so entschieden, wie sie es wahrscheinlich von ihren Kunden gewohnt war, »Wenn du das findest, bist du total bescheuert.«

33

An der Pires de Lima dufteten die Magnolien, manche weiß, manche rosa, so stark, dass es an den Duft von Fleisch erinnerte. Blütenblätter, die auf den Bürgersteig gefallen waren, verrotteten binnen zwei Tagen und bildeten einen durchsichtigen Matsch.

Ich vergnügte mich damit, den Dreck mit den Füßen zu verteilen, und überlegte mir dabei, den Jahreszeiten zu folgen (Magnolien blühen im Februar), sei wohl ein Privileg der Gesunden, das Gi nun nicht mehr vergönnt war.

Man hörte das Zetern der Kinder, die in die Schule strömten. Auch die, die sich zierten und erst einmal nach rechts und links schauten, landeten schließlich im Schulgebäude.

Alisa kam, und ich hängte mich schnell an sie dran, immer dem Geruch nach den Büschen nach. Eigentlich war sie genau wie die abgefallenen Magnolienblüten: Früher oder später hätte ich meinen Spaß mit diesem fülligen und, ja, durchsichtigen Körper.

»Ich hab dir gesagt, du sollst mich in Ruhe lassen«, brummte sie, kaum hatte sie mich gesehen.

Sie kam mir zerbrechlicher vor als damals mit diesem »Schau mir nicht drunter, du Sau!«, vielleicht immer noch etwas durcheinander von meinem Hin und Her.

Ihre Kusstätowierung im Ausschnitt fiel mir auf. Jetzt aber wirkte sie winzig und ziemlich unschuldig, ein Küsschen an der falschen Stelle. In mir kam ein wohliges Gefühl für sie auf, auch wenn ihr Ausschnitt viel offener gewesen war, als sie mir damals sagte, die Tätowierung gehöre nur mir.

Sie war ja schon ziemlich erfahren und wollte sich trotzdem jetzt nur mit mir einlassen, aber sie sagte noch einmal, »Lass mich in Ruhe, du tust mir weh«, ein Code, den sie alle verwendeten, damit wir dranblieben. Sie eroberten.

Sie ging mit hastigen, kurzen Schritten von der Pires de Lima weg, um mich abzuschütteln, und überhörte das Rufen der Freundinnen, die tuschelten, »Da hängt sie schon wieder mit diesem Zwerg rum, die checkt es nie.«

Tat sie auch nicht. Nach ein paar Minuten schon tastete ihre Hand wieder nach meiner, die sie erst vorsichtig mit den Fingerspitzen gestreichelt hatte. »Okay, bleib.«

So schlenderten wir durch die Straßen. Wir sahen Porto erwachen, die Geschäfte, die heute eins nach dem anderen eingehen (Kurzwarenläden, Antiquariate, Eisenwarengeschäfte, Friseure), und all die Leute, die vor den Schaufenstern auf irgendwas warteten.

Wir gingen in einen Lidl. Alisa fingerte in den Auslagen herum, und ich versuchte, die Preise zu lesen. Vielleicht konnte ich ihr ja was schenken. Sie sagte, sie mochte Supermärkte, alles hätte dort seinen festen Platz, sauber und ordentlich. »Verstehst du, Sauberkeit ist ganz wichtig. Sie gibt einem Frieden.«

Schließlich entdeckte ich ein Sandwich mit Pickles, Tomate und Schinken, das nicht zu teuer war, zwei Dreiecke, vakuumverpackt. Ich versteckte es hinter meinem Rücken und ging zur Kasse.

Als sie mich bezahlen sah, staunte Alisa, als wäre meine Großzügigkeit der Beweis, dass es nun keinen Vorbehalt gegen mich geben sollte. Da war einer, der ihr etwas bieten konnte, ein *Sugar Daddy*. Noch nie waren achtzig Cent besser investiert worden.

Zurück auf der Straße gab ich ihr die Hälfte des Sandwichs, sie biss hinein und schaute mich dabei intensiv an, war nun ganz bei mir, und ich war glücklich, wie genüsslich sie kaute.

»Die Pickles sind ein bisschen scharf, aber lecker«, sagte sie. »Iss mal die andere Hälfte.«

Das Brot schmeckte nach Essig, seitlich quollen die Pickles heraus, aber ich kaute mit offenem Mund, damit sie es hören konnte. Dann spülten wir alles mit Wasser aus einem Trinkbrunnen an der Travessa Fernão de Magalhães runter.

Ohne es zu merken, waren wir fast schon am Campo 24 de Agosto, am Fuß einer Mobilfunkantenne, die kaum niedriger war als das Vila Galé. Für sie ein Ort wie jeder andere, ein schmaler, abschüssiger Weg mit kleinen Häuschen, Gärten, niedrigen Wohnhäusern, die irgendwie unfertig aussahen, und illegalen Autowerkstätten, aus denen Öl auf die Straße sickerte. Für mich war es mein Weg zum Pão de Açúcar.

(Nach den letzten Demütigungen durch Gi war die Zeit wieder genauso verlaufen wie vorher, als ich sie noch nicht kannte. Ich wollte wieder zurück zu den dreckigen Ecken, aber Samuel und Nélson gingen lieber in den Keller, sagten mir aber nie, wann, vielleicht weil sie dachten, es sei etwas mit mir oder mit ihr, dass ich dort nicht mehr hinging. Und mir wurde klar, wie oft man seine gute Seite verleugnen muss, um seine Wut zu erhalten. Nachzugeben, wäre viel leichter gewesen: aufhören mit diesem Hingehen, nicht mehr Hingehen und endgültig wieder Hingehen-Wollen.)

Alisa sagte, »Ist es nicht gefährlich, hier bei der Antenne? Da sollen ja Strahlen sein, die Krebs machen wie Mikrowellen. Und man soll ja auch keinen Kaffee aus Plastikbechern trinken wegen der Teilchen.«

Ich hatte keine Ahnung, was sie damit meinte. Die Antenne war doch so hoch und sendete sowieso nicht nach unten, ganz anders, als man es immer auf den Bildern sieht. Es war nur ein Eisengerüst.

»Du weißt aber viel«, sagte ich.

»Weiß ich«, antwortete sie.

Und ich, schon genervt davon, dass sie sich in meine Gedanken zu Gi mischte, sich anscheinend ständig vordrängeln wollte, erklärte, »Du machst dir viel zu viele Gedanken.« Sie sagte nichts, sondern schaute an der Antenne hoch und juckte sich an der Tätowierung, und dabei wackelte ihre Brust.

Ich glaube, sie wollte gerade »Gehen wir noch mal zu Lidl?« sagen, als Nélson auftauchte, auf dem Weg zum Pão de Açúcar. Er kündigte sich dadurch an, dass er geräuschvoll eine Plastiktüte auf den Boden abstellte.

»Jetzt verstehe ich«, sagte er, als er uns erreicht hatte. »Jetzt weiß ich, warum du nichts mehr mit deinen Freunden zu tun haben willst.« Und er wusste es so sehr, dass er es erklären musste, »Natürlich wegen der Liebe.«

In diesem Moment spürte Alisa wahrscheinlich, dass die Strahlung, die von der Antenne ausging, viel wirklicher war als das, was da Nélson gerade als Liebe bezeichnete. Um sie zu beruhigen, noch völlig unschlüssig, wie es weitergehen sollte, nahm ich sie in den Arm, bis wir ganz dicht beieinander waren. Ich improvisierte. »Wenn du ganz nah bei mir bist, ist die Strahlung weg«, und küsste sie auf den Mund.

Dabei versuchte ich zu erkennen, wie Nélson darauf reagierte. Er zwinkerte mir zu, nahm seine Plastiktüte und schüttete sie hinter Alisa aus, zeigte mir alles, was drin war, wie Schmuggelware. Ein Päckchen Nudeln.

Bevor er dann die Rampe zum Pão de Açúcar runterging, sagte er, »Du wirst wieder mitkommen, du Vollpfosten, denn mir macht die Scheiße da unten mehr Spaß, wenn du auch dabei bist.«

Und es machte ihm mehr Spaß da unten, weil ich ihn immer zurückhielt, seine Ekelanfälle im Blick hatte und seine Nervosität wegen Gi. Ohne es wirklich zu wissen und längst schon bereit, das ganze Arrangement aufzulösen.

Dann setzten Alisa und ich uns gegen eine Wand gelehnt auf den Boden. Ihr war das mit der Antenne noch immer nicht ganz geheuer, aber der Kuss und die Sonne beruhigten sie. Wieder suchte ihre Hand meine, als wollte sie sagen, »Es macht mir nichts aus, dass du glaubst, dass ich mir zu viele Gedanken mache«, und dann schlossen wir für ein paar Minuten die Augen, bis sich wieder Wolken über die Wärme schoben.

Die Sonne brachte uns in einem gemeinsamen Gefühl der Behaglichkeit zusammen. Ich fragte sie noch mit geschlossenen Augen, »Kommst du irgendwann noch mal mit mir zum anderen Ufer?« Sie tat so, als müsse sie kurz überlegen, und sagte dann, »Ja, irgendwann.«

34

Die aneinandergereihten Holztische im Speisesaal waren die Bühne für einige sehr intime Theaterstücke, die ich mir angewöhnt hatte, anzusehen.

Der Junge, der Erbsen beiseitelegt, um sie am nächsten Tag dann wie Süßigkeiten zu essen. Sein Freund, der sich das mit den Erbsen verächtlich anschaut, selbst aber ein Stück Brot einsteckt, um es in der Schule dem Mädchen zu geben, dem er nicht erzählt hat, dass er im Heim lebt. Fábio, der sich seine Landkarte auf der Glatze juckt und sehr langsam isst, vielleicht weil ihm seine Mutter einmal gesagt hat, »Benimm dich bei Tisch.« Das Gespräch der vier Jungs am Nebentisch, die sich darüber streiten, dass nach dem Abendbrot alles anders sein wird und sie nach dem Verdauen nicht mehr dieselben sein würden, sondern feiner und irgendwie nicht von hier.

Als sie eingestellt wurde, hatte die Frau in der Küche noch Wiesenblumen an den Rand der Tabletts gelegt. Nun schaute sie die Jungs nicht einmal mehr an und sagte nur, »Nächster!«, ohne die Essensportion für die Dicken etwas kleiner zu machen und die für die Mageren zu verdoppeln.

Der Speisesaal hing wie an seidenen Fäden, und sogar die Struktur der ganzen Welt konnte jeden Moment auseinanderbrechen, aus den Fugen geraten, und mit ihr die Tische und die langen Bänke, die tragenden Wände, wir alle. Es hätte nicht einmal eine Katastrophe gebraucht, um uns fertigzumachen, es musste nur jemand ein Glas fallen lassen, und schon brach ein allgemeines Getöse aus, wir prügelten mit Gabeln aufeinander ein und brüllten, »Bezahlen, bezahlen, bezahlen!«, und alles mündete in Applaus und Gegröle.

Nur Samuel blieb von solchen Ausbrüchen ungerührt. Er aß einfach weiter und schaute nur manchmal kurz auf, sah aus wie »Ich bin von Idioten umzingelt«, worin ich eine klare Demonstration seiner Überlegenheit sah, vor allem an Tagen, an denen ich mit mir selbst kämpfte, um Gi.

Ich war längst entschlossen, zögerte aber trotzdem noch, wieder in den Keller zu gehen. Nicht, dass ich Samuels Zustimmung dazu gebraucht hätte, aber ich hätte schon gern aus seinem Mund etwas von Gi gehört. Irgendwas, das mehr war als Gleichgültigkeit oder die obszöne Geste, mit der mir Nélson das Päckchen Nudeln aus der Plastiktüte wie eine Schatzkarte präsentiert hatte.

Wir aßen ein durchgenudeltes Stück Fleisch, das jenseits von allem war, was man als Fleisch hätte bezeichnen können, als Nélson sagte, »Ein Glück, dass Grilo an dem Tag so besoffen war.« Ein Glück, denn er hatte vergessen, was wir ihm geantwortet hatten, und auch nie mehr nach dem Pão de Açúcar gefragt.

Er redete so unbedarft vor sich hin (wo es in Wirklichkeit doch um etwas geradezu Heiliges ging), dass ich ihn mal wieder für diese Unbedarftheit beneidete. Einer, der froh war, egal wo und egal, ob aus ihm nie etwas werden würde oder womöglich sogar ein Beamter. Ich weiß nicht, was aus ihm geworden ist, aber falls wir uns je wiedersehen sollten, wird er mir bestimmt sagen, dass er sich nach unserer gemeinsamen Kindheit zurücksehnt.

Über dem Büffet prangte über einem ausgeblichenen Gemälde vom letzten Abendmahl, auf dem Jesus schon kaum noch zu erkennen war, der Schriftzug »Siehe, ich klopfe an deiner Tür«. Der Holztisch sah aus wie bei uns, nur beim Essen wurde dort sicherlich leiser geredet.

Beim Essen war kaum etwas zu verstehen. Die schlechte Akustik zwang dazu, immer lauter zu sprechen, und irgendwann gelangte alles, was man von sich gab, in die Gehörgänge Dritter. Und deren Gespräche an unsere Ohren. Wenn der Präfekt dann die Glocke schwang, beruhigte es sich für ein paar Minuten, und dann ging alles wieder von vorne los.

Samuel nutzte eine Lärmpause, um mir zuzuflüstern, »Gi vermisst dich, weißt du das?« Ich nickte, viel lieber aber hätte ich ihm gesagt, dass er ein Arschloch sei und ich Gi gut genug kennen würde und selber wüsste, dass sie mich vermisst, er bräuchte es mir nicht zu sagen.

»Sie fragt jeden Tag nach dir«, sagte Nélson. »Das nervt.«

Danach knackten wir erst einmal die Kruste der Karamellcreme. Sie duftete. Überrascht über den leckeren Nachtisch, versuchte Nélson seinen Zeigefinger durch den festgewordenen Zucker zu bohren, und Samuel erklärte, er solle die Rückseite des Löffels nehmen. Der Präfekt musste nicht einmal seine Glocke bemühen, im Speisesaal war es beim Essen auf einmal vollkommen still. Winzige Bläschen sprenkelten die Kruste, darunter kühlte der Pudding ab. Noch nie hatten wir einen so guten Nachtisch bekommen.

Auf einmal kam uns das Leben viel sicherer vor. Kein Wirbelsturm würde uns unvermittelt mitreißen, solange man uns ab und an eine leckere Karamellcreme vorsetzte. Die Küchenfrau blickte kurz in den Speisesaal, um sich zu vergewissern, dass der Nachtisch, den sie in einem Anfall von Wohlwollen gezaubert hatte, auch seine Wirkung tat. Sie hätte es gar nicht tun müssen, sondern hätte nur der Stille zu lauschen brauchen.

Als wir aus dem Speisesaal gingen, nahm mich Samuel kurz beiseite und steckte mir einen gefalteten Zettel zu. »Steck ein und guck später.« Ich faltete das Papier später im Bett auf. Es war die Zeichnung auf S. 14: Gi, schemenhaft zu erkennen, die sich ununterbrochen nach mir erkundigte.

Ich freute mich und beschloss, sie noch in der Nacht zu besuchen. Bevor ich mich aus dem Schlafsaal schlich, hatte ich immer noch den Geschmack nach Karamellcreme im Mund, irgendwo zwischen Zunge und Gaumen.

35

Nur ein paar Meter die Rampe runter, schon war das Licht von den Straßenlaternen der Rua da Póvoa weg. Nachts war das Pão de Açúcar ein noch viel größerer Schandfleck, noch viel tiefer eingebrannt in die Stadt. Ich streckte die Arme vor, um mich mit weit aufgerissenen Augen und mit den Füßen voranzutasten. Das Licht vom Parkplatz oben reichte kaum aus, um im Keller die Hindernisse zu erkennen.

Von der Geschichte des Pão de Açúcar war fast nichts mehr zu erkennen. Doch jetzt in der Nacht, wo die Vorstellungskraft sich ihren eigenen Weg bahnte, konnte ich mir das Raunen und Stampfen des Ortes vorstellen, in dem noch die Erinnerung an seine ersten Bewohner haftete, die aus den verfallenen Bauten des 19. Jahrhunderts vertrieben wurden, den aufgegebenen Bau dann besetzt hatten, sich eingerichtet, und erneut von der Polizei vertrieben wurden.

Ich tastete mich an der Kälte der Pfeiler entlang, ungeachtet der Geschichte des Pão de Açúcar und voller Gewissheit, wie schön es sein würde, Gi wiederzusehen und sich mit ihr zu versöhnen. Wieder für sie zu kochen, sie wie ein Tier seufzen zu hören, wenn sie mein Brot aß und meine Nudeln. Ihr wieder helfen zu können und endlich zu wissen, dass die richtigen Orte im Leben die falschen sind. Wie hier dieser Keller bei Gi.

Am Ende der Rampe waren dann plötzlich doch wieder Licht und Farbe zu sehen. Ihre Hütte, beleuchtet von einem

Feuer. Samuels Graffitis bewegten sich in der Abfolge von hell und dunkel der Flammen.

Ich wich dem Wasserloch aus und ging hin, setzte mich vor ihre Tür, rief aber nicht nach ihr. Das hier war Leben, das war mir klar. Es machte das Leben besser. Trotzdem wartete ich, und die Anspannung machte mich unschlüssig, ob ich sie wecken sollte und sie um Verzeihung bitten dafür, dass ich sie beleidigt hatte, oder abhauen für immer. All das verdichtete sich in mir in diesem Moment, das Gute, das Schlechte, wie zwei Hunde, die sich ineinander verbeißen.

Kurz darauf gab Musik einer Party von der Terrasse des Vila Galé dem Keller einen besonderen Soundtrack, ein Zeichen, dass der Augenblick nun gekommen war, weiterzumachen.

Ich rief, »Aufwachen! Ich will mit dir sprechen.«

Sie hustete in ihrer Hütte, dann konnte ich wegen des Lärms vom Vila Galé nicht mehr hören, was sie machte.

Ich kam näher und rief noch einmal. Sie rief zurück, »Junge, bist du das?« Ich sagte, ja, ich sei es und wolle mich bei ihr entschuldigen. Ich hatte kurz die Befürchtung, sie würde mich wegschicken, wie beim letzten Mal, unter dem Vorwand, einen Hustenanfall zu bekommen, oder schlimmer noch, Samuel rufen lassen. Aber sie sagte, »Wie schön, Junge, ich habe dich vermisst. Warte, ich mache mich nur schnell zurecht.«

Sie in der Hütte zu hören, wie sie sich bewegte, machte mich nervös. Ich wollte, dass sie sich beeilte und ich ihr ins Gesicht sagen konnte, endgültig, dass ich mich falsch verhalten hätte, und dann wäre alles viel einfacher.

Da sie nicht auftauchte, legte ich mein Ohr gegen die Tür und versuchte, herauszubekommen, was los war. Das Geräusch einer Haarbürste konnte ich ausmachen, die hastig durchs Haar gezogen wurde, das Rascheln von kleinen Gegenständen, was Frauen so haben (Taschenspiegel, Lippenstift), und schließlich das scharrende Geräusch eines längeren Reißverschlusses.

»Junge, geh ein paar Schritte zurück«, sagte sie und klatschte in die Hände. »Bist du ein paar Schritte zurück?«

»Du kannst kommen«, antwortete ich aus ein paar Metern Entfernung.

Die Tür ging auf.

Aber es war nicht sie. Es war die andere, auf die ihre Freundinnen neidisch gewesen waren, weil sie sich auf der Bühne so gut bewegte. Sie hatte ein grünes Paillettenkleid an, das im Feuerschein funkelte. Ihr Haar war nun voller, war rötlicher, und ihr Gesicht war nicht mehr diese wahllose Zusammenstellung einzelner Gesichtszüge. Sie lächelte.

Es kam eine Frau auf mich zu.

Einen Schritt vor den anderen, wie einstudiert, um es spannend zu machen. Erstaunt über die Verwandlung, hätte ich mich nicht einmal gewundert, wenn sie zu mir gesagt hätte, »Noch eine Flasche Champagner, okay?«, oder zur Musik von der Terrasse des Vila Galé eine Playbackshow hingelegt hätte.

Ihr Auftritt war perfekt und zugleich so falsch. So krass im Gegensatz zu dem Ort und zu dem, weshalb ich dort war. Ich hatte ihr doch nur sagen wollen, dass es mir leidtat, und mit ihr alleine sein und mich an der Routine freuen, die sich damals in der ersten Zeit eingespielt hatte, als wir uns kennengelernt hatten. Sie aber wollte mich wie einen Fremden empfangen, mit einer Geste der Zuneigung, an der mir aber gar nicht gelegen war, die mich trotzdem faszinierte, und mir die Frau zeigen, die sie gern gewesen wäre.

Sie war also nicht die Person, der ich helfen wollte, auch

nicht die, die ich beleidigt hatte – sondern eine, die sich mir hingab und mich annahm, so vollkommen und rein, wie es so gar nicht zu diesem beschissenen Ort passte.

»Aufgepasst«, sagte sie. »Gefällt es dir?«

Ich rührte mich nicht, war nur baff, sah sie langsam auf mich zukommen und sagen, »Ich habe dich so vermisst, Junge, du hast mir gefehlt«, und mich glauben lassen, ihr Leben sei ohne mich nicht dasselbe. Und alle ihre Auftritte seien nur Probeläufe gewesen für die Frau, die sich nun hier vor mir präsentierte, im Keller des Pão de Açúcar.

Die Musik spielte weiter.

Weiter bildete die von Samuel bemalte Baracke eine Kulisse, aber mich interessierte gar nichts davon, Samuel nicht, Nélson nicht, nicht mal Alisa. Nur noch Gi. Ich fing aber auch an zu überlegen, dass der Auftritt gleich wieder zu Ende sein würde und dann die Gefahr bestand, dass sie sich an mich klammern würde, mich zwingen, den Zauber zu brechen und zu ihr zu sagen, »Geh weg, so einer bin ich nicht.«

Scheiße, als hätte sie mich nicht einfach als normalen Menschen begrüßen können, ohne sich zurechtzumachen, und wir hätten uns nur über das Essen am nächsten Tag unterhalten.

Aber nein, sie war schon viel zu nah bei mir. Und sogar noch von ganz nah war sie immer noch eine Frau: Ihr Mund mit dem Lippenstift, das Haar leicht gewellt, und ein Duft nach Parfüm, der sich über den Gestank gelegt hatte. Nicht einmal die Einstiche an ihren Armen waren noch zu erkennen.

Ich stieß sie nicht weg.

Sie wollte mir zeigen, dass sie mir verzieh, alles, was gewesen war, nicht mehr zählte. Unsere Freundschaft besiegeln ohne die Misstöne, von dem Moment an, wo ich sie gefunden hatte bei meinem Fahrrad und zu ihr gesagt hatte, »Finger weg«, und ihr Erdbeerduft sich in den spärlichen Raum zwischen uns gelegt hatte. All das brachte uns enger zusammen.

»Schon längst vergessen, Junge«, sagte sie und fasste mich an den Händen. »Ich vermisse dich immer noch, obwohl du da bist.«

Ich wollte sagen, »Ich weiß nicht, was in mich gefahren ist«, als sie ihre Arme um meinen Hals schlang in der Andeutung einer Umarmung, die ich nicht verhindern konnte.

Sie wollte mir wahrscheinlich wirklich nur zeigen, dass sie mir verziehen hatte, aber dann machte sie weiter. Die Umarmung wurde enger, sie sagte noch einmal dieses »Vermisse dich«, flüsterte es mir ins Ohr, und dass von nun an alles besser sein sollte. Es ihr schon viel besser ginge, wir könnten ja vielleicht einmal eine Runde drehen, draußen auf der Straße.

Überrumpelt ließ ich es zu, dass sie mich weiter umarmte, als sei diese Nähe zu einer viel älteren Frau, die in Wirklichkeit ja nur ein Transvestit war wie die auf der Gonçalo Cristóvão, das Allernormalste, wenn man jemandem verzeiht.

Dann küsste sie mich auf die Stirn, auf die Wange und immer weiter den Hals runter. Bebend vor Freundschaft und Wut, beinahe fiebernd, hatte ich mich immer noch nicht abgewandt, als ich langsam in meiner Hose und auch gegen ihre gepresst, völlig überrascht eine Erektion bekam.

Ich stieß sie weg. Als sie zu Boden fiel, war sie schon nicht mehr die Gi, die eben noch in der Tür ihrer Hütte erschienen war, zur schönen Frau mutiert, sondern wieder nur ein Typ mit Brüsten, die er nicht einmal vernünftig verbarg, und verwundert fragte, »Was ist los, Junge?«

Was los war? Sie sollte sich wieder einkriegen und das mit

den Küssen nie wieder versuchen. Ich rannte weg, ließ die Musik von der Terrasse des Vila Galé hinter mir und die Zeichnungen auf der Hütte und diese übertriebene, verkehrte Umarmung.

36

Wenn sie im Goelas de Pau aufgenommen wurde, half ihr das immer wieder ein paar Wochen weiter, wenn sie dann wieder in der Pension war, konnte sie nicht einmal mehr »Vorsichtig, vorsichtig« sagen, wegen des Hustens. Sie fühlte sich wie von einem unsichtbaren Seil erdrosselt, wusste nicht, warum sie eigentlich nach Betadine roch, und von da an war es nur ein kleiner Schritt, bis sie Blut hustete.

Die Kunden gingen mit dem Gefühl aus dem Zimmer, mehr bekommen zu haben, als wofür sie bezahlt hatten: Nicht einmal die Hosen machten sie richtig zu, wenn sie hastig die Treppe hinabgingen. Und Gi hatte Mühe, sich von ihnen durch die offen stehende Tür zu verabschieden, denn sie wusste, sie würden nie wiederkommen, aus Abscheu oder wegen der Krankheit.

Dann drehte sie sich zur Seite. Wenn sie die Laken mit einem geschlossenen Auge betrachtete, sah sie Berge, die nicht mehr dem zerschlissenen Bett ähnelten, wo sich immer dasselbe abspielte. Und das Gefühl, nicht tiefer sinken zu können, als es die harten Bettfedern zuließen, beruhigte sie.

Die Kolleginnen waren es irgendwann leid. Die dreckigen Teppiche, die Putzfrau nur alle vierzehn Tage, die extravaganten Bedürfnisse ihrer Kunden genügten doch schon, nun wollten sie sich nicht auch noch mit den Krankheiten des Transsexuellen abgeben. Sie besprachen sich auf Zimmer 102 und stimmten dann darüber ab, was am besten zu tun sei.

Irgendwann, als sie mit dem letzten Kunden fertig war, hatten sie alle vor ihrer Tür gestanden. Eine hielt einen hochhackigen Schuh in der Hand, eine andere hatte eine alte Strumpfhose mit Steinen und Erde gefüllt. Und alle standen mit verschränkten Armen da.

Sie sagten, »Verschwinde hier, hau ab«, und Gi versuchte, ihnen zu erklären, dass sie das Geld nötig hatte. »Wir auch!« Wie ein Pendel schwang die mit Steinen gefüllte Strumpfhose, der Absatz klopfte in rhythmischen Abständen gegen die Wand.

Gi schloss sich schnell in ihr Zimmer ein, voller Angst, dass man ihr die Haare abschneiden könne. Sie hatte in einem Film gesehen, wie sich Frauen zusammentaten, um Ehebrecherinnen die Haare abzuschneiden, und eine Glatze wollte sie nicht haben, nicht ohne ihr Leben sein. Sie sah schon die Haarbüschel zuckend wie an Land gezogene Fische zu Boden fallen.

Sie setzte sich auf die Bettkante und hörte sich all die Beleidigungen Drecksau aufwärts an, und dann schlief sie ein.

Als sie wieder aufwachte, packte sie ihre Sachen in eine Tüte und murmelte, »Sollen sich bloß nicht für sauberer halten, sollen nur noch ein paar Jahre warten.« Fast hätte sie auch noch das Zimmer auseinandergenommen mit Tritten und Faustschlägen, aber dann ließ sie sich doch nicht von ihrer männlichen Seite beherrschen und zog nur die Schublade auf und drückte einen Kuss auf die *Holy Bible* (so stand es auf dem Umschlag).

Als sie die Treppe nach unten ging, hörte sie ein paar Kolleginnen noch durch den Türspalt, »Die haut doch hier nie ab.« Blieb auf jeder Stufe noch ein paar Sekunden lang stehen, um zu provozieren, aber auch, um sich zu überlegen, wie es mit ihr wohl jetzt weitergehen sollte. Auf den gerahmten

Fotokopien, die dort als Bilder herhalten mussten, war noch immer dasselbe zu sehen: Schutzengel in weiß, leuchtende Flügel, die sich über Kinder breiten und sie auf ihrem Weg vor allen Unbilden schützen.

Erst zu Hause in ihrer Wohnung merkte sie, dass sie das Wichtigste vergessen hatte. Froh, noch daran gedacht zu haben, aber auch ziemlich beklommen, weil es die letzte Gelegenheit war, machte sie sich noch einmal auf den Rückweg.

Sie erzählte mir das alles in Halbsätzen und voller Angst, mich damit zu verletzen. »Es war natürlich nicht wirklich das Wichtigste.« Doch sie erzählte es mir in einer Art irritierendem Versteckspiel. Sie hätte es mir nur nicht bis zur Hälfte erzählen dürfen, wie den Kindern in der Pension.

»Die traut sich was!«, sagte eine Exkollegin, als sie sie wieder hereinkommen sah, die Jacke über dem Kopf.

Gi überhörte es und ging direkt zu den Sofas, wo alle Kinder zusammensaßen. Das dumme Kind sah sie nicht einmal, es war zu sehr damit beschäftigt, die Polster zu ruinieren. Die anderen Kinder empfingen sie brav aufgereiht, Köpfchen an Köpfchen, reichten ihr kaum bis zur Hüfte. Still und nie allzu nah, wie es ihnen die Mütter vormachten, setzten sie sich wie immer im Schneidersitz um sie herum hin.

»Heute bin ich nur gekommen, um mich zu verabschieden!«, sagte sie und suchte unter den kleinen Köpfen nach einem bestimmten Gesicht.

Die Kinder saßen weiter still da und wollten gar nicht einsehen, dass dieses Verabschieden nicht einfach nur eine neue Geschichte war.

»Fang schon an«, bettelte das dumme Kind, und dann setzte auch sie sich, da sie die Gelegenheit offensichtlich verpasst hatte.

Die Frau, die »Die traut sich was!« gesagt hatte, war wieder hochgegangen, um die anderen zusammenzurufen. Oben begannen die Strumpfhosen wieder zu kreisen und Absätze drohend gegen die Wand zu klopfen. »Hau ab, verschwinde!«, tönte es aus den Zimmern. Die Kunden waren wohl einigermaßen verwundert darüber – und vielleicht auch beleidigt, weil sie diese Aufforderung sicher nicht nötig hatten.

Die Kinder regten sich und verlangten Geschichten, dann spürte Gi schließlich eine Hand auf der Schulter. Sie sprang auf und hörte nur, »Wirklich für immer?«, Samuel war der Einzige, der begriff, dass es diesmal keine Geschichte war.

»Gehst du für immer?«

»Ich glaube schon, Kleiner.«

Ein sechsjähriger Junge hat keine Ahnung davon, was für immer bedeutet. Nicht einmal ich mit meinen zwölf Jahren erfasste, dass Gi nun gewissermaßen für immer bei mir war.

Aber ohne auf das Gequengel der übrigen Kinder zu achten und auch nicht auf das Gebrüll aus den oberen Stockwerken, nahm sie ihn kräftig in den Arm, um die sich anbahnende Umzingelung zu verhindern.

37

»Weißt du, was ich meine?«

Ich wusste es nicht, aber ich sagte ja.

»Ich bin erleichtert, denn es kommt wirklich von Herzen«, fuhr Alisa fort.

Ich dachte, die Nervosität und der Wunsch danach, etwas zu entdecken, von dem es immer heißt, dass man es tun müsse, aber kaum, dass es mit Liebe zu tun hat, müsse irgendwie bei beiden gleich sein. Aber wie alt war sie denn? Fünfzehn, sechzehn, siebzehn. Und ich, deutlich jünger, rutschte auf meinem Sitz herum, sehr nervös wegen dem, was da kommen sollte, wenn wir dann an der Endstation aussteigen würden, und wollte nicht wahrhaben, dass es für sie womöglich nur alles Routine war.

Als der Bus über die Brücke fuhr, sagte Alisa, »Es stimmt überhaupt nicht, was die sagen«, und versuchte, mir zu verstehen zu geben, dass sie gar nicht so verdorben sei. Was sie zu geben hätte, sei nur für mich bestimmt. Und obwohl ich ihr zutraute, dass sie es womöglich mit allen von hier bis Espinho trieb, sah ich sie trotzdem als meine.

Also sagte ich, »Ich vertraue dir«, und sie freute sich, ganz erleichtert wie ein Kind, das einer Bestrafung entkommen ist, und malte Herzchen an die beschlagene Scheibe mit unseren Initialen darunter, was eher wie eine Grabinschrift aussah, und lächelte über ihr gelungenes Werk. Verglichen mit Samuels Zeichnungen sahen die Herzchen recht plump aus, aber darüber wollte ich gerade nicht nachdenken, denn wir hatten es wirklich verdient, miteinander allein zu sein.

Sie sagte, ein Herz sei dazu da, es zu zeigen – und sichtbar zu bleiben. Wie der Satz »Cicciolina, ich liebe dich«, den einer in eineinhalb Meter hohen Buchstaben auf den Viadukt auf der anderen Seite der Ponte da Arrábida geschrieben hatte.

»Ich verstehe nicht …«, sagte ich.

»Ich wäre gern Cicciolina.«

Die Bushaltestelle lag oberhalb des Flussufers, und wir mussten noch bis runter laufen. Auf dem Weg klammerte sie sich an mich, und ich klammerte mich an sie, und so fingen wir langsam an, uns zu berühren. Der tätowierte Kuss war nun größer geworden, ging bis hoch zum Hals und sogar bis zum Mund. Von dort musste ich ihn mit der Zunge zurückdrängen, diesmal aber ohne zu beißen.

Das Gestrüpp links und rechts neben dem Trampelpfad aus bloßer Erde krallte sich in unsere Kleidung. Sie bat mich, sie zu beschützen und vorzugehen. Auf halbem Weg fragte sie mit dem Blick auf meine zerschundenen Hände, »Hast du dir wehgetan?«, und ich antwortete, »Tut fast nicht weh«, und doch wäre es mir lieber gewesen, sie hätte sich wehgetan und nicht ich.

Kaum waren wir am Ufer, wusch ich meine Hände im Fluss, und es hörte auf zu bluten. Aus dem Schlamm wucherten kleine Algen, und die kleinen Fische schwammen auf der Suche nach Dreck durcheinander. Wenn sie kopfüber hinab auf den Grund stießen, blitzten ihre Körper auf wie Klingen.

Ich musste an Gi denken. Spürte, wie sich der Geruch ihrer Umarmung sich an mich geheftet hatte. Und musste daran denken, wie mich der Ekel durchzuckt hatte, wie ein Peitschenschlag.

Ich zog meinen Pulli aus und das T-Shirt, wusch mich, wusch mich heftig, um mit dem schmutzigen Flusswasser Gi abzuwaschen. Alisa sah mir dabei zu, ohne zu wissen, was los war. Sie sagte, »Du bist so dünn.«

Nach der Sache im Keller fand ich mich auf dem nun menschenleeren Campo 24 de Agosto, wo um die Uhrzeit keine kartenspielenden Alten mehr waren und nur noch die Autoscheinwerfer ein wenig Licht spendeten. Ich hockte auf dem Boden, den Kopf zwischen den Knien, und kotzte.

Diese Erektion, eine von Tausenden, die ein Mann im Lauf seines Lebens bekommt, hatte in mir etwas verschoben – mich in die Nähe derjenigen gerückt, die nicht normal sind und auf Männer stehen. Aber es war noch etwas Tieferes. Als ich auf Gi reagiert hatte, wie ein Mann auf eine Frau reagiert, hatte ich es ihr gegenüber an Respekt fehlen lassen. Ihre Küsse waren wie die einer Mutter gewesen, deren Zärtlichkeit über die Maße hinausgeht. Und ungeachtet der Zärtlichkeit, mit der sie mir nur hatte sagen wollen, dass sie mir verzieh, hatte ich sie weggestoßen, auf den Boden, und sie hatte verwundert gefragt, »Was ist los, Junge?«

Der Drang zu kotzen war mir in die Kehle gestiegen, und nicht einmal die kalte Nacht hatte ihn stillen können. Und in Ermangelung einer besseren Möglichkeit – etwa laufen und nie mehr stehen bleiben, bis ich zusammengebrochen wäre, hatte ich da beschlossen, noch einmal mit Alisa zum Fluss zu gehen.

Also saßen wir da nun nebeneinander im Sand. Es war kalt, aber ich glaube, wir spürten es nicht einmal, weil das, was wir voneinander erwarteten, uns warmhielt. Ich brauchte sie sehr.

Minuten später schauten wir immer noch auf den Fluss, auf die Boote mit den Touristen, und sahen zu, wie die

Züge in unregelmäßigen Abständen in Richtung Campanhã fuhren. Waren Zeugen des Stadtlebens, aus der Entfernung.

»Verdammt, du bist wirklich ein Kind«, sagte sie und zog mich am Arm zu sich. Mir war nicht klar, dass so eine mit ihrem Ruf trotzdem wartete, dass ich die Initiative ergriff, fand es irgendwie sogar lächerlich, dass sie noch auf einen Beweis für mein Begehren wartete.

Sie zog mich an der Hand hinter die Pinien, genau dorthin, wo Samuel sich mit Rute verkrochen hatte. Als würde am Ufer noch immer Nélson herumstehen und fragen, »Ihr wollt tanzen, stimmt's, ihr wollt tanzen?«, und vom anderen Ufer her Gi immer noch gestehen, »Ich habe dich vermisst, Junge, du hast mir gefehlt.«

Ich konzentrierte mich auf Alisa, die sich gegen einen Pinienstamm gelehnt hatte, und dann tat ich, worum sie mich bat.

»Komm her.«

Ich kam zu ihr.

»Küss mich da hin.«

Ich küsste sie da hin.

»Fass mich da an.«

Ich fasste sie da an.

Und dann, bebend vor Eifer, legten wir uns in den Sand.

Von ihrer Stimme geleitet, entdeckte mein Körper ganz neue Möglichkeiten, ich lernte zu geben, zu nehmen, fühlte mich trotzdem weit weg, in einer großen, fremden Stadt. Vielleicht Helieske, wo, so erzählte es zumindest Norberto, genug Platz war zum Nachdenken, oder New York, das ich aus Filmen kannte, an dessen angeblicher Größe ich allerdings zweifelte. New York im Unwetter an einem Nachmittag, und wir durchnässt und ganz sicher, dass es nur noch eine einzige

Möglichkeit gab, weiterzuleben, und zwar zusammen. Schön wäre das, wie im Film.

Aber auch wenn ein Zimmer in New York genau das Richtige für uns gewesen wäre, mussten wir erst einmal hier üben, zwischen den Pinien und den Hinterlassenschaften afrobrasilianischer Kulte, schwarzen Kerzenwachsresten und Steinen mit Ziffern drauf.

Alisa empfing mich irgendwie unterwürfig, tat so, als wäre nicht sie es, die das Kommando gab, und ich stellte mich darauf ein in dem Wissen, dass ich nicht nur ihren Körper benutzen durfte – sondern im besten Falle sie ganz.

So war es leichter, Gi loszuwerden, mich zu befreien von dieser Umarmung und von dem Kuss seitlich am Hals, wo ich fürchtete, dass er mein Leben lang bleiben würde. Mich von dem Anblick befreien, wie sie aus ihrer vom Feuer beleuchteten Hütte kam, in ihrem funkelnden Kleid, ihrem als richtige Frau angemalten Gesicht. Sogar schön. Und diese Erektion hinter den vielen Erektionen zu verbergen, die ich mit Alisa noch haben würde.

Mit ihrer Hilfe fand ich heraus, welche Bewegungen zu tun waren, entdeckte die richtigen Berührungen, streifte das Kind in mir ab. Unsere Körper passten nun zu dem, was wir von ihnen erwarteten. Zeitschriften und der Computerraum zeigten Gewalt statt Vergnügen, anders als das, was mich Alisa nun lehrte. Ich wollte ihr sagen, dass ich nicht darauf vorbereitet gewesen sei und nicht mehr lang aushalten würde, da fasste sie mich mit aller Kraft und sagte, »Mach schon!«

Das konnte nur eine Frau einem Mann geben, so sehr Gi auch das Gegenteil glaubte.

Ich schaute nach unten, auf die Verbindung zwischen uns beiden. Ich kann mich noch an ihre harten Brustwarzen erinnern und an die Muttermale auf ihrem Bauch, Schmutz, der nicht weggehen würde und süß war. Sie dachte gerade vielleicht überhaupt nichts – von wegen New York, von wegen schöner Ort weit entfernt von dem Elend, von wegen –, sie zog, biss, küsste, stöhnte.

Der Wind strich kühl über meinen Rücken und meinen Hintern, alles andere zwischen uns war nur Hitze und Schweiß.

Als ich fertig war, wurde mir kalt und ich nahm sie in den Arm, um mich aufzuwärmen. Sie wurde rot, erst in diesem Moment stieg ihr wahrscheinlich das Blut von den Hüften ins Gesicht. Wir deckten uns schnell mit Kleidung zu.

Das war erwachsen, vollkommen, ganz anders als dieser Umgang mit Gi, der nichts war als das kindliche Suchen nach Zuneigung. Allein dafür war ich Alisa zu Dank verpflichtet, auch wenn ich es ihr nicht so sagen konnte.

Die Boote fuhren vorbei und hupten, die Autos kamen im Stau auf der Ponte do Freixo ins Stocken. Ich kann mir vorstellen, dass es in diesen Städten im Ausland, New York, auch solche Boote gibt und auch Leute, die zum ersten Mal Sex haben. Aber das war egal, und der Geruch nach den klebrigen Piniennadeln war sogar angenehm.

Alisa sah traurig aus, vielleicht weil sie erwartet hatte, dass ich etwas sagte. Ich wusste nicht, wie ich das Offensichtliche erklären sollte (die Lust, die sie mir gegeben hatte), sah aber, dass ich nicht länger schweigen durfte. Ich umarmte sie kräftiger, spürte, dass gleich alles wieder verflogen war, legte einen Finger auf ihre Tätowierung und sagte, »Cicciolina, ich liebe dich.«

38

Trotz der schlimmen Situation schön, wie die Kleidung da im Wind flatterte, neue Gestalt annahm, wie Vögel beim Paarungsflug.

Ein paar violette Schlüpfer landeten auf der Straßenecke vor dem Ruial. Die Büstenhalter landeten vor der Tür der Vereinigung der Gastronomieangestellten. Die schwereren Stücke, Winterjacken, Jeans, fielen direkt unters Fenster. In wenigen Minuten sah die Travessa do Poço das Patas aus wie eine gigantische Wäscheleine. Gis gesamte Biografie war darin zu erkennen, wie bei den Witwen, die ihre Wäsche in die Winkel der Wohntürme von Aleixo zum Trocknen aufhängen.

Aus dem Fenster heraus brüllte der Wohnungsbesitzer, »Hier ganz bestimmt nicht mehr«, und schleuderte die letzten Blusen heraus, und Gi erklärte, es sei alles ein Missverständnis – ein großes Schlamassel, sie hätte doch Geld und wolle auch bezahlen.

Die Fenster der Nachbarhäuser gingen sensationsheischend auf, aber die Leute sahen nur diese Frau, die nicht sehr überzeugend flehte.

Nachdem sie ihre Sachen wieder eingesammelt und in Plastiktüten gestopft hatte, ging sie noch einmal zum Haus hin und schaute zu ihrem früheren Fenster hoch, das vorher so klein gewesen war und ihr nun so groß wie nie vorkam.

»Gib mir die Heilige! Hörst du, die Jungfrau!«, rief sie.

Ohne noch einmal ans Fenster zu kommen, rief der Vermieter zurück, »Ich behalte das alles hier für die Schulden. Und du kannst von Glück sagen, dass ich dich nicht zwinge, die ganze Sauerei wegzumachen, die du hinterlassen hast.«

Schließlich setzte sich Gi mit einer Plastiktüte auf den Knien ins Ruial, breitete alles andere auf dem Tisch vor sich aus; Ringe, Ohrringe und Fotos in Plastikhüllen wie die, in die sie gerade noch ihre Unterwäsche hatte stopfen können, die sie im Handwaschbecken gewaschen hatte, nicht einmal das Handy war ihr geblieben.

Die Bedienung hatte alles mit angesehen und stellte ihr einen doppelten Kaffee mit Schuss hin und einen Toast mit Käse und Schinken. »Heute geht das aufs Haus.« Und Gi war so durcheinander in Gedanken an ihre Wohnung und an den nächsten Schuss – wo sie den herkriegen sollte, wusste sie nicht –, dass sie nicht einmal danke sagte.

Sie streifte mehr oder weniger ziellos herum, die Tüte über der Schulter. Irgendwann setzte sie sich zwischen die parkenden Autos in der Seitenstraße zum Campo 24 de Agosto. Sie wollte sich von der aufkeimenden Panik befreien, aber es gelang ihr nicht einmal, zu weinen. Auf der Straßenseite gegenüber sah sie Leute mit nassen Haaren aus der städtischen Badeanstalt kommen. Sie hätte sich auch gern gewaschen wie sie.

Am Eingang waren Automaten für Zahncreme und Präservative. Die Knöpfe waren abgenutzt. Ein Angestellter notierte jede Person, die hineinging, in ein von der Feuchtigkeit faltiges Heft. Gi gab ihm einen Euro, den sie aus den Tiefen ihrer Tasche gefischt hatte, und ging zu den Schließfächern.

Sie wählte die Duschen ganz links, zog sich aber erst hinter dem Plastikvorhang nackt aus. Die Sonne ging von Kabine zu Kabine und ließ Silhouetten erkennen. Zusammen ergaben die Schattenrisse eine einzige Frau mit vielen Beinen, Armen und Köpfen, die mit Warmwasser duschten, das vom Nacken bis zu den Füßen durch alle Vertiefungen lief. Nun also mehr oder weniger öffentlich sauber konnte sie leichter atmen, den Blick immer noch wachsam auf den Plastikvorhang gerichtet, damit niemand sie sah. Und immer noch gelang es ihr nicht, zu weinen.

Dann wartete sie, bis an den Schließfächern auch niemand war, um sich umzuziehen, zog den Büstenhalter und die Unterhosen aus der Plastiktüte an. Kam sauber wie alle anderen wieder nach draußen und spürte das Kitzeln der frischen Unterwäsche an den richtigen Stellen.

Weiter hinten war schon wie eine viel zu groß geratene Säule das Vila Galé, das als Wegweiser diente für das Pão de Açúcar. Vielleicht weil sie sich im Vergleich dazu immer winzig vorkam, wirkte der Rohbau auf sie so einschüchternd.

Sie überquerte den Campo 24 de Agosto und schaute verstohlen in offene Türen, vielleicht in der Hoffnung, jemand würde sie hereinbitten. Stattdessen entdeckte sie Inseln, auf denen Männer aus Holz Möbel sägten und Frauen mit entblößter Brust ihre Kinder stillten.

Und sie begegnete Leuten, die wie sie waren. Einige mit Tüten über der Schulter, andere mit Einkaufswagen mit Gerümpel, Zeitungen oder Kupferkabel.

Sie ging weiter, bis sie vor der Einfahrt zum Parkplatz stand. Das hohe Gebäude kam ihr nun vor wie eine riesige Arkade. Sie umklammerte ihre Plastiktüte und ging zwischen den Autos hindurch, sagte »Guten Abend« zum Wachmann. Der schaute sie tatsächlich an, hob den Blick kurz von seinem Kreuzworträtsel und deutete einen Gruß mit seiner Zeitung an.

Auf dem Weg in den Keller, den sie durch Zufall entdeckte, wurde der Straßenlärm langsam leiser, war dann, jenseits des Wasserlochs, nicht mehr zu hören.

Holzbalken, Platten aus Blech und aus Plastik, herumliegende Ziegelsteine und aller möglicher Dreck von den früheren Behausungen lagen überall über den Boden verteilt. Gut, dass sie immer dem Vater beim Arbeiten in der Werkstatt zugesehen hatte. Nun konnte sie sich einen Unterschlupf bauen und war gut geschützt – nicht das Schlechteste für eine Nacht.

39

Im oberen Bett bogen sich unter Samuel kaum die Bettfedern. Es war nicht nur kaum eine Krümmung von seinem Körpergewicht zu erkennen, sondern er selbst war kaum da. Seine Stimme kam wie aus dem Nichts. Hätte das Stockbett nicht jedes Mal, wenn er sich irgendwie anders hinlegte, ein bisschen gewackelt, wäre es mir schwergefallen zu glauben, dass wir an einem Samstagabend im Schlafsaal miteinander redeten, ohne dass einer den anderen sah. Vorsichtig – aber auch ungeniert deutlich – kamen ab und zu neben der Matratze seine Hände zum Vorschein.

Er war es wirklich.

Ich spürte noch immer Alisa am ganzen Körper, vor allem, wenn ich in der Nacht aufwachte und sie umso mehr brauchte. Ich wollte Samuel davon erzählen, wie geil sie gewesen war, ganz so, wie immer gesagt wurde, sie hatte mir nichts vorenthalten (jedenfalls wüsste ich nicht, was noch gefehlt hätte), ihm von dem bebenden Tattoo erzählen, von ihren Brustwarzen, den Muttermalen an ihrem Bauch. Ein Mädchen gemeinsam zu haben mit Worten, war gut. Aber wahrscheinlich hätte er wohl, nachdem er mir zugehört hätte, kurz zu mir runtergeschaut und von oben »Ich weiß« gesagt.

Was er von Rute wusste, konnte er ebenso gut über Alisa oder jedes andere Mädchen wissen. Sie mögen es angeblich, wenn man sanft ist: Auch wenn solche Gesten nicht wesentlich anders sind als ihre eigenen, lassen sie sich davon doch beeindrucken. Als würden sie mit Frauen schlafen.

»Was ist mit Alisa?«, fragte er.

»Nichts«, sagte ich. »Sie macht es wohl wirklich mit jedem.«

Ich stellte mir vor, wie sie auf dem mit Piniennadeln übersäten Boden am anderen Flussufer auf mich wartete. Ganz allein. Sollte sie doch warten, ich war zu so sanften Gesten, wie Samuel sie draufhatte, gar nicht in der Lage. Ich würde sie niemals befriedigen können und nie ihren Namen an die Betonmauer an der Auffahrt zur Ponte da Arrábida pinseln.

Ein paar Tage waren seit der Sache am Fluss vergangen, ein paar Tage vor allem, seit Gi mir ihren Mund aufgedrückt hatte. Auch das hätte ich Samuel gern erzählt, aber nicht, um noch mit einer weiteren Frau anzugeben. Bei Gi hatte ich keine Angst, dass er »Ich weiß« sagen würde. Würde ich ihm gestehen, »Gi hat es übertrieben«, würde ihn das vielleicht sogar interessieren und hätte ihn womöglich sogar eifersüchtig gemacht. Denn mit ihm machte Gi so etwas nicht.

Aber ich fühlte mich wieder gereinigt und war bereit, unseren Umgang mit Gi wiederaufzunehmen, wie anfangs, hätte mich aber wohl nicht getraut, wenn Samuel gewusst hätte, dass ich dort wieder hingehen wollte, obwohl sie mich geküsst hatte.

Ich kam nicht einmal dazu, ihn zu fragen, »Weißt du, was sie einmal mit mir gemacht hat?«, da platzte er schon heraus damit, »Es geht Gi immer schlechter, sie hustet fast nur noch und schläft fast nicht mehr. Du solltest sie endlich besuchen.«

»Ich hab die Schnauze voll von ihr«, sagte ich. »Um genau zu sein, hab ich von allem die Schnauze voll, also von ihm!«

»Darum geht es nicht. Gi braucht uns.«

»Mich nicht.«

»Ich meine nur, dass man Freunde nicht im Stich lassen soll«, sagte er, genau wie damals, als ich ihm riet, sich aus dem Staub zu machen. Sich von Gi zu befreien, von der Werkstatt, von der Pires de Lima und von was weiß ich noch allem, von uns.

Ich sagte, »Sie ist nicht mein Freund.«

Und er sagte, als würde er laut nachdenken, »Ich glaube schon.«

Ich schwieg und horchte in den Schlafsaal hinein. An den Kopfenden versteckten sich unter Kopfkissen Zigaretten, Kaugummipackungen, Zeitschriften und Kaubonbons. Fábios Kopfkissen war am vollsten. Immer unordentlich, verbargen sich in seinem Bettzeug Dinge wie ein Radio, Kopfhörer aus dem Schnellzug nach Lissabon, Autozeitschriften und eine Rasierklinge. Er ließ alles offen herumliegen, weil sich niemand traute, sein Zeug anzufassen. Manchmal ertappte ich mich dabei, zu hoffen, dass sich dort etwas fand, das doch zu intim war, um es offen liegen zu lassen, ein Brief (damals hatten wir noch keine E-Mail), die Zigarette, die er immer hinter dem Ohr trug, oder ein Läusekamm.

Samuel konnte die Stille gut aushalten, und es machte ihm gar nichts aus, minutenlang still nur für sich zu sein. Alles andere spielte sich anderswo ab, irgendwo in einem unbegreiflichen Gedankenstrang. Mir fiel auf, dass der Federrost, auf dem seine Matratze lag, sich nun etwas weiter nach unten wölbte, als sei er seit dem Beginn unseres Gesprächs schwerer geworden.

Es war klar, dass er nicht zwischendurch aus dem Bett gesprungen war, seine Gestalt zeichnete sich deutlich nach unten ab, trotzdem fragte ich, »Bist du noch da?«

»Es geht ihr immer schlechter«, sagte er noch einmal. »Zum Beispiel gestern Nachmittag.«

Zurückblickend war dies der beste Moment. Alles andere war noch nicht gesagt: Die Zukunft war weiterhin offen, und ich blieb gespannt und war bereit, von mir das Beste zu geben.

Aber das Arschloch redete weiter, »Weißt du, das Leben kann so schön sein, manchmal muss ich vor Rührung weinen. Mir ist egal, was die anderen sagen, auch was du vielleicht von mir denkst.« Er breitete seine Arme aus. Eine Hand zu jeder Seite des Bettes, und sagte, »Es ist schön.«

Damit meinte er weder den Schlafsaal noch die Werkstatt, erst recht nicht das Pão de Açúcar. Die offenen Räume vielleicht, weite Landschaften, Orte, an denen ein Mensch Mensch sein kann, offener und wirklich frei atmen kann. Wie jedenfalls dort nicht.

»Ich denke überhaupt nichts von dir«, sagte ich. Und hätte hinzufügen können, *und auch ich weine manchmal,* aber Samuel unterbrach mich mit »Dieser Blick!«, und dann sagte er nichts mehr.

Es hätte vielleicht etwas genützt, einen Tennisball gegen die Wand zu werfen, wieder aufzufangen und noch einmal zu werfen, die Hände beschäftigt zu halten, um das Adrenalin zu verteilen, das plötzlich in mein Blut geströmt kam. Ich hätte fragen sollen, »Was redest du da?«, aber ich setzte mich lieber hin und stellte mir wütend vor, wie der Ball gegen die Wand prallte und ein Bild zerschmetterte, auf dem eine Tischlerwerkstatt zu sehen war.

Als er meine Unruhe bemerkte, drehte er sich zu mir runter und fuhr halb belustigt, halb ernsthaft fort, »Bei so einer Aussicht wie dieser muss ich mehr an Leute denken als an Sachen.«

»Was für eine Aussicht?«, sagte ich.

Er überhörte mich. »Also an meine Freunde, an dich und an Nélson, und denke, es lohnt sich nur, so eine Aussicht zu zeichnen, wenn man sie auch zeigen will. Zeigen, wie ich alles sehe.«

Dieses Wollen, dass andere sehen, wie man selbst es sieht, ist im Grunde das, was wir alle wollen: dass andere einen verstehen. Den einen gelingt es, den anderen nicht. Und der imaginäre Tennisball knallte immer und immer kräftiger gegen die Wand, so sehr, dass ich mich nicht gewundert hätte, wenn sich einer der Aufseher beschwert hätte.

Ich sagte, »Ich habe deine Zeichnung aufgehoben«, und er dankte mir und gab mir so zu verstehen, was für eine echt große Sache es sei, ein Bild von ihm aufzubewahren. Dann sagte ich noch, »Ich will es für immer behalten.«

Darauf antwortete Samuel nichts. Ich noch einmal: »Was für eine Aussicht? Von was redest du, verdammt?«

Er setzte sich nun auch wie ich auf sein Bett. Seine nackten Füße baumelten etwa auf der Höhe meiner Schultern. Er wackelte mit den Zehen, als wolle er seinen Blutkreislauf anregen. Und fuhr fort, »Das Hotel hat einen ziemlichen Schatten geworfen, aber ich konnte über der ganzen Stadt die pralle Sonne sehen. Gestern war ein schöner Tag. Man konnte sogar ganz weit hinten den Fluss erkennen.« Nun bewegten sich seine Füße schneller, als würden sie tanzen, ganz allein, und mein imaginärer Tennisball war unter einen Schrank gerollt.

Der Schweinehund schwieg wieder, und mein Herz pochte irgendwo zwischen Hals und Handflächen. »Es hat Gi sehr gefallen, und das war das Schönste daran. Ich habe sie bis ganz nach oben geschleppt, so gut es ging, aber es war ziemlich anstrengend für sie. Eine ganze Stunde haben wir bis nach oben, hoch auf den fünften Stock gebraucht. Sie hat kaum mehr Luft bekommen. Ich sage dir, Rafa. Es geht ihr immer schlechter, sie konnte sich kaum auf den Beinen halten. Aber was für eine Aussicht! Irgendwann zeichne ich das, und du kannst das dann aufheben, mit dem anderen Bild.«

Als er aufgehört hatte zu reden, schlüpfte ich wieder unter die Decke, um mich vor einem Schmerz in Sicherheit zu bringen, dessen Ursprung sich gar nicht bestimmen ließ. Der Klotz des Pão de Açúcar verlor an Konturen, der Zement verblasste und mit ihm auch Gi, der Keller, sogar mein Fahrrad, auf dem ich wohl besser den ganzen Scheiß hinter mir gelassen hätte.

Unterdessen fing Samuel an zu trällern, zufrieden mit sich und ganz ungeachtet meiner Reaktion. Irgendwann fragte er mich, »Versprichst du mir, dass du wieder hingehst?«, und schließlich sagte ich, nachdem ich vergeblich nach einer Ausflucht gesucht hatte, dass er sich auf mich verlassen könne. Ich wolle bestimmt wieder hingehen. Versprochen.

40

Samuels Bett knackte noch, die Federn gingen zurück in den Ausgangszustand, die ein oder andere zuckte noch unmotiviert, frei von seinem Gewicht, das sich als schwerer herausgestellt hatte als gedacht.

Ich lag darunter und spürte die Augen von Gi und von Samuel sich über Straßen und durch Wände hindurch auf mich richten. Wie sie mich sahen, ohne all meine guten Absichten zu erkennen, meinen Wunsch, besser zu werden. Sie ähnelten darin dem Vila Galé: steinern und ganz überheblich.

Ich roch nach alten Lappen und Ammoniak und war nicht mit dem Privileg zur Welt gekommen, wie Samuel eine Hure zur Mutter zu haben, die ihm trotzdem noch nach dem Baden »A Treze de Maio« vorsang. Auch nicht mit Begabungen und sonstigen Besonderheiten, die mich auszeichnen würden, nicht einmal mit Eigenschaften, wie sie Typen wie Nélson hatten, so doof, dass man ihm einfach nichts übelnahm.

Ich hörte ein Pfeifen, das näher kam, durch die Tür. Samuel war es nicht, denn er konnte viel besser pfeifen und würde wohl kaum jetzt gerade zurück in den Schlafsaal kommen und sagen, »Ich habe nur Spaß gemacht, glaubst du, wir würden da ohne euch hochgehen?«

Ich verschwand unter der Decke, bevor das Pfeifen den Raum betrat. Dann hörte ich Schritte und Zeug klappern. Um

Gis und Samuels Blick zu entgehen, stellte ich mir vor, niemanden sonst fürchten zu müssen, sondern nur alle anderen würden sich vor mir fürchten.

Auch wenn dieser andere Fábio wäre, der gerade in seinem Zeug herumkramte und dabei etwas von Rui Veloso pfiff. Gleichzeitig tätschelte er mit den Fingern auf seiner Landkartenglatze herum wie eine Frau, die sich in den Haaren fingert. Als ich ihn durch die Ritzen unter meiner Decke heraus beobachtete, fühlte ich mich nicht mehr so unter der Beobachtung von Gi und Samuel. ,

Nachdem er sich die Zigarette hinters Ohr gesteckt und in seinem Zeug herumgekramt hatte (es eigentlich noch weiter ausbreitete), betrachtete Fábio sich in seinem Taschenspiegel und sah zufrieden aus, warum auch immer. Dann ging er und pfiff dabei immer noch vor sich hin.

Weit unten auf der Straße hatte ich ihn eingeholt. Er war ganz allein unterwegs und drückte auf Türklingeln herum wie ein Kind, aber ohne sofort darauf wegzurennen. Manchmal kamen Leute ans Fenster, regten sich aber nicht auf, erst ein paar Meter weiter hörte ich sie dann gegen die Jugend von heute und alle übrigen Übel der Welt zetern. Dann knallten sie die Fenster wieder zu, der einzige Aufstand, zu dem manche fähig sind.

Ich hielt mich auf Abstand irgendwo zwischen nah und weit genug entfernt, dass ich sehen konnte, ohne gesehen zu werden.

An der Ponte do Infante vorbei und weiter an Cafés und Geschäften, an Leuten, die an den Straßenecken herumstanden und über Fußballergebnisse diskutierten. Fábio schaute herum, mischte sich hier und da ins Gespräch ein, machte Witze und befingerte seine Zigarette.

Es ging durch enge Gassen, dort quatschte er Mädchen an,

»Komm mal her, Süße«, klemmte sich hinter sie, bis sie die Flucht ergriffen. Lachte und rief ihnen nach, »Du hast keine Ahnung, was dir entgeht.« Ein paar Meter weiter gingen sie dann mir aus dem Weg, schnaufend die Augen zu Boden gerichtet, nur für den Fall, dass ich in derselben Absicht unterwegs wäre. Eine tastete nach ihrem silbernen Anhänger an ihrer Halskette, der in krassem Kontrast zu ihrem rot angelaufenen, pochenden Hals stand.

Wir kamen am Abrigo dos Pequeninos vorbei, dem früheren Kinderheim, der Container, wo ich das Fahrrad gefunden hatte, war noch da. Natürlich hatte der Ort längst den Reiz der Entdeckung verloren, war jetzt nur noch Müllplatz wie jeder andere, an einer von so vielen dreckigen Ecken der Stadt.

Wir kamen an Kindern vorbei, die sich von der Hand ihrer Eltern losreißen wollten. Aus den Straßen ringsum kamen Scharen von Jugendlichen, die besser aussahen als wir, alle von der gleichen Suche getrieben, ein Vorpreschen und schon fast sexuell anmutendes wieder Zurückziehen – Mädchen, die näher kamen, Jungs, die sie zogen. Und in verschwiegene Ecken verschwanden.

Fábio schaute sich nicht einmal um, sicher, dass niemand ihm folgte. Manchmal kam ich näher an ihn heran, vielleicht bis auf eine Armlänge, manchmal ließ ich ihn vor, bis zur nächsten Ecke, dann ging ich wieder etwas schneller. Diese Kontrolle über ihn gab mir so viel Freiheit und Selbstvertrauen, dass ich ihm mein Leben lang hätte nachlaufen können. Fast hätte ich mich getraut, so wie er, auch zu pfeifen.

Schließlich betrat er den Billardsalon Triunfo. Ich hockte mich in der engen Gasse gegenüber auf den Bordstein. Der Ort passte zu Fábio: Es gab getoastete Sandwichs, Fleischbrötchen, Zahnstocher mit *Francesinhas* und trockener Olive und sogar Billard, Vitrinen mit halbleeren Flaschen und Leute, die manchmal die Tische abwischten.

Auch wenn ich ihn von dort aus nicht sehen konnte, erreichten mich seine Ausrufe beim Klacken des Billardstocks, das Schaben von Besteck auf den Tellern und sogar, keine Ahnung, wie, wenn die Billardkreide das dünnere Ende des Queues raspelte.

Während ich darauf lauerte, dass er wieder herauskam, noch einigermaßen unschlüssig darüber, was ich dann tun wollte und ohne mir selbst einzugestehen, warum ich ihm eigentlich folgte, wuchs in mir das Gefühl, dass Gi wirklich klein war und wirklich mehr denn je meine Hilfe benötigte. Der Gedanke begeisterte mich, drängte mich, sie zu retten. Auch bei ihr gingen, wie bei Samuels Bett, die Federn wieder zurück in den Ausgangszustand.

Nach ein paar Minuten kam eine Frau vorbei, die in ihr Handy brüllte, »Du musst dir nichts darauf einbilden!«, mich mit der Hand wegzuscheuchen versuchte und dann weiterging. Ein kleines Mädchen von vielleicht sechs oder sieben Jahren blieb vor mir stehen. Stand da und atmete hörbar, erschöpft, wollte sich neben mir ausruhen. Auf dem Rücken balancierte sie einen kleinen Hello-Kitty-Rucksack.

Sie fragte, »Auf was wartest du?«, und ich sagte, »Keine Ahnung.«

Dann setzte sie sich auf ihren Rucksack, ein Balanceakt, und sagte, dass sie bei mir bleiben wolle. »Bei dir.« Ihre Mutter ginge ihr auf die Nerven, würde nur herumbrüllen, wisse vielleicht nicht einmal, dass sie da sei. Anstatt »Hau ab« zu sagen, schenkte ich ihr eine Blume, die aus einer Ritze im Bürgersteig wuchs. Im Februar sprießen anscheinend schon die ersten Wildblumen. Sie nahm die Blume mit spitzen Fingern und wollte gerade daran riechen, als die Frau wieder zurückkam und ihr Handy in die Tasche stopfte.

»Du sollst nicht immer von mir weggehen!«, brüllte sie.

Das Kind stand auf, zuckte mit den Schultern und sagte zu mir, »Nächstes Mal, mach dir nichts draus.« Bevor sie um die nächste Straßenecke verschwanden, zwang ihre Mutter sie, mein Geschenk wegzuwerfen.

Ich vergaß Fábio und hob die verdreckte Blume auf, die schon anfing zu welken. Nicht lange mehr, und dann wäre sie verblüht, aber das war mir egal, ich steckte sie ein.

Dann überlegte ich mir, zu Nélson zu gehen, mit Samuel zu sprechen, wer weiß, Dona Palmira hinterherzupfeifen wie einer hübschen Frau ober mich für den Rest des Tages auf den Dachboden zu verkriechen.

Ich versuchte, zur Werkstatt zurückzukommen. Die hupenden Autos, das Gerede der Alten an den Bushaltestellen, die anfahrenden Busse bekamen für mich unterwegs eine Bedeutung. Begleiteten mich auf dem Weg wie eine Aufforderung, *geh weiter, nicht mehr zurück*.

Ich war schon an die einhundert Meter zurück, als mir klarwurde, dass Leben mehr Kampf ist als Hindernis. Dass ich Fábio gefolgt war, nahm Logik an. Ich kehrte um und postierte mich wieder gegenüber dem Billardsalon.

In dem Moment gingen in der Spelunke die Lichter an, alles leuchtete wie ein Jahrmarkt, überall Blinken und Blitzen und Hintergedanken.

Fábio stand zwei Schritte hinter dem Eingang. Mit schiefem Grinsen und sich verlegen die Glatze kratzend fragte er, »Na, macht dir das auch Spaß?« Ich fischte ihm mit einer raschen Bewegung die Zigarette hinter dem Ohr weg. Er reagierte darauf nicht einmal. Durch den Billardlärm und sehr bemüht, meine Stimme so tief wie möglich klingen zu lassen, wohl wissend, dass meine Worte, waren sie einmal heraus, nicht mehr meiner Kontrolle unterliegen würden, sagte ich mit einem verschlagenen Grinsen, »Willst du mal einen Kerl sehen mit Titten?«

41

Die Zwischenräume zwischen den Dielen ließen alle Geräusche aus dem Heim durch. Wenn Möbel verrückt wurden, vereinzelte Schritte, die über die Wände hinaufdrangen, Wasser, das sich durch die Rohre zwängte, der Fernseher im Aufenthaltsraum, der Gesang aus der Kirche nebenan und sogar die Busse, die an der Haltestelle vor LiderNor hielten.

Wir verbrachten den Sonntagnachmittag auf dem Dachboden. Samuel und ich auf der Decke, und Nélson fingerte in den alten Sachen herum und hustete, weil es staubte.

Samuel sagte, er sei froh, dass wir wieder alle zusammen ins Pão de Açúcar gingen. Nélson, der zugehört hatte, fragte, »Geht es immer noch darum?« Samuel schaute ihn schräg von der Seite an und sagte noch einmal, »Bin froh«, mehr zu sich als zu uns, und hatte dabei einen Gesichtsausdruck wie die Zeugen Jehovas, gläubig und gleichzeitig irgendwie dumm.

Durch die Dachluke fiel Sonne auf Nélsons Gesicht und beleuchtete die Staubpartikel. Als könne man ihn da zum ersten Mal sehen: Tatsächlich fiel mir erst da diese Narbe auf seiner linken Wange auf und sein Flaum, seine mehr grauen als blauen Augen. Nach einer halben Stunde traf die Sonne auf Samuels Gesicht, und es passierte dasselbe. Nur hatte er keine Narbe. Von den braunen Haaren bis zur gebräunten Haut unterschied ihn sonst nichts – was er für sich behielt, gab er nicht preis.

Nélson setzte sich neben uns und bot uns Pringles Chips an. Während ich davon aß, sah ich zu, wie die Sonne über den Boden zog, Licht auf die Möbel warf und sich langsam mir näherte. Wie absichtlich verschwand sie dann kurz vor meinen Füßen, bevor sie das Zigarettenpäckchen erreichte, das auf dem Boden lag.

Voller Hoffnung dachte ich, während ich kaute, wie anders nun alles sein würde, jetzt, wo das mit Gi in aller Munde war. Der Reis würde deutlich mehr Reis sein, das Fahrrad viel mehr Fahrrad – der Keller mehr Keller. Und unsere Freundschaft ein Rettungsseil, an das sie sich würde klammern können. Ich war fest entschlossen, die letzten Tage zu vergessen, wie man mich behandelt hatte, um zu einem wirklichen Glücklichen Prinzen zu werden, frei von allem, was nicht unbedingt notwendig war. Sie würde das Ausmaß meiner Freundschaft erfassen und sehen, wie gut ich war und wie sehr ich ihr helfen konnte.

»Willst du den letzten?«, fragte Samuel. Er kam mir klein vor, viel jünger als ich, sodass ich mich nun verpflichtet sah, ihm den übriggebliebenen Kartoffelchip zu überlassen, wie einem Kind. Er kaute es weg, ohne zu merken, wie sehr es mich schmerzte.

Im Lauf des Nachmittags war die Decke dann voller Krümel, und die Geräusche unten aus der Werkstatt hatten sich verändert, nun waren es Wasserspülungen und knallende Toilettendeckel. Ein leichter Haschischgeruch stieg uns in die Nase. Samuel wiederholte, wie froh er sei, echt erleichtert, dass wir alle drei wieder ins Pão de Açúcar gingen. Wie wäre es um die Mittagszeit. Er jedenfalls hätte Zeit.

»Ach lass uns in Ruhe damit«, sagte Nélson. »Bist du in die verknallt oder was?«

Samuel stand auf, boxte ihm gegen die Schulter und sagte,

»Was oder?« Und ich, der ich schon lange nicht mehr hatte lachen können, lachte sie beide aus.

Nélson zog sich die Kapuze über den Kopf und fragte, »Lachst du über mich oder ihn?«

Ich folgte Samuels Beispiel und verpasste ihm einen Schlag in den Nacken, bevor ich ihm noch den Schlüssel schnappte. Dann machten wir uns einen Spaß daraus, ihn über seinem Kopf hin- und herzuwerfen, ein nicht mehr altersgemäßes Kinderspiel.

»Wie bist du denn eigentlich an die Schlüssel gekommen, hä?«, fragte ich. Und Samuel sekundierte, »War bestimmt nicht ganz sauber, sonst hättest du damit angegeben.«

Ich dachte, Nélson hätte ihn zufällig, auf dem Schrank in der Küche zum Beispiel, gefunden und dann nicht genug Fantasie gehabt, sich dafür eine gute Geschichte auszudenken, was für ihn Grund genug war, verlegen zu schweigen.

Nun machten wir uns einen Spaß mit seinem Heiligtum, zogen ihn immer mehr auf, zeigten ihm, dass wegen Gi dieser Schlüssel nicht mehr wichtig war. Der Dachboden war egal.

Schließlich gab er es auf, in der Luft nach dem Schlüssel zu schnappen, nannte uns Arschlöcher und Riesenfotzen und versetzte dem Glasbehälter mit Maria José einen Tritt. Das Glas knallte gegen die Wand und zersprang, und die Knochen verteilten sich überall über den Boden. Dabei machten sie das Geräusch, das ich erwartet hatte: wie klappernde Kastagnetten. Sie landeten unter der Kommode, zwischen den Barometern, beim Krokodil und neben dem Affen auf seinem Hocker. Überall ein Stückchen Maria José.

Während wir alles wieder einsammelten, sagte Samuel zu Nélson, »Beruhige dich, Mann.« Ich suchte überall nach dem Schädel, aber Nélson hatte ihn trotz seiner misslichen Lage schon unter dem Arm und redete leise auf ihn ein, »Entschuldigen Sie bitte die Umstände, verehrte Dame …«

Nachdem wir Maria José auf einem Tisch aufgetürmt hatten, setzten wir uns nebeneinander und schauten ins Leere, wie wir es auf dem nördlichen Gebäude machten. Jeder von uns nahm ein paar Züge aus einer Zigarette, sehr brüderlich und ganz sicher, dass es nichts mehr gab, was man einfach so sein lassen konnte.

42

Samuel ganz entspannt. Fast erleichtert, würde ich sagen, unterhielt er sich mit Gi vor der Hütte und informierte mich so nebenbei über sinnlose Dinge, wie etwa, wie sie die Kunststoffplatten beschafft hatten oder was am Tag zuvor passiert war, als sie Leandro dabei erwischt hatten, wie er auf dem Campo 24 de Agosto herumgeschlichen war gleich beim Supermarkt. Nélson brachte ihn mit den kartenspielenden Rentnern zusammen, und dann war der Typ weggegangen, ohne das Pão de Açúcar auch nur eines Blickes zu würdigen.

Immer, wenn Samuel cinmal nicht darauf achtete, schaute Gi zu mir. Auf ihren bloßen Armen waren rote Flecken zu sehen, die ich ihrer Krankheit zuschrieb, die aber wohl letztlich noch Spuren aus ihrer Zeit in Aleixo waren, als die Droge ihr noch das Gefühl gab, ein Tier zu sein wie die anderen.

Nélson hielt sich am Rande auf. Wäre er dabei gewesen, wäre er wohl immer noch über das Wasserloch gehopst, hingebungsvoll wie immer. Samuel ließ sich nicht anmerken, dass er angespannter war als ich.

Unter uns – das weiß ich, weil ich es in den Nachrichten gesehen habe – lief ein Bach, den die Stadt mal im 19. Jahrhundert versucht hatte zu kanalisieren. Die Ingenieure hatten sich grob verschätzt oder schlicht übersehen, dass das Wasser noch immer den ganzen Boden aufweichte. Deswegen tropfte es ständig in dieses Wasserloch, auch wenn es mal nicht regnete.

An einen der Pfeiler gelehnt sagte ich zu Nélson, »Was ist mit den Nudeln?«, und er zuckte mit den Schultern. Gi mischte sich vorsichtig ein. »Dann gibt es eben nur Wasser und Brot.« Samuel war als Künstler wahrscheinlich der Ansicht, dass sich Transvestiten allein von Bühnenauftritten ernährten, vom Showeffekt.

Ich holte aus meinem Rucksack ein Tütchen Reis, wie am ersten Tag, und sagte zu Gi, »Weißt du noch, wie ich gezaubert habe?« Sie lächelte, plötzlich erleichtert, und sagte, »Na klar weiß ich noch …«

Ein paar Minuten später, als sie sich schon den halbgaren Reis in den Mund schob, brach sie in blutiges Husten aus und musste alles, was sie noch im Mund hatte, ausspucken.

»Bist du verrückt, oder was?«, brüllte ich.

Sie hustete und sprühte den Reis, die Magie, durch die Gegend. Nélson hüpfte herum, um zu sehen, ob es diesmal passierte, und Samuel sagte, »Ganz ruhig, Mann, du siehst doch, dass sie keine Luft mehr bekommt.«

Schließlich konnte Gi mit dem Husten aufhören, den Auswurf einhalten. Letztendlich hatte sie an dem Tag dann kein Mittagessen.

Am Nachmittag waren wir immer noch alle im Keller. Ab und zu, wenn Samuel etwas abseits war, gab Gi mir Zeichen, wir müssten uns unterhalten. Ich senkte den Blick unter der Last ihres sanften Appells, voller Angst, dass sie mir sagen würde, »Ist nicht so wichtig, vergiss es«, oder »Das mit dem Kuss tut mir leid, ich habe es übertrieben.«

Aber gerade war nichts zu machen. Mich von ihr fernzuhalten, war ein notwendiges Übel, auch auf die Gefahr hin, dass alles noch schwerer würde. Wir würden uns erst wieder versöhnen können, wenn sie meinen Wert erkannte. Dann erst würde ich nicht mehr ihre Blicke auf meiner Haut spüren.

»Verdammt, ist das kalt«, sagte Nélson.

»Willst du eine Decke?«, fragte Gi.

Ein schönes Bild, Nélson, wie er sich mit der Decke wärmt. Mal schleuderte er sie weit weg, angeekelt von dem Geruch und den Krusten von Dreck, dann wieder wickelte er sich darin ein bis zum Hals. Gi fand das weniger witzig. Sie nahm ihm die Decke wieder weg und brummte, »Pff, undankbarer Kerl.«

Es war fünf Uhr Nachmittag, und wir wollten uns gerade zurück auf den Weg in die Werkstatt machen, als Gi sagte, »Psst!«, und ganz starr blieb, mit verschränkten Armen.

Vom Geschoss obendrüber waren die parkenden Autos zu hören, und ab und zu hörte man eine Frau rufen. Nélson, für den still zu sein eine Strafe war, fragte, »Was ist?«

»Hört ihr das nicht?«

Doch, die Autos, den Straßenlärm, alle Geräusche wie immer. Nélson brummte, »Die hat sie doch nicht mehr alle …«, und Samuel gab sich alle Mühe, herauszufinden, was sie meinte. Er hielt sich sogar wie ein Kind die Hand hinters Ohr.

Wir fragten Gi noch ein paarmal, »Was ist?«, aber sie antwortete nur, »Hört ihr nicht?«

Dann hörten auch wir es.

Der Hall eines Pfeifens legte sich über das Hintergrundrauschen und hallte von Wand zu Wand, Pfeiler zu Pfeiler. Plötzlich befanden wir uns in der Kehle eines Gesangs. Erst konnten wir die Melodie nicht erkennen. Dann aber begriffen wir fast alle gleichzeitig, dass es das Kinderlied war, das in den Schlafsälen immer geträllert wurde, wenn die Pisser aufstehen mussten, um sich den Pyjama zu trocknen.

Und mit dem Echo waren auch Schritte da und ein undeutliches Reden, das immer näher kam.

»Da kommen welche«, sagte Gi. Ich erinnere mich noch

an ihr offenes Haar, die arg ausgeblichene Jeansjacke, ihre ahnungsvollen Augen und an das Mitgefühl, mit dem mich dies erfüllte. Ich fügte hinzu, »Besser verstecken wir uns in der Hütte.«

Das Pão de Açúcar erschien uns nun größer, war größer geworden, um die aufzunehmen, die nun kamen. Nélson fing mit seinen üblichen Tiraden an, irgendwas über den Dachboden, als schließlich Fábio in voller Größe vor uns stand. Ich sage, in voller Größe, weil ich ihn vorher noch nie so dermaßen von oben bis unten betrachtet hatte. Er hatte aufgehört zu pfeifen. So wie sein Hemd gebügelt war, die Zigarette hinter seinem Ohr steckte und er durchdringend nach Seife roch, hätte er gut auch auf dem Weg in die Kirche sein können. Hinter ihm eher schüchtern Leandro und Grilo.

Nélson entfuhr nur ein »Scheiße!«, nun endgültig überzeugt, dass der Dachboden doch letzten Endes das bessere Versteck war, und Samuel gab keinen Laut von sich, machte nur große Augen, von Fábios Auftauchen ebenso überrascht. Er blinzelte nicht einmal.

»Das hier ist unser Platz«, sagte ich.

Fábio holte die Zigarette hinter seinem Ohr hervor, roch an ihr und reichte sie uns auf der ausgestreckten Hand entgegen. »Euer Platz, und ihr ladet nicht einmal eure Freunde ein?« Zwei Schritte hinter ihm sagte Grilo, »Idioten«, und Leandro sagte, »Wir sind euch wohl weniger wert?«

Als Fábio an mir vorbeiging, zwinkerte er mir zu, als sei zwischen uns eine stille Verabredung – Billardsalon Triunfo.

Dann widmete er sich den Details, den Blumenkübeln, der Hütte, dem Eimer zum Scheißen dahinter, dem Topfboden, der immer noch dampfte, dem überall über den Boden verstreuten Reis, dem Müll hundertfach zwischen dem Dreck.

Misstrauisch musterte er die Unermesslichkeit der Umgebung, die ihm bedeutender schien als wir selbst.

Und dann hoffte er wohl, dass das Mannweib hinter einer Säule hervorkommen würde oder aus einem anderen Versteck. Vielleicht sogar aus der Hütte, dem Unterschlupf, der so sauber daherkam, so glanzvoll von der vielen Farbe, die Samuel dort angebracht hatte, dass es gar nicht so verkommen wirkte, dass sich dort eine Schwuchtel mit Brüsten verstecken könne.

Abgelenkt und nervös darüber, dass Fábio in die Hütte hineinschauen könnte, war mir gar nicht aufgefallen, dass er selbst seine Zigarette zertreten hatte. Keine Vorstellungskraft der Welt konnte sich jemanden wie Gi ausdenken. Fábio musste sie sehen, mit ihr sprechen.

Er ging in Richtung Wasserloch (»Vorsicht«, warnte ihn Nélson) und versuchte, das Wasser zu sehen und rotzte ins Leere. Bis der Rotz unten aufschlug, dauerte es ein oder zwei Sekunden.

Dann ging er langsam zwischen uns durch und versuchte, unsere Gesichter zu ergründen, zwinkerte mir schon wieder zu, legte auch Samuel seine Hand auf die Schulter, der immer noch seine Augen weit offen hatte und sich von ihm sogar über den Bauch streicheln ließ.

Alle schwiegen, sogar Leandro und Grilo.

Im Lichtschacht vergnügte sich Fábio damit, das Feuer mit Fußtritten auseinanderzutreten. Dabei machte er sich die Schuhe schmutzig, aber er wischte sie an dem Gestrüpp ab. Er war immer noch sauber, voll Seife und unter allen Umständen vorzeigbar, sogar in unserem Keller – einer wahrhaftigen Kathedrale.

»Das alles hier wolltet ihr also für euch allein!«, sagte er.

Dann ging er zur Hütte.

Leandro und Grilo sekundierten, »Das ist aber nicht nett«, und folgten ihm.

Erst schmissen sie die Blumenkübel um, dann zertrampelten sie die Teller und das Plastikbesteck, das wir zum Essen benutzten. Gi sagte nichts.

In den wenigen Augenblicken vor ihrer Entdeckung zerstörten sie alles, was wir aufgebaut hatten. Ich weiß nicht, warum, aber der letzten Zerstörung des Pão de Açúcar zuschauen zu müssen, gab mir sogar eine Art Genugtuung.

»Das alles gehört also euch, auch die Hütte da?«, fragte Fábio.

Atemlos und voller Angst, Gi zu verraten, sagte Samuel, »Vor allem die Hütte gehört uns.«

Aber es war schon egal. Fábio sagte, »Ach so, ja, das ist ja bestimmt ein Gemälde von dir«, und ging mit betont lässigen Schritten auf Samuel zu, um ihn zu reizen. Samuel hielt nicht stand und sagte, »Dann mach doch die Tür auf, du Arschloch.«

»Ich dachte, wir würden was Komisches sehen können.« Fábio genoss sichtlich. »Aber das hier ist ja ein Museum. Wie nett, diese Zeichnungen, sind sie nicht hübsch?«

Dann endlich riss er die Tür auf.

Von dort, wo wir standen, konnten wir nur seinen gebeugten Rücken erkennen, wie er seinen Kopf in die Hütte steckte, den Hintern noch draußen. Grilo und Leandro stellten sich ebenso hin und passten zusammen gar nicht durch die Tür. Alle drei mit dem Hintern draußen.

Ich nutzte den unbeobachteten Moment und rannte zu meinem Fahrrad. Die Räder quietschten, die Reifen aus Gartenschlauch ließen sich nur mühsam schieben, Gis Nylonstrumpf war immer noch über dem Sattel. Ich zerrte es bis an den Treppenaufgang. Dort betastete ich im Schutz der Dunkelheit seinen Lenker, roch noch den leichten Farbgeruch. Strich mit der Hand über den Rahmen, und dann ertastete ich eine Art Saum aus Papier. Es waren Post-its am Rahmen. Sie hefteten sich an meine Finger, bevor ich sie in die Hosentasche verschwinden ließ.

Als ich wieder im Keller war, fragte Fábio gerade hinein in die Hütte, »Was für ein Tier bist du?«, und Gi antwortete in einer viel zu dünnen Stimme, vielleicht versuchte sie, sich in ihrem eigenen Körper zu verstecken, »Genauso eins wie du, Junge.«

Fábio wartete ein paar Sekunden ab, bis er sagte, »Ich glaube nicht, du bist ein besonderes Tier.« In dieser Theaterstimme klang Gi tatsächlich wie eine Frau. Sogar ich kam nun irgendwie durcheinander.

Samuel unterdrückte ein trockenes Weinen. Nélson schlich um die Hütte herum und ahmte Fábios Bewegungen nach, so als drängte es ihn geradezu, zuzuschlagen.

43

Alisa lehnte am Schaufenster von LiderNor unter der blinkenden Neonreklame – Ventilatoren, Klimaanlagen, Teile, Zubehör –, und das Licht verlieh ihr eine Art Heiligenschein, den sie nicht verdient hatte. Es war frühmorgens. Ich hatte ihr nie von der Werkstatt erzählt, aber sie hatte mich dort ausfindig gemacht. Bevor ich die Straße überqueren konnte, fiel mir schon ihr müder Blick auf, dazu ihre raue Stimme. »Bitte tu das nicht«, sagte sie. Sie war zugeknöpft fast bis zu den Augen und ließ mich nicht einmal ein letztes Mal ihre Tätowierung sehen.

Ich hätte eigentlich Lust auf sie haben sollen, aber in jenen Tagen, an denen so viel passiert ist, ertrug ich niemanden, der von mir mehr verlangt hätte, keine, deren unglaubliche Weiblichkeit nur eine Demütigung für Gi bedeutete.

Und was sollte der Geiz nun, wenn doch das Tattoo und ihr nackter Körper allein unten an den Fluss gehörten, wo alles so schön gewesen war?

Als ich auf sie zuging, näherte Alisa sich meinem Mund, fragte, »Willst du deiner Cicciolina kein Küsschen geben?«, und fingerte an ihrem Armbandanhänger gegen den bösen Blick. Die goldene Hand an dem Armband war so winzig, dass der Daumen zwischen Zeigefinger und Mittelfinger kaum zu erkennen war. Sie erklärte, »Das soll Glück bringen und Kinder«, und ich dachte, es könne nur eine von beiden Optionen geben.

Hätte sie sich vor mir nicht schon anderen geöffnet, wäre es ihr bestimmt peinlich gewesen, zu mir zu kommen. Ihr wäre klar gewesen, dass ich ein Mädchen, das es so nötig hatte, nicht brauchte. Sollte sie sich doch mit anderen abgeben, in Espinho, Aveiro, Lissabon.

»Tu mir das nicht an …«, fuhr sie fort und ging hinter mir her auf dem Weg nach Bonfim.

Ich dachte, sie würde mir auch noch den nächsten Schritt auf dem Weg zum Erwachsenwerden erleichtern, nämlich den, mit einem Mädchen Schluss zu machen. Aber im Gegenteil, sie folgte mir schweigend, aber genauso entschlossen, wie sie damals zu mir gesagt hatte, »Schau mir nicht drunter.«

Ihr speckiger Trainingsanzug berührte ab und zu meine Jeans. Sogar unsere Kleidung wollte uns gegen alle Widerstände zusammenhalten. Und sie roch nach ungelüftetem Zimmer mit reichlich Frauenklamotten drin.

Wir gingen durch die Straßen, durch die ich Fábio gefolgt war: die gleichen Cafés, Schreibwarenläden, Geschäfte und Ecken, wo immer noch über Fußball geredet wurde. Über einem Zeitungskopf prangte, »Liebe ist das Kekssortiment von Cuétara« und ich fürchtete, dass Alisa mich fragen würde, »Kaufst du mir Kekse und eine Blume?«

Es gibt Frauen, die können Männer verschlingen, andere ziehen sie mit Pheromonen in ihren Bann oder mit anderen Sekreten, wie Seeteufelweibchen. Nicht aber Alisa. Je mehr sie quengelte, desto egaler wurde sie mir – wieder mehr Mädchen als Frau.

Wir blieben am Billard Triunfo stehen. Derselbe Lärm von den Queues und den Kugeln, die über das Tuch sausten, war zu hören, aber das war mal in einem anderen Leben gewesen. Dem einer anderen Person.

Wir blieben draußen auf der Straße stehen, Alisa fragte, »Gehen wir rein?« Ich sagte, »Wir gehen weiter«, und ging ziellos weiter, nur um zu erreichen, dass sie mich irgendwann leid wurde.

Aber sie gab nicht auf. Ein paarmal sagte sie, »Ich lerne auch Fahrradfahren, wenn du willst«, weshalb ich sie mir auf einmal, ich weiß nicht, warum, dicker vorstellte, aufgedunsen an den Hüften und an den Schenkeln, völlig unfähig, sich auf einem Fahrrad zu halten, und dann wieder, wie sie mich an der Hand hielt, nach Zärtlichkeit dürstend, die ich auch erwiderte. Manchmal baumelte das Amulett gegen ihre Hand, manchmal gegen meine.

Ein bisschen, wie am Tag zuvor Fábio abwechselnd gegen die Blechplatte und das Plastik der Hütte geklopft hatte. Erst ganz leicht, wie das Amulett, später kräftiger, und dabei gebrüllt hatte: »Zeig deine Titten her, zeig deine Titten!«

Samuel bat, »Rafa, lass uns gehen.« Aber ich fand es nicht richtig, Gi jetzt dort alleine zu lassen, obwohl ich genau wusste, dass wir Fábio nichts entgegenzusetzen hatten. Nélson glotzte sowieso schon in die Hütte hinein, als könne er dort noch einen weiteren Transsexuellen finden, nicht nur sie.

Dann gingen wir alle gemeinsam zurück in die Werkstatt, Leandro, Grilo und Fábio auch. »Heute war nur ein Probelauf«, sagte er. »Ihr habt ihr schon die ganze Zeit unter den Rock geschaut, stimmt's? Was für ein Scheiß.«

In der Nacht kämpfte Samuel immer noch mit seinen trockenen Tränen. Wir saßen beide im Flur, mussten beide an Gi denken. Trotz allem, was passiert war, war ich froh, diese Frau mit ihm gemeinsam zu haben, dass wir beide uns darum bemühten, sie zu unterstützen. Es tat mir auch nicht mehr so weh, dass sie ihn mehr mochte als mich.

Als er zu Bett ging, ging ich auch. Er legte sich wortlos schlafen und machte sich klein, als wollte er sich unsichtbar machen. Wickelte sich wie ein Kind in die Decke. Ich sagte zu dem in dem Bett über ihm, »Wir tauschen, du gehst heute in meinen Schlafsaal«, und er ging trotz der Androhung von Schlägen leise maulend, »Ich will nicht bei Fábio schlafen …« Die ganze Nacht lang über kümmerte ich mich um Samuel wie um einen Kranken.

Immer, wenn ich nach unten schaute, sah ich, dass seine Augen noch auf waren, er sich Gedanken machte, die ich gern gewusst hätte. Bestimmt tat es ihm leid, dass wir Gi nicht hatten verstecken können, sie nicht beschützen konnten.

Erst da fielen mir wieder die Post-its ein. Ich holte sie aus der Hose, die über dem Stockbett hing, und wieder hefteten sie sich mir an die Finger, obwohl sie schon schlaff waren wie welke Blütenblätter. Ich strich sie auf meiner Handfläche glatt.

Gis Handschrift erzählte von Samuel, Nélson, von ihrer Krankheit, vom Essen und dass sie wieder gesund werden wollte, wieder die Sonne im Gesicht spüren. Jeden Tag, an dem ich sie nicht besucht hatte, eine weitere Nachricht. Immer sehr kurze Botschaften wie bei unserer ersten Begegnung: Glückwunsch. Schön geworden. Die Nachrichten endeten immer mit »Danke«. Auch die, wo von den Küssen die Rede war.

Aus Versehen ließ ich einen Zettel fallen. Er schwebte herunter, landete dann auf Samuels Bett. Kurz aus seiner Lethargie erwacht, gab er ihn mir am ausgestreckten Arm zurück, ohne ihn zu lesen.

Jetzt aber zurück zu Alisa. Wir setzten uns schließlich auf eine Parkbank.

Ein alter Mann fütterte Tauben mit Krümeln. Die Tauben

balgten sich um seine Hände und pickten, als fürchteten sie eine riesige Hungersnot. Der Alte rückte seine Mütze zurecht und murmelte, »Meine Hübschen«, verscheuchte aber die mit den zerzausteren Federn oder mit einem verkrüppelten Fuß. »Du nicht, du verschwinde von hier.«

Alisa schmiegte sich an mich. Obwohl ihr Körper so schön warm war, wirkte sie wie eine Keramikstatue. Aus rohem Lehm, ungebrannt.

Ich hätte ehrlich sein sollen wie der alte Mann, mich nicht mit Krümeln abgeben und ihr gleich sagen, »Hau ab«, aber sie schob ihre Hand unter mein T-Shirt und pustete mir sanft ins Ohr. Ich ließ es geschehen. Sie roch nach Menthol, wie eine gemähte Wiese. Ein Geruch, den ich immer geliebt habe.

»Ich wusste, dass du es nicht tun würdest«, sagte sie.

Leute gingen auf Bänke zu, schauten sich um, setzten sich, Hände auf den Knien. Hunde wurden spazieren geführt, und ihre Besitzer scherten sich einen Dreck um die Scheiße, die sie auf dem Weg hinterließen. Kinder spielten mit Handys. Minuten später saßen die, die sich hingesetzt hatten, noch immer allein da, auch wenn sich auf der Bank nebenan genau das Gleiche abspielte.

Alisa streichelte mir über die Brust und wartete. Auf mich, auf irgendwas. Es war ein guter Ort, um zu warten, ich hätte sie gerne auch glücklich gemacht, aber ich wusste nicht, wie.

»Du würdest es nie tun, du würdest mich niemals verlassen«, sagte sie hauchend wie am Tag zuvor Gi.

Der Alte stand auf, wischte sich die Krümel von der Jacke und von der Hose. »Jetzt alle weg!« Routiniert flatterten die Tauben auf, haarscharf am Kopf des Alten vorbei und über unsere Bank weg.

»Ich hasse Tauben«, sagte Alisa.

Dann war es nur eine Frage von Minuten.

Ruhiger streichelte sie mich nun immer weiter. Ich öffnete den Reißverschluss ihrer Trainingsjacke, sah die Haut darunter sich heben und senken. Die Tätowierung war fast völlig weg. Ich berührte sie mit den Fingerspitzen dort, wo die Brüste anfingen, es war, wie in ein warmes Bett zu schlüpfen. Sie kicherte leise vor Lust und weil es kitzelte. Ich wollte in Ruhe gelassen werden, aber nun überkam es mich – ich vergaß Gi und wollte mich nur noch in Alisas Körper versenken und vor Lust sterben.

Ich machte weiter, streichelte nun ihren Arm bis zum Handgelenk runter. Bevor ich ihr das Amulett abmachte, sagte ich, »Lass mal sehen.« Das falsche Gold funkelte vom vielen Berühren und der vielen Hoffnung.

In einer schnellen Bewegung steckte ich es in meine Hosentasche. Zwei, drei verspätete Tauben flatterten ihr fast gegen den Kopf, aber Alisa blieb sitzen. Als ich mich auf den Weg machte, schrie sie nicht auf und rief mir auch nicht hinterher.

44

»Das Essen ist scheiße«, sagte Nélson. Fábio ging zwei Schritte vor, stieß ihn von hinten an und sagte, »Bei dir zu Hause war's besser, ja?«

Normalerweise gingen wir nicht über den Campo 24 de Agosto, sondern nahmen die Abkürzung durch einen Seitenweg zum Pão de Açúcar, diesmal aber entschlossen wir uns, der Gruppe von Fábio zu folgen, um wenigstens etwas für uns zu bewahren, nicht alles preiszugeben.

Witzig, wie mit zwölf Jahren sogar die beschissensten Umstände eine Art Kameradschaft ermöglichen. Wir waren also nach dem Mittagessen recht träge unterwegs zum Keller. Aber es war, als kehrten wir wieder zurück zu den Zeiten des nördlichen Hochhauses, als wir noch keine Verantwortung hatten und uns Joints teilten – da die Sonne über der Stadt strahlte, der riesigen Landschaft und dem süßen Rauch.

Als das Vila Galé zu sehen war, blieben wir kurz vor der städtischen Badeanstalt stehen. Es war ein uraltes Häuschen mit Blumen an den Rändern der Fassade. Die Fenster waren beschlagen, Wasserdampf drang durch die Ritzen und brach für einen kurzen Augenblick durch die Kälte. Die Leute gingen schmutzig hinein, leicht verschämt, kamen dann sauber und mit nassen Haaren wieder heraus, Plastiktüten unter dem Arm. Ich musste an Gi denken, wie sie noch verschämter als alle anderen dort hineinging und noch viel sauberer wieder herauskam.

Grilo, Leandro und Fábio beugten sich über die Becken aus grobem Marmor und wuschen sich Arme, Gesicht und Hals, spritzten den Spiegel und den Fußboden nass. Weiter hinten waren nebeneinander die Duschen: die Frauen links, rechts die Männer.

Samuel ließ sich das Wasser durch die Finger rinnen und klatschte es sich dann fest ins Gesicht. Seine Wangen wurden ganz rot, die Augen feucht. Nélson nuckelte beim Trinken beinahe am Wasserhahn. Ich dagegen wusch mich nicht.

Dann gingen wir weiter ins Piccolo.

Herr Xavier begrüßte uns schweigend, wischte dabei über den Tresen und betrachtete bei jedem Wischen sein Spiegelbild. Er stellte uns widerspruchslos Bier hin, nicht wie sonst, wenn er sagte, »Mein Geschäft unterstützt so etwas nicht«, und ich fragte mich, ob er vielleicht ahnte, was wir vorhatten.

Bei jedem Schluck Bier beobachtete ich durch die Schaumblasen hindurch Samuel. Merkwürdig, wie ruhig er wirkte, den Blick auf das Ein- und Ausfahren der Autos auf dem Parkplatz gerichtet.

Fábio sagte leise, »Heute, da ficken wir ihr die Seele raus«, sofort sekundiert von Leandro, der sagte, »bis sie winselt.«

Reumütig, weil er sich gegen Fábio gestellt hatte, und immer noch in Erwartung einer Strafe, stimmte ihm Grilo nur zu. Nélson dagegen schien froh, fast erleichtert darüber, dass nun nicht mehr er es war, der andauernd über Gi redete.

Bevor wir gingen, kapitulierte Herr Xavier endgültig und verkaufte Fábio eine Literflasche.

An der Decke im Untergeschoss waren die Abdrücke der Schalungsbretter im Beton zu erkennen. Auf manchen konnte man sogar noch Spuren einer früheren Verwendung am Bau sehen, Zeichen, die für mich nicht zu entziffern waren, vielleicht aber doch wichtig, wie bei Kriegsversehrten, die sich auf die noch unversehrten Gliedmaße »Dieses nicht« schreiben.

Die Maserungen verliefen bis zur Hütte. Die Plastikteller waren neben der Tür aufgestapelt und ein paar Blumentöpfe wieder aufgestellt. Der Reistopf war umgedreht, gerade so, als trocknete er neben der Spüle.

Schon von Weitem konnten wir Gi in der halb offen stehenden Tür unter der gelben Decke erkennen. Sie hatte die Arme verschränkt, lag da in einer Pose, die irgendwie männlich wirkte. Samuels Graffitis waren verblasst, schützten die Hütte längst nicht mehr so intensiv: kaum mehr als Throw-Ups, wie es sie überall in der Stadt reichlich gab.

Fábios Gruppe war schon vor uns da.

»Ich will dich hier nicht mehr sehen«, brüllte Fábio Gi an. »Verpiss dich!«

Man sah, wie sie sich auf der Matratze krümmte und an das Bündel Fotos klammerte. Aber Fábio hörte nicht auf, »Verschwinde! Das ist jetzt unser Platz.«

Grilo fing an, gegen die Seitenwände der Hütte zu treten, um Gi zu vertreiben und sich von der selbstauferlegten Zurückhaltung zu befreien. Nun konnte er sich endlich austoben. Leandro hatte sich auf den Boden gesetzt und sammelte Steine zusammen, winzige, große, legte sie sorgfältig nebeneinander in merkwürdigem Kontrast zu der sonstigen Eile des Ganzen.

»Hörst du nicht, du Stück Scheiße?«, fuhr Fábio fort. »Zwing mich nicht, es noch einmal zu sagen. Verschwinde!«

Gi wagte sich nicht einmal, etwas zu sagen, aber die Wucht der Fußtritte trieb sie aus ihrer Hütte, damit nichts davon auf sie stürzte.

Sie sagte, »Wo soll ich denn hin!«, und dann ignorierte sie Fábio und seine Leute und lächelte uns zu, ich weiß nicht, ob verwundert, weil sie uns damit in Zusammenhang brachte, oder erleichtert, weil sie hoffte, wir würden ihr helfen. Mich lächelte sie am meisten an, als würde sie fragen, »Hast du die Post-its gesehen?«

Samuel ging noch ein paar Schritte auf sie zu, aber nicht schnell genug.

Ein Stein aus Leandros Sammlung beschrieb einen perfekten Bogen, sorgfältig wie die gesamte Steinreihe, und traf Gi an der Schläfe. Blutspritzer landeten auf ihrer Hütte, betonten die Farben der Bilder. Sie krümmte sich wimmernd, »Verdammte Scheiße«, und brach neben den Blumenkübeln zusammen. Ihre Hand färbte sich rot, als sie versuchte, die Blutung zu stillen.

Niemand ging zu ihr, wegen Aids, nicht einmal Samuel. Und sie hockte da auf dem Boden, versuchte, sich gleichzeitig um ihre Verletzung zu kümmern und mit dem Husten aufzuhören, der sie immer dann überfiel, wenn es am wenigsten passte. Sie lehnte sich mit dem Rücken gegen die Hütte und blieb so.

Dann sagte Fábio, »Mann, das hat ausgesehen, wie wenn ein Ei zerspringt«, und hockte sich hin. Und dann sagte er, »Kurze Pause.«

Wir setzten uns im Kreis hin, Samuel und ich angespannt, und die kühle Bierflasche machte die Runde. Samuel konnte die Flasche kaum halten, er zitterte, ließ die Kohlensäure in die Luft entweichen und trank viel zu viel.

»Es ist nicht alles für dich«, sagte Leandro.

Ich beobachtete Gi aus dem Augenwinkel und hoffte, sie würde sich einkriegen. Nach ein paar Minuten hustete sie immer noch, wimmerte, rieb sich die Wunde. Solange der Schmerz schnell vorbeiging (ich wusste, ich könnte ihr helfen, anders als Samuel, der als Künstler viel zu empfindlich war), schien es mir nur folgerichtig, dass sie den Stein abbekommen hatte, denn Frauen bekommen es immer ab.

Fábio trank und behielt Gi im Auge, froh, überlegen zu sein – er war nun der Hausherr und konnte sie rausschmeißen, war aber zufrieden, wenn sie sich erst noch einmal berappelte, bevor er weitermachte.

»Ich kaufe das Heft«, sagte er und nahm einen kräftigen Schluck aus der Flasche.

»So richtig kaufen?«, fragte Grilo.

»Ja, und ich fange an zu sammeln.«

Das Heft für die Sticker zur Weltmeisterschaft, das ein paar Wochen zuvor in die Läden gekommen war, hatte sich für Fábio zu einer Obsession entwickelt. Alle Spieler nebeneinander aufgereiht, alle zweiunddreißig Länder hintereinander, alle Gruppen, und auch das Geräusch beim Ablösen der Aufkleber, das Panini-Logo. Es so ordentlich haben zu wollen, hieß, auch ein geordnetes Leben zu wollen, anders als alles andere ringsum.

Grilo erklärte, »Ich helfe dir«, wohl weil er sich vorstellte, wie er selbst wohl auf einem der Fotos aussähe, die immer so ein bisschen was von Fahndungsfotos hatten.

»Ich interessiere mich nur für den Fußball, nicht für die Sticker«, sagte Leandro.

»Das Heft ist aber wirklich das Geilste!«, sagte Fábio und kratze sich am Kopf. Nélson zwischen uns und ihnen murmelte, »Ja, das ist es wahrscheinlich.«

Ein Sammelheftchen zu haben, bedeutete tauschen, das Geld, das man für Bildchen beschaffen musste, die einem noch fehlten, oder dass man sie klauen musste. Und dann das komplette Heft herzeigen zu können, die Seiten mit Hochglanzgesichtern von Deco, Figo, Maniche, Typen, die etwas viel Lukrativeres konnten als zum Beispiel zeichnen.

Samuel erwachte kurz aus seiner Starre. Die Augen zu Boden gerichtet, um Gi nicht ansehen zu müssen, sagte er, »Das Heft wird verschenkt …«, aber Fábio antwortete gereizt, »Ich will es aber kaufen!«

Ich jedenfalls fand es reizvoller, Post-its zu sammeln. Ich wollte dabei sein bei der Unterhaltung, Teil der Kameradschaft sein, gleichzeitig einen Schluck von dem Bier nippen, aber ich konnte mich immer mehr nur auf sie konzentrieren, die gerade versuchte, ihre Blutung zu stillen.

Gi mühte sich ab, und wir redeten. Sie rieb kräftig über die Wunde, dann betupfte sie sie mit dem Finger, halb benommen schon nahm sie den Stein, der sie verletzt hatte, und schleuderte ihn, so weit es ging, weg. Wie eine Vogelscheuche, und sie blutete immer noch. Schließlich verschmierte sie das Blut mit einer Handvoll Dreck.

Dann stand sie mühsam auf und wollte zurück in die Hütte, Leandro deutete auf sie, und Grilo merkte, was sie vorhatte. Fábio nickte, und Grilo rannte zu ihr hin und stürzte sich auf sie. Wir sahen all dem schweigend zu.

»Hör auf!«, brüllte Gi, die Arme schützend vors Gesicht und den Hals haltend. Aber er hörte nicht auf: Trat sie gegen die Beine, in den Hintern, überallhin.

Dann stand Fábio auf, dann Leandro, dann Nélson, der uns dabei keines Blickes mehr würdigte, nur noch getrieben von dem Impuls und besoffen.

»Hört auf mit dem Scheiß!«, sagte ich. »Hört auf mit dieser verdammten Scheiße!«, sagte Samuel. Dabei blieben wir sitzen.

Während von allen Seiten auf sie eingeprügelt wurde, sagte Gi, »Lasst es doch bitte sein …«, aber so leise, dass es eher so klang, als hätte sie Sorge, die Prügel seien für uns bestimmt. Vielleicht wollte sie Samuel oder mich da nicht mit hineinziehen, vielleicht hatte sie einfach vergessen, wie man richtig brüllt, ohne ins Falsett zu verfallen.

»Zieht ihr die Hose runter, dann sehen wir, ob sie ein Mann oder eine Frau ist«, sagte Fábio.

Ich weiß noch, was für ein Gesicht Nélson machte, der nun, ohne zu schlagen, um sie herumtanzte. Irgendwie befreite er sich dadurch von etwas, dann erst ließ auch er seinen Arm sinken, den ich ihm damals verdreht hatte, nachdem ich ihm Gi vorgeführt hatte. Er zielte, versetzte ihr einen Tritt in den Magen und sagte, »Es ist ein Typ!«

Erst da brüllte Gi mit der Kraft beider Lungen los. Brüllte alles heraus, alles gleichzeitig, alles auf einmal: ein neues Echo im Pão de Açúcar.

Fábio ergriff als Erster die Flucht. Wir folgten ihm alle gemeinsam die Rampe zur Rua da Póvoa hoch, Samuel auch.

Bevor wir den Keller verließen, schaute ich mich noch einmal kurz um. So zusammengekrümmt, die verschmierte Hand im Gesicht, wirkte Gi wie ein Kind. Unförmig und hässlich und trotzdem ein Kind.

45

Als Junge interessierte sich Gi nicht für Casa Verde, wo jede Intimität offen sichtbar war, wie bei der Unterwäsche an der Wäscheleine, bei Stühlen mit durchgesessenen Sitzen oder in Kartons mit Kinderspielzeug. Auch nicht für die dortigen Straßennamen, fast alle weiblich – Amélia, Adelaide, Dulcelina, Gilda, Elza (immer noch schöner als Gisberto) –, oder die Kleinflugzeuge, die alle fünf Minuten auf dem Flugplatz landeten.

Lieber ging sie die Wendeltreppe zum Hinterhof runter, stets argwöhnisch beäugt von den Geiern, um sich in der dritten Garage links zu verschanzen.

Es war eine Höhle aus aufgelesenem Strandgut, Zeitungsausschnitten, Postern mit weißen Walen darauf, Notizen, Tischlerwerkzeug, Motorsägen, Schraubenschlüsseln, Dutzenden Kästchen mit Hunderten Schrauben und Tausenden Nägeln, Himmelskarten mit Mondphasen, weiblichen Schneiderpuppen aus einem Warenlager und einem Plakat von damals, als einmal der Zirkus Stankowich im Umland von São Paulo gastierte. An der einen Wand hingen Monat für Monat mehr wieder funktionstüchtig gemachte Hämmer in unterschiedlichsten Formen und Größen, manche davon echt alt, andere weniger.

»Gehörten die alle deinem Vater?«, fragte ich.

»Ja, Senhor Gisberto. Ein grober Klotz.«

In meinen Augen kann jemand, der sich mit Holz beschäftigt, nur ein guter Mensch sein, weil er Kontakt mit dem Wesen der Dinge hat. In der Werkstatt bei uns hielt man sich an die Buchbinderei, weil es keine Schreiner und Tischler gab, und nur deswegen habe ich es nie gelernt.

Um sie nicht alleine mit ihrem groben Vater zu lassen, sagte ich, »Meiner hat es meiner Mutter auch immer gegeben.« Gi hatte keine Ahnung, was das bedeuten sollte, aber ich verdeutlichte es ihr, indem ich die Faust ballte und dabei ein böses Gesicht machte.

Mit fünf Jahren hielt sie ihren Vater sowohl für ein Tier als auch für einen Zauberer, jemanden, der sich den Tag über stundenlang in der Garage verbarrikadierte und seine wahre Natur auslebte. Auch sie brauchte einen solchen Ort.

Hinter dem angesehenen Mann – und in dem anständigen Viertel, in dem sie wohnten, war jeder Mensch, von der Putzfrau an aufwärts, sehr angesehen – verbarg sich eine ursprüngliche Kreatur, die sich mit urwüchsigen Dingen beschäftigte, überfahrene Tiere auszuweiden, zum Beispiel. Wenn er schon seiner Frau keinen Fuchsmantel kaufen konnte, wie in Europa, schenkte er ihr immerhin das gegerbte Fell eines Jaguapitanga. Gi sah ihre Mutter noch sonntags mit diesem Fell um den Hals durch die Gegend spazieren. Sie war dieses Fell schon dermaßen gewohnt, dass es ihr weder bei Hitze etwas ausmachte, damit herumzulaufen, noch der Geruch nach den chemischen Gerbstoffen. Nicht einmal als sie Jahre später nach Portugal kam, ließ sie es zu Hause.

Einmal bei einem Ausflug nach Praia Grande fand der Vater die Überreste eines Delfinbabys, zog ihm die Zähne heraus und befestigte sie an einem Holzstück, das dann wie ein Kamm aussah. Die Zähne glänzten wie Perlen am Meeresgrund. Er schenkte das Ding seiner ältesten Tochter, die es aber nie benutzte.

Hinter den Schneiderpuppen versteckt, konnte Gi ihren Vater beobachten, wie er die Ärmel hochkrempelte, wie an seinen Armen die Adern hervorstanden. Wie er über die Widerspenstigkeit des Materials fluchte, grob mit dem Werkzeug hantierte, und manchmal floss dabei Blut. Gi hätte ihm gerne geholfen, hielt sich aber lieber versteckt, um allein vom Zuschauen von ihm zu lernen.

In der Garage erst wurde einer zum Mann, mit Delfinzähnen und gegerbten Tierfellen, ein Name allein reichte nicht aus: Und sie fürchtete, niemals ein Mann zu werden, weil ihr der Vater verbot, die Garage zu betreten.

»Raus hier, das ist nichts für kleine Jungs«, sagte er und scheuchte sie auf den Hof.

Dort trieb sie sich herum, hinter und vor den Garagen, unbeobachtet von den Nachbarn, nicht einmal von den Geiern, den zwei Alten, die dort zusammenlebten und nichts Besseres zu tun hatten, als sich das Maul zu zerreißen. Wenn sie an ihre Schwestern dachte, fand sie es ungerecht, dass sie sich immer so lange im Zimmer verstecken konnten, bis klar war, was der Vater von ihnen wollte.

»Das hat mich sehr verletzt!« erzählte sie.

Sie meinte damit, dass der Vater die Schwestern manchmal zu sich rief, damit sie ihm halfen, Kisten und Körbe zu fertigen, die sie dann auf dem Markt verkauften. Jeden Nachmittag rannten sie schüchtern zu ihm in die Garage und strichen Gi kurz mit der Hand übers lockige Haar.

Und der Vater brüllte, auch wenn sie ihre Arbeit gut machten, »Das taugt nichts!«, nahm sich dann einen der Hämmer, die er selbst in Ordnung gebracht hatte, und klopfte das ein oder andere fest, »Da musste noch einmal der Meister ran.«

Gi erzählte, »Ich weiß, dass sie sich bei unserer Mutter darüber beklagten, dass Senhor Gisberto ein Pascha war«, aber mit ihren fünf Jahren wünschte sie sich damals nichts sehnlicher, als ihrem Vater auch helfen zu dürfen, von ihm getadelt zu werden und von ihm den Umgang mit den Werkzeugen, die er selbst repariert hatte, zu lernen.

Irgendwann rief er sie auch.

Sie war ihm sofort auf den Schoß geklettert und hatte mit ihren Fingern durch sein Gesicht getastet, um Holzspäne aus seinen Bartstoppeln und dem Schnurrbart zu klauben. Als sie ihn umarmte, drang ihr der Geruch nach Kölnischwasser intensiv in die Nase, die Marke hieß Mutter und Kind, und er bewahrte es immer im Kühlschrank auf.

Die Augen fest auf das Sägeblatt nah an Gis Fingern, zeigte der Vater ihr, wie man Kanthölzer absägt, Schrauben eindreht, mit der ganz feinen Feile noch einmal alles glättet, auf der Drehbank Scheiben aus Sperrholz fräst.

So schön es war, bald war es dann auch schon wieder vorbei. Alles wurde zusammengesetzt, und sie hatte ein Spielauto. Zum Schluss machte der Vater noch ein Seil vorne fest und erklärte, »Jetzt kannst du es hinter dir herziehen.«

Gi zog das Wägelchen hinter sich her, schön, wie sich die Holzräder so völlig frei drehten, und wünschte sich, noch ein Stück kleiner zu sein, um selbst dort hineinzupassen und durch die Garage zu fahren, für immer. Aber natürlich sagte der Vater, »Spiel draußen mit den anderen Jungs«, und legte diesmal nicht einmal mehr seine Meisterhand an.

Sie spielte alleine auf dem Hof, damit ihr Vater gut hören konnte, wie ihr Holzauto über den Zement rollte. Wenn ein Nachbar vorbeikam, sagte sie, »Guck mal, was Papa gemacht hat.« Und stellte sich sogar bei den Geiern vor und wollte auch dort »Papa hat das gemacht« wiederholen, aber die zogen nur schnell ihre Vorhänge zu, überzeugt davon, dass das Ende der Welt nahte, an Bord eines Kinderspielzeugs.

»Gisberto, komm, lass den Unsinn, rief dann die Mutter von der Küchentür. Vater und Sohn reagierten: Sie ging vom Fenster der Nachbarinnen weg, er kam aus der Garage. In ihrem Rufen lag etwas Freundliches, wie von Mutter zu Tochter.

Gi ging die Treppe hoch, zog das Holzauto polternd hinter sich her, der Vater ging wieder in die Garage zurück, traurig darüber, dass sein Sohn nicht mit den anderen Jungs spielen wollte. Bevor die Mutter die Küchentür wieder hinter sich zumachte, hörte Gi noch, wie draußen die Black & Decker anging und der Vater wie getrieben dort weiterhantierte.

46

Samuel fragte, »Brauchst du Hilfe?« Gi lag zur Seite gedreht auf der Matratze und versuchte, sich umzudrehen, aber die Schmerzen hinderten sie daran. Fast ohne den Mund aufzumachen und ohne uns wirklich wahrzunehmen, sagte sie, »Lasst mich in Ruhe.«

Wir schauten uns an und zogen sie mit vereinten Kräften zu uns herüber, Samuel fasste sie an den Schultern, ich zog sie an der Hüfte und an den Beinen. Sie jammerte, aber so auf dem Rücken, mit dem Bauch nach oben, bekam sie besser Luft, und in ihren Blick kam ein wenig Bewegung. »Ach, ich hab gar nicht gemerkt, dass ihr das seid.« Wir wischten uns unsere Hände an den Hosenbeinen ab.

»Brauchst du Hilfe? … Sollen wir was machen?«, fragte Samuel.

»Ich will meine Ruhe«, sagte sie. »Ruhe und eine Zigarette.« Das Blut an ihrem Kopf war geronnen, ein dunkler Fleck, wie ein Muttermal. »Ich muss mich ausruhen.«

Samuel versuchte, seine Tränen zurückzuhalten, denn er wusste, dass man bei einem Kranken nie weinen darf, und ich versuchte zu verstehen, wie das mit dem Ausruhen gemeint war und wie man ihr unter den Umständen noch dabei helfen konnte.

Gi konzentrierte sich darauf, zu atmen. Sie hatte doch nur einen Stein abbekommen, nichts Großes. In ein paar Stunden war sie bestimmt wieder auf den Beinen.

Samuel versuchte, sie auf die Decke zu betten, und gab ihr eine Zigarette. Die Feuerzeugflamme warf etwas Licht in die Hütte und ließ Gis glanzlose Augen ein bisschen lebendiger flackern, Tabakrauch stieg unters Dach. Dann steckte er Gi mit spitzen Fingern die Zigarette am ausgestreckten Arm in den Mund. Sie presste die Lippen zusammen wie zu einem Kussmund und versuchte, die Zigarette zu halten, aber sie hatte nicht einmal mehr dafür genug Kraft, und die Zigarette fiel runter. Wäre die Matratze nicht völlig durchfeuchtet gewesen, hätte sie wahrscheinlich Feuer gefangen. Als die Zigarette ausging, wurden auch Gis Augen feucht.

Es hatte wieder angefangen zu regnen. Windstöße peitschten das Wasser durch den Lichtschacht in den Keller.

»Gib mir auch eine«, bat ich Samuel.

Ich zündete die Zigarette gut mit dem Feuerzeug an und sog den Rauch ein, bis meine Lungen ganz voll waren. Sie sah mir zu, gierig, und für einen Augenblick dachte ich daran, die Zigarette zu Ende zu rauchen, aber dann kniete ich mich neben sie auf die Matratze.

Nur wenige Zentimeter vor ihrem Gesicht, in dem das Blau ihrer Augen, ihre rötlichen Haare gut zu erkennen waren und ihr Geruch besonders intensiv, pustete ich ihr den Rauch vorsichtig in den Mund, wie Alisa mir manchmal ins Ohr pustete. Der Zigarettenrauch zog durch unsere beiden Lungen, unsere Luftröhren, unsere Münder. Gi atmete tief ein, und so half ich ihr rauchen, bis nur noch der Filter da war.

Ihre Habseligkeiten, die überall durcheinanderlagen, waren trotzdem noch irgendwie sauber, unberührt von dem Elend ringsum. Der Strickpullover, die Jeansjacke mit dem Pelzkragen, die Handschuhe, die Zeitungen, mit denen sie sich warmhielt. An die Schlagzeilen erinnere ich mich nicht mehr, aber es muss um den Regen gegangen sein und die Minustemperaturen in diesen Tagen.

Samuel räumte alles zusammen in eine Ecke, und ich deckte Gi mit der Jacke zu, dem Pullover und den zerknüllten Zeitungen. Dann schlief sie ein.

Nachmittags in der Schule wollte Samuel dann unbedingt, dass wir später noch einmal zu ihr gehen sollten, bei ihr bleiben, bis es ihr wieder gutging. Und irgendwas tun. Aber was, wusste er selber nicht.

Alle paar Augenblicke sagte der Lehrer, »Wir sind hier nicht auf der Straße, sei still!« Nélson, ein paar Reihen hinter uns wiederholte, »Sei still, Mann!«, weil er unbedingt mitkriegen wollte, wie es dem Franzosen ergangen war. Der Lehrer war es schon leid, immer wieder zu sagen, »Geduld, so weit sind wir noch nicht«, aber Nélson beharrte darauf, dass es ein viel zu bedeutendes Thema sei, um es noch weiter aufzuschieben.

Und ich dachte, da die Geschichte im Billard Triunfo sich ja nicht im Leben von jemand anderem abgespielt hatte, dürfe ich nun nicht mehr länger warten und müsse Gi helfen, sie aus der Gefahr befreien. Wie schön wäre es, sie dort aus dem Keller zu holen, einen Krankenwagen zu rufen: fast so, als hätte ich sie oben aufs Dach gebracht.

Aber Samuel hörte nicht auf, sagte immer nur, »Was sollen wir machen? Was sollen wir machen?«, und ließ mich nicht mit ihr alleine.

Nach der Schule gingen wir also wieder ins Pão de Açúcar.

Nélson war der Erste von uns, der den vielstimmigen Chor über der helleren Stimme hörte, die brüllte, »Lasst mich in Ruhe!« Ich stelle sie mir von den Stimmen umringt vor, die in dem Moment keine Gestalt haben und ihr auch nichts tun wollen.

Samuel sagte, »Schneller, Mann, mach schnell!« Als wir ankamen, waren Grilo und Leandro schon still. Fábio auch, und er hatte nur noch einen Stock in der Hand, über dessen Wirkung er selbst erschrocken war.

Dazwischen stand Gi und sagte, »Hört auf damit, ihr Schweine!«

Aber sie hörten nicht auf: Gi krümmte sich weiter, versuchte immer noch, sich zu schützen, aber sie konnte nur noch wimmern, überall auf ihren Armen und Beinen waren schon Spuren von Tritten und Striemen, aus denen Blut sickerte.

In ihren Gesichtern war überraschte Erleichterung, wie wenn man sich schuldbewusst einen runterholt. Alle drei hatten sie sich mit ihr eingelassen in einer Orgie, einem Hin und Her von Armen und Beinen und viel Schweiß – und nun wunderten sie sich, dass es mehr Sex gewesen war als eine richtige Schlägerei.

Als sie sich alle drei auf den Boden gesetzt hatten, schaute Fábio auf und suchte nach einem anderen Anblick, nun aber war das Dach seiner Welt nur noch näher gekommen, lag nun diesseits der Kellerdecke.

Grilo warf einen Stein fort, so weit weg, wie er nur konnte.

Leandro hielt sich den Bauch, um seinen Brechreiz zu unterdrücken.

Und Gi versuchte, sich wieder zurück in die Hütte zu schleppen.

Als wir dort waren, machte Nélson den Mund auf. Samuel brabbelte etwas.

Irritiert über unser plötzliches Erscheinen, sagte Fábio, »Warum kommt ihr jetzt erst?« Er kratzte sich seine Glatze und sagte dann, »Ihr habt das Beste verpasst! Ihr müsst mal richtig mitmachen, Kinder, wir schlagen sie alle zusammen.«

Die anderen nickten und wiederholten im Chor, »Wir haben sie alle zusammengeschlagen.«

Samuel wollte nur weg, aber ich hielt ihn am Arm zurück und sagte zu Fábio, laut, damit alle es hören konnten, »Du schlägst doch nur zu wie ein Mädchen, du hast doch gar keine Ahnung, wie man sich richtig prügelt.«

Ich rannte zu Gi. Sie zuckte zusammen, als erwartete sie nur noch den nächsten Fußtritt, und bettelte, »Bitte nicht«, als ich mich, ohne über sie zu stolpern, auf die Hütte stürzte. Meine Fußtritte trafen die Kunststoffplatten, das Blech, Samuels Zeichnungen. Mit jedem Treffer verstreuten sich ihre Habseligkeiten weiter über den Boden.

Samuel machte mit. Besser die Hütte zertrümmern, als Gi zu verprügeln. Aber sie sagte, »Hör auf«, als würden wir damit eigentlich sie schlagen – und enttäuschen.

Es tat gut, Sachen kaputtzumachen mit Samuel, sehen, dass es ihm nichts mehr ausmachte, seine eigenen Zeichnungen zu zerstören.

Als wir aufhörten, war nur noch ein Haufen Müll da, in dem Gi keinen Unterschlupf mehr finden konnte, aber immerhin hatte Fábio aufgehört zu verlangen, dass wir sie gemeinsam zusammenschlugen. Gi streckte die Arme aus und versuchte, wenigstens etwas zu retten, die Krankenhauspapiere, ihre Kleidung, die Fotos, die unter dem fast zwei Meter langen Kantholz hervorschauten, das bis dahin das Dach ihrer Hütte gehalten hatte.

47

Im Zimmer der Schwestern, mit Fenster zum Hof, konnte Gi die Black & Decker hören und das Hämmern, eine Art Wiegenlied, das aber nicht für sie bestimmt war. Selbst wenn sie wieder in die Garage gewollt hätte, sich im Leben des Vaters verstecken, wusste sie auch, dass gleich ihre Schwestern sich nackt ausziehen würden.

Sie versuchte, sich zu erinnern, ob ihr der Atem in der Erwartung stockte oder wegen der Enge. »Ich glaube, es war die Aufregung«, sagte sie mir. »Aber sie machten die Fenster zu.«

Zwei Betten, ein Schrank, den der Vater gebaut hatte, in dem die Schwestern ihre Kleider aufbewahrten, ein Regal mit Puppen. Das übrige Zimmer sah aus wie eine weiße Leinwand, auf der sich ihre Körper abzeichneten.

Bevor sie sich auszogen, gingen die Schwestern vor Gi in die Hocke und sagten, »Du Püppchen.« Sie waren längst aus dem Alter raus, in dem sie mit Puppen spielten, aber bei Gi war es anders – sie ließ sich verändern, von Kopf bis Fuß, schminken, umziehen, zu einer Porzellanfigur machen. Gi ließ es zu, hin- und hergerissen zwischen dem Wunsch, ihre Schwestern nackt sehen zu können, und neidisch zu sein darauf, dass ihr Vater sie lieber mochte.

Wenn sie genug hatten, legten sie sie aufs Bett, von wo aus Gi jede ihrer Bewegungen genau beobachtete. Schön, daran teilhaben zu können, an einem Geheimnis, zuschauen zu dürfen, ohne selbst gesehen zu werden.

Das alles beschrieb sie mir so detailliert, die Farbe der Haut ihrer Schwestern, ihr dunkles Haar, ihre Kleider, die Cremes in den Schubladen. Ich hatte den Eindruck, dabei zu sein, auch ich wollte die Schwestern nackt sehen.

»War das immer so?«, fragte ich.

»Leider nicht. Aber manchmal.«

Auf dem Bett sitzend klammerte Gi sich an die Bettdecke in der Erwartung, dass die Schwestern endlich zu Bett gehen würden. Sie saßen auf dem Boden und unterhielten sich, nickten bereits manchmal vor Müdigkeit ein, als wollten sie ihn absichtlich auf die Folter spannen.

Manchmal klopfte die Mutter an die Tür und sagte, »Mädels, gebt mir Gi zurück«, und sie antworteten, »Aber er gehört uns.« Also schlüpfte Gi unter die Bettdecke, um nicht entdeckt zu werden.

Darauf zogen die Schwestern sich endlich, müde und langsamer als sonst üblich, aus, und Gi schaute ihnen durch die Ritzen zwischen Laken und Bettdecke zu.

Sah sie, wie sie die Blusen auszogen mit jener grazilen Bewegung der Frauen, ganz langsam, den Kopf etwas schräg, eher beinah provozierend als beiläufig.

Sah ihre abgetragenen Hosen herabfallen. Hinter ihren weißen Schlüpfern verbarg sich ein Haarbüschel, das perfekte Gehäuse, das er hoffte, noch kennenzulernen und selbst zu besitzen.

Er sah ihre Büstenhalter aufgehen. Ihre Brüste befreiten sich, machten sich frei und bereit, angefasst zu werden.

Schließlich sah er sie klopfenden Herzens vollständig nackt. Schön waren sie, diese Körper. Die Hintern berührten sich kurz, wenn sie sich aneinander vorbeizwängten, um sich die Schlafanzüge anzuziehen, ihre Haarbürsten suchten und ihre Cremes.

Gegenüber auf ihren Betten sitzend vollzogen sie dann jeden Abend dasselbe Ritual.

Erst begutachteten sie ihre Beine auf der Suche nach kleinsten Unregelmäßigkeiten. Wenn die Haut ihnen irgendwo gereizt vorkam, tauchten sie ihre Finger in eine der Cremedosen und deckten die Stelle mit sanften Bewegungen ab, die schon allein eine Art Stimulation waren. Und tasteten sich vor, bis schließlich jeder Pickel und jede noch so winzige Stelle abgedeckt waren.

Gi war davon fasziniert, wie sie ihre Körper behandelten. Dann zogen sie ihre Pyjamas an und verdeckten die Sicht auf die spannendsten Stellen.

Außer wenn die Hitze in São Paulo sie dazu zwang, auch nachts nackt zu bleiben.

»Bist du immer noch da?«, fragten sie, wenn sie das Bett aufdeckten. Halb zusammengekauert, bat Gi dann, noch etwas bleiben zu dürfen.

»Mama will das nicht«, antworteten sie, aber dann legte sich eine in das Bett daneben, die andere legte sich zu Gi. Nahm ihn in den Arm wie eine Puppe und schlief ein.

Gi blieb wach und hörte sie leise atmen, spürte die Formen der Schwester, ihren Schweiß, die Wärme zwischen ihren Beinen – und dachte, wie lange sie selbst wohl noch warten müsse, bis ihr Körper so vollkommen wäre.

48

Am nächsten Tag, Samstag, dann endlich nur sie und ich. Als die Nudeln kochten, sagte sie, fast ohne Luft zu holen, »Junge, ich will nur in Ruhe gelassen werden. Schlag mich nicht, schlag mich nicht, bitte.« Klar, mir machte das alles ja auch zu schaffen, aber wir mussten zu Kräften kommen, um da rauszukommen.

Wie sie halb auf der Matratze lag, halb neben ihr, sah man gut, wie viel Kraft sie gebraucht haben musste, um sie unter den Trümmern der Hütte herauszuzerren. Es war ihr auch gelungen, sich einen blauen Pullover überzuziehen, den ich noch nie gesehen hatte, sehr flauschig und irgendwie unpassend. Man hätte ihn mit einem gemütlichen Abend vorm Fernseher in Verbindung gebracht.

Als sie sich mühsam auf die Matratze geschleppt hatte, war ihre Hose aufgegangen und heruntergerutscht bis zu den Füßen. Sie war also von der Hüfte an völlig nackt. Ihre Beine waren total zerschunden, aber glatt, und auf den Fußnägeln waren noch Reste von Nagellack zu erkennen.

So offen und ungeschützt, wie sie dalag, war nun kein Zweifel mehr. Sie tat mir sehr leid, und ich wollte ihr helfen, jetzt mehr denn je. Hastig rührte ich in den Nudeln herum, damit wir endlich verschwinden konnten.

Der Wasserdampf zog durch den Lichtschacht und löste sich in der Luft auf. So beisammen herumliegend, sahen Gis Sachen aus, als seien sie über Nacht zueinander gerückt. Ich hob eins der Fotos auf und sah Gi, wie sie an einer Mauer lehnte, zwei Hunde im Arm. »Siehst du, wie hübsch sie waren?«, hätte sie wahrscheinlich zu Samuel gesagt. Jetzt aber sagte sie nur, »Ich habe keinen Hunger, ich will nur schlafen.«

Irgendwie war es wieder wie am Anfang, nur wir beide, sonst niemand. Bloß das Fahrrad fehlte, aber es stand sicherer hinter der Treppe. Und dann tat es mir wieder leid, dass ich mich nicht allein darauf konzentrierte, sie wieder aufzupäppeln, bevor wir den Keller verließen.

Die Nudeln schmeckten. Ich hockte neben Gi und fütterte sie mit einer Plastikgabel. Nach zwei Versuchen, enttäuscht, weil es ihr nicht gelungen war, ihren Mund richtig aufzumachen, sagte sie, »Lass es sein, lass mich in Frieden. Ich habe es nicht verdient.«

Das berührte mich, und ich wollte sie in den Arm nehmen, aber so, wie sie dalag, war es gar nicht möglich. Sie hing weiterhin quer über der Matratze.

Ich legte eine einzelne warme Nudel auf den Mund. Als sie die sanfte Berührung spürte, saugte Gi die Nudel leise ein. Sie hatte nicht einmal mehr Kraft, ihre Arme zu heben. Haarsträhnen legten sich über ihre Stirn und die Nase entlang und verklebten sich mit den Nudeln. Sie saugte alles zusammen ein, weil sie Hunger hatte.

»Langsam, verschluck dich nicht«, sagte ich und versuchte, die Haare beiseitezuwischen. Ich wusste, dass man nach langem Hungern nicht gleich so viel essen darf.

Dann gab ich ihr schluckweise Wasser zu trinken. Ich hätte ihr auch den Flaschenhals an den Mund halten können, aber ich gab es ihr aus der hohlen Hand. Das Wasser tropfte durch meine Finger hindurch, und alles, was sie nicht gleich schlucken konnte, lief ihr übers Kinn.

(Jetzt, nach zehn Jahren, hat Gi sich für mich nur noch in eine Art leichtes Fieber verwandelt. Ich wache auf und mache mit allem weiter, als hätte sie nie existiert, doch wenn der Vormittag rum ist und ich mir mit einem Lappen das Öl von den Fingern wische, hat sich längst eine Erschöpfung in mir angesammelt, die nicht mehr nur körperlich ist. Noch vor dem Abendessen ist mein Mund völlig trocken, es pocht hinter meiner Stirn, und ich will nur ins Bett, bis der Anfall vorbei ist. Oft erst kurz vor dem nächsten Morgen. Manchmal, noch schlimmer, habe ich tagelang keine Lust zu essen. Dann ziehe ich mich richtig zurück, ganz weit weg von ihr, und es kommt mir so vor, als sei alles vergeblich gewesen. Deswegen wundert es mich, dass angeblich einer von uns gesagt haben soll, »Irgendwann kommt der Punkt, wo man dann nicht mehr nachdenkt«, ich glaube, derjenige, der das gesagt haben soll, muss tatsächlich allein sein und ihn befällt niemals das Fieber.)

Als sie getrunken hatte, sagte ich endlich, »Ich bring dich hier raus.« Und sie fragte, »Wie bitte, Junge?«, und noch einmal »Junge, was ist?«, nachdem sie sich wie nach mir umgeschaut hatte, obwohl ich direkt neben ihr war.

»Dich hier rausholen!«

»Wie rausholen?«

»Raus, auf die Straße.«

Sie lächelte, als hätte ich Schwachsinn von mir gegeben. Allein der Gedanke an Flucht war absurd, denn die Welt hörte am Pão de Açúcar auf.

Ich versuchte, sie vorsichtig am Arm zu ziehen, aber sie schrie auf vor Schmerzen – und brüllte, ich solle sie in Ruhe lassen.

»Aber du musst weg hier«, sagte ich, und dann lachte sie wieder und gab mir damit wieder einmal zu verstehen, wie *merkwürdig* sie mich, *diesen Jungen* fand. Und schlimmer noch, sagte sie in ihrem verzweifelten Bemühen, mich wegzuscheuchen, dass sie mich nur deshalb ertrug, weil sie Essen brauche und ganz genau wisse, wer ihre Hütte zerstört habe.

Ihr Arm fiel immer wieder zurück, wenn ich ihn losließ, und irgendwann war ich so sauer auf Gi, dass sie nicht einsehen wollte, dass sie unbedingt fortmusste.

»Verdammt, hilf doch mit! Du hast doch gerade gegessen, hast du gar keine Kraft? Du Stück Scheiße! Halt dich an mir fest. Los!«

Zum ersten Mal empfand ich mich da als zu klein und den Keller als riesig, Gi als viel zu leicht und doch viel zu schwer, um sie tragen zu können. Ich konnte sie ja nicht einmal irgendwo verstecken, wie ich es mit dem Fahrrad getan hatte.

Ich sagte zu ihr und schüttelte sie dabei, »Hörst du nicht, wenn ich dich rufe? Kannst du dich nicht bewegen, wenn ich es dir sage? Kannst du nicht gehorchen?«

Ich konnte sie immerhin noch ein paar Meter wegschleifen, bis ihre Hosen sich vollends von ihren Füßen lösten. Ihre Beine, die vorher noch weiß waren, starrten nun vor Dreck und Abschürfungen, weil ich sie über den Kies geschleift hatte.

Ich setzte mich neben sie und versuchte, nicht gleich loszuheulen. Ich wusste wie Samuel, dass man bei Kranken nie weinen soll.

Sie murmelte, »Geh doch weg, lass mich allein«, und ich sagte, »Wir haben es gleich geschafft. Halt dich an mir fest, ich bring dich ins Krankenhaus.« Dann nahm ich sie unter den Armen, um sie besser fassen zu können, und fing an, sie zu ziehen, und sie nahm ihre letzten Kräfte zusammen und schrie, »Lass mich los! Ich wohne hier, und hier bleibe ich!«

Das war ihr Verrat an mir, dass sie das, was ich ihr zu geben hatte, nicht wollte. Sie war so dermaßen egoistisch, dass sie nicht einsehen wollte, dass alles nichts bringen würde, wenn sie sich jetzt nicht ein bisschen mehr anstrengte. Ich ließ sie los.

»Mach schon, Gi!«

»Verschwinde, hab ich gesagt!«, wiederholte sie strampelnd, damit ich ihre Beine nicht zu fassen bekam.

Was ist das für ein Mann, der einer Person, die es nötig hat, nicht einmal helfen kann. Was für eine beschissene Sache, dass die anderen sie geschlagen hatten und sie nun mich daran hinderte, sie in Sicherheit zu bringen, und dass es für mich wichtig war, dass sie gerettet wurde.

Ich sagte zu ihr, »Bitte, komm, lass dich mitnehmen«, aber sie schleppte sich langsam zurück auf die Matratze, blieb dort liegen und drehte mir den Rücken zu.

Doch ich wollte mich nicht einfach so aus dem Staub machen. Ich durfte sie dort nicht so zurücklassen. Ich ging um sie herum in der Hoffnung, dass sie ihre Meinung noch einmal änderte, wenn sie mich anschaute. Aber vor lauter Anstrengung und Anspannung waren ihre Augen längst wieder zu.

Da nahm ich ganz vorsichtig, um sie nicht zu wecken, ihr Handgelenk und band ihr – als Glücksbringer – Alisas Amulett um.

49

Meister Pinho gab immer montags früh vor der Schule noch Unterricht in der Buchbinderei. Auch wenn er anschließend den ganzen Tag lang hart arbeitete, stand er früh auf, zog sich den blauen Kittel an, schlurfte an die Werkbank, und niemand von uns hörte ihm zu. Langsam, weil er mit dem rechten Bein hinkte.

Normalerweise beruhigte die Klasse sich erst, wenn er ein fettes Buch auf den Tisch geknallt hatte, dann aber setzte das Gemurmel auch gleich wieder ein, wenn er seine Bücher aufklappte in einer Art Striptease von Leinenumschlägen, Broschuren, Vorsatzblättern, Buchrücken und Einbandgewebe.

Für mich war es totes Material, was Meister Pinho da auf der Werkbank ausbreitete: Papier mit Umschlägen darum. Der Begeisterung des Alten nach waren es allerdings irgendwie lebende Wesen, die sogar atmeten.

Jeder hat seine eigene Illusion, aber an diesem Morgen gelang es mir einfach nicht, auch nur das geringste Interesse zu heucheln, als er uns erklärte, »Bisher haben wir uns über die unterschiedlichen Einbandverfahren unterhalten, heute erzähle ich euch etwas über die richtige Auswahl des Materials.« Er kicherte in echter Vorfreude auf sein völlig unsinniges Beispiel. »Zum Beispiel käme ich nie auf den Gedanken, einen Ziegenledereinband mit Goldprägung zu versehen, erst recht nicht bei einem Ganzband, wie zum Beispiel bei diesen Taschenbüchern, die es jetzt überall gibt …«

Er tat mir leid, wie er in dieser fremden Sprache versuchte, uns für ein Handwerk zu begeistern, für das sich außer ihm niemand auch nur ansatzweise interessierte. Erst recht nicht wir und schon gar nicht in diesen Tagen.

»Ihr Grünschnäbel werdet es nicht glauben«, fuhr er fort, »aber einmal habe ich eine ganze Reihe von Büchern mit falschen Buchdeckeln versehen, nur um zu beweisen, dass der Besitzer sie gar nicht liest.« Und dann wischte er sich seine Hände am Kittel ab, auf dem Abdrücke von Drucklettern zu sehen waren. Aus Unachtsamkeit streifte er manchmal den Druckstock mit dem Ärmel. »Natürlich ist es dem Kerl nie aufgefallen.«

Der künstlerische Umgang mit Papier war mehr was für Samuel, eine Art logische Fortsetzung seines Zeichnens. Es war auch bis dahin geradezu eine Freude gewesen, ihn zu beobachten, wenn er Buchrücken prägte und ihnen dadurch einen Glanz verlieh, der nicht allein von der goldenen Farbe kam – sondern von ihm. Beim Umblättern machten seine Hände ein sanftes Geräusch von der glatten Haut auf dem rauen Papier. Nélson machte sich immer darüber lustig und sagte, »Streichelst du fein das Papier?«, aber Samuel zuckte nur mit den Schultern.

Nun aber hatte er sich seit ein paar Tagen immer weiter zurückgezogen. Achtete gar nicht mehr auf die Werkzeuge oder auf das farbige Papier, das Meister Pinho bereitgelegt hatte für Schutzumschläge.

Schlaff und allein aus der Gewohnheit, sich um Gi kümmern zum müssen, fragte er mich, »Was machen wir jetzt?« Und dann zog er sich wieder zurück bis dahin, wo er nur mit der größten Anstrengung wieder wegzubekommen war, und das auch nur, weil ich antwortete, »Nur die Ruhe, ich habe mir einen Plan überlegt.« Er hatte auch aufgehört, sich mit

Nélson zu unterhalten, weil der viel zu schnell mitgemacht hatte, als sie Gi zusammenschlugen, keine Sekunde hatte er sich gesträubt. Alle drauf, alle drauf, wie Fábio immer sagte.

Aus Furcht, sich nicht mehr beherrschen zu können, hielt Samuel sich mühsam zurück, all die angestaute Gewalt. So klein und so dermaßen in die Enge getrieben, aber noch immer mein Freund: Vor der Tür fragte er, »Was für ein Plan?«, und wurde erst ruhiger, als ich ihm antwortete, »Lass uns nach dem Essen hingehen.« Wenn es ihm so schwerfiel, sich zu beherrschen, dachte ich immer, dass er zu den schlimmsten Gräueltaten imstande sei.

Ich wiederum musste andauernd darüber nachdenken, was ich tun konnte, nachdem mich Gi weggeschickt hatte. Ich wollte ihr immer noch helfen, aber ich glaubte auch, Samuel und sie würden sich in nichts unterschieden, sie waren beide vollkommen entrückt von der Welt, im Grunde verdienten beide das Gleiche.

Irgendwo hinten im Klassenraum klappte Fábio geräuschvoll ein dickes Buch auf und zu.

Meister Pinho war klar, dass es keinen Sinn hatte, ihn um Ruhe zu bitten. »Einmal hat mir ein Kunde sogar mal eine Inkunabel gebracht, um sie neu binden zu lassen, weil er fand, der Einband sei zu alt geworden!«, fuhr er ungerührt fort und überhörte die Störung durch Fábio. »Das Leben ist schon ziemlich merkwürdig …«

Er war ein feiner alter Mann und so gutmütig, wie man nur sein kann, wenn man keine Ahnung hat, was um einen herum passiert, und genau deswegen passte er gerade so gar nicht zu dem, was uns in dem Augenblick bewegte, was im Keller des Pão de Açúcar los war. Wie konnte nur einer sich für Inkunabeln begeistern und Witzchen machen, wenn es Gi so dermaßen schlecht ging?

Nachdem er es aufgegeben hatte, den Unterricht weiter zu stören, ließ Fábio einen Pfiff los in Richtung der vorderen Plätze und steckte sich eine neue Zigarette hinters Ohr. Grilo und Leandro drehten sich um, und er stand auf und sagte, »Ich hab die Schnauze voll von dem Scheiß.« Und mit großem Getöse verließen die drei dann den Raum.

Wir konnten sie längst nicht mehr hören, als Nélson, der schon von Anfang an ziemlich unruhig gewesen war, ebenfalls rausstürmte, hinter ihnen her.

Meister Pinho krallte sich mit beiden Händen an ein Buch und hinkte hinter ihnen her zur Tür. »Wie sind doch hier nicht bei Johanna von Aragon unter dem Sofa!«

Vorsichtiger als je zuvor und scheinbar ungerührt von dem Durcheinander faltete Samuel die Innenseite eines Buchrückens.

50

Gegen Mittag gelangte das Licht vom Meer, vom Vila Galé her und von der Tierklinik nebenan über das Atrium bis in den Keller. Von sehr schönen Orten, aber auch von dort, wo die Hunde jaulten. Und es war weiß wie ein Schleier, der langsam herabsinkt.

Es legte sich vollständig über die Hütte, vermutlich der einzige Zeitpunkt am Tag, an dem Gi Sonne bekam. Die Blechplatten, das Plastik, nun überall auf dem Boden verstreut, reflektierten das Licht bis zur Rampe hin, weshalb Samuel und ich, von der Sonne geblendet, nicht gleich sehen konnten, wie sie sich unter den ersten Fußtritten krümmte. Es sah von dort aus gesehen so aus, als würden Leandros und Grilos Füße mit denen von Nélson und Fábio verschmelzen.

Und Fábio lachte, vollkommen damit überfordert, dass er Gi gerade mit Fäusten und Füßen traktierte, sich überhaupt mit ihr befasste, obwohl er doch wusste, dass ihre Blutspritzer ansteckend waren. »Pass auf, der Scheiß kann tödlich sein«, sagte er zu Leandro, der einen Stock in der Hand hielt, mit dem er auf Gis Beine eingeschlagen hatte.

Sie versuchte, etwas zu sagen, zu bitten, um Hilfe zu rufen, zu betteln, sie sollten aufhören oder ein für alle Mal Schluss machen. Aber es kam ihr kaum mehr als ein jammerndes Wimmern wie das eines ausgesetzten Hundes über die Lippen, wie das, was manchmal aus der Tierklinik drüben zu hören war.

Samuel blieb mitten im Keller auf halbem Weg stehen und hielt sich die Augen zu, um seine Tränen nicht zeigen zu müssen. Jetzt weinen war etwas für Schwuchteln – entweder oder. Keine halben Sachen mehr.

Ich sagte zu ihm, »Ist gleich vorbei«, und nahm ihn in den Arm. Er sagte, »Warum rufen wir nicht die Bullen?«, und vergaß dabei, dass man so etwas nicht einfach anzeigen kann.

Ich wollte in diesem Moment auch schwach werden, auch einen Freund haben, der mich umarmte, aber ich wusste, sein Sinn für Bilder aus ruhigeren Zeiten würde uns nun, wo es hart auf hart ging und alles ein Chaos war, gar nichts nützen. Und wie oft geht es nur noch um Chaos und hart auf hart.

Ich sagte, »Halt aus, du Hosenscheißer. Lass uns gehen.«

Den linken Fuß angewinkelt genau neben Gis Kopf, prahlte Fábio nun zu den anderen, »Das ist aber wirklich was ganz Feines! Scheiße, ist das gut.« Und alle nickten, auch Nélson, der trotzdem verlegen wurde, als er uns direkt in die Augen sah.

Ich überlegte, dass Gi vielleicht sowieso längst ohnmächtig war und gar nicht mehr mitbekam, was mit ihr geschah. Untenrum nackt, zusammengekrümmt, den nackten Hintern herausgestreckt, wirkte sie noch mehr wie ein Kind, so wie damals das Kind, das den Vater in seiner Garage beobachtete und sich einen Körper wünschte, der schön wäre wie der seiner Schwestern. Das immerhin würde ihr nie mehr gelingen – ihr war nun nur dieses unförmige Etwas geblieben, das sie vor den Schlägen bewahrte, die sich überall als blaue Flecken und Striemen zeigten, am Hals, an den Armen und Beinen.

Jetzt war sie jünger als ich, war ein Mädchen, verglichen mit allen, die sie gerade umgaben, aber schön, wie ein Funken Glut in der Holzkohle.

Ich fragte, »Gi, alles in Ordnung?«, und sie antwortete nicht, nach wie vor wild entschlossen, das alles allein auszuhalten.

»Ob alles in Ordnung ist?«, sagte Nélson. »Was für eine bescheuerte Frage!«

Fábio kam zu mir mit einem »Es geht ihr natürlich großartig! Gleich fängt sie zu tanzen an« und machte eine Art Walzerschritt. »Schau mal, wie sie herausgeputzt ist.« Dann zog er an einem Finger einen Arm von ihr hoch. Als er ihn wieder losließ, fiel ihre Hand seitlich weg, schlaff, aber doch fest.

Alisas Amulett war von ihrem Handgelenk abgefallen.

Ich wollte noch einmal sagen, »Lasst uns gehen«, dann fuhr Grilo dazwischen, »Hört mal, die zwei da, die machen immer noch nicht mit. Ich dachte, entweder alle oder keiner.« Fábio und Leandro nickten, Nélson, wohl um das Gesicht zu wahren, sagte, »Die gehören zu mir, und ich war der Erste, der sie in die Eier getreten hat.«

Samuel fing wieder zu weinen an, diesmal offen und haltlos, vor allen andern. Sie lachten ihn aus und ich auch. Gi reagierte auf dieses Weinen – eine Oase im Pão de Açúcar – und schaute mühsam in die Richtung. Sie suchte nach seinem Gesicht und versuchte vergeblich, sich aufzurichten. Bevor ihr Blick Samuel traf, streifte er auch mich, ohne innezuhalten.

Das machte mich dermaßen wütend, dass ich losbrüllte, »Samuel kennt die schon seit seiner Kindheit, sie waren mal richtige Freunde.« Ich weiß, dass ich besser die Klappe gehalten hätte, aber ich muss gestehen, dass ich dabei eine gewisse Genugtuung verspürte, wie jemand, der einfach nur so zum Spaß Leute zusammenschlägt.

Nun richteten sich alle Augen auf Samuel: wie er immer verzweifelter weinte, wie Gi ihren Blick auf ihn richtete – und beinahe gesagt hätte, »Weißt du noch damals, der Schokoladenkuchen?« –, und ich bestätigte, »Sie hatten sich gern. Manchmal interessierte sich der *Traveco* da auch für kleine Jungs.«

In einem plötzlichen Anflug von Gerechtigkeitssinn brüllte Fábio, »Nee, das geht zu weit!«, und versetzte Gi einen Tritt in den Magen. Ihre Augen wandten sich auf der Stelle von Samuel ab.

»Hör mal, und du hast das zugelassen?«, fragte Nélson.

Samuel schüttelte den Kopf, was bedeuten konnte, *nein, hab ich nicht,* oder aber, *sie hat mich nie angefasst.*

»Natürlich hat er das nicht zugelassen!«, sagte Grilo und trat nach Fábio Gi in den Bauch.

Ihr Hals war so zugeschwollen, dass sie nur noch mit aller Kraft etwas Luft in die Lungen bekam, wie bei einer Luftpumpe. Es klang wie ein ersticktes Pfeifen und ließ sogar uns alle schlecht Luft bekommen. Wenn jemand gähnt, sagt man, es müssten alle anderen auch gähnen, aber auch wenn jemand nicht atmet, bleibt allen Umstehenden auch die Luft weg.

Deswegen brauchte ich eine Ewigkeit, um zu sagen, »Beweise es uns.« Samuel drehte sich von mir weg, um zu verbergen, dass sich sein Gesichtsausdruck in etwas verwandelt hatte, das ich als Überraschung und zugleich Enttäuschung interpretierte. Nélson schüttelte sich aus vor Lachen, als hätte jemand einen ganz trockenen Witz erzählt, und ich fing an, mich mit dem abzufinden, was die Situation nun erforderte.

»Unser Samuel ist also selbst eine Schwuchtel«, sagte Fábio zu den anderen. »Aber was der Perverse da mit ihm machen wollte, das wollte er nicht.« Und dann, auch für Samuel hörbar, »Wenn es dir nicht gefallen hat, worauf wartest du noch?«

Gi bekam inzwischen wieder etwas besser Luft und sagte, »Hört auf damit«, aber nur ich konnte es hören, weil die anderen gerade gespannt darauf lauerten, was Samuel tun würde.

Nachdem sie noch einmal gesagt hatte, »Lasst mich in Ruhe«, rollte Gi sich vor der Tür dessen zusammen, was einmal ihr Unterschlupf gewesen war, und klammerte sich an das Kantholz, das ihr Dach gestützt hatte. Wahrscheinlich drangen dabei kleine Splitter in ihre Arme, aber das war ihr egal, solange sie wahrscheinlich beruhigt war, sich noch an dieses Holz klammern zu dürfen.

Fábio verpasste Samuel einen Nackenschlag, und dieser verharrte reglos, starrte mich an, als wollte er fragen, »Was habe ich dir eigentlich getan?«

Um weiterer Nachfrage zu entgehen, sagte ich, »Kann man doch sehen, die beiden ... Deswegen wollte er immer, dass wir noch bleiben.« Dann, nach kurzem Zögern, rannte ich zu Gi und brüllte Samuel an, »Weißt du nicht, wie man das macht?« Sie krümmte sich noch mehr, und ich versetzte ihr einen Tritt gegen das Fußgelenk. Dann kam alles wie eine Welle über mich. Während ich auf sie einprügelte, sagte ich, »Damit du lernst, dich nicht an kleine Jungs ranzumachen!«, und schaute dabei zu Samuel, der am Boden kauerte. Wie erinnerte er mich da an einen verzweifelten Sechsjährigen, und wie gern hätte ich ihn in den Arm genommen, um ihn zu trösten.

Irgendwann hörte ich hinter mir eine heisere Stimme, die sagte, »Hör auf! Es reicht, verdammte Scheiße!«

Die Stimme klang wie eine Sirene. Es war Fábio, der plötzlich erkannte, dass Gi schon viel zu kaputt war, um noch weiter geschlagen zu werden. Ohne dass ich es bemerkt hatte, umringten sie mich. Links von mir schnaufte Nélson und lachte nervös, rechts rotzten Grilo und Leandro zur Seite, mir gegenüber massierte sich Fábio den Oberschenkel, um einen Krampf und seine Gelenkschmerzen zu lösen.

Samuel blieb weiter still ein paar Meter entfernt zwischen den Überresten der Hütte und dem Wasserloch. Nun waren wir alle auf ihn sauer, weil er nicht mitmachte und sich für was Besseres hielt.

Gi klammerte sich zu unseren Füßen weiterhin an das Kantholz. Sie küsste es, streichelte es fast, um sich davon abzulenken, was mit ihr geschah.

»So geht das nicht!«, sagte Fábio zu Samuel. »Komm her, Mann, beweise uns, dass du ein Mann bist.« Mann sein hätte bedeutet, jetzt endlich wegzurennen, die Bullen zu rufen.

Aber Samuel stand auf, überhörte Gis Schreie, kam auf uns zu und rieb sich mit dem Ärmel seines Pullovers die Tränen aus den Augen.

Als sie ihn erkannte, versuchte Gi, etwas zu sagen, das aber wieder nur klang wie ein Wimmern. Dann ließ sie das Holz los und warf einen Handkuss in die Luft. Wie einem Geliebten entgegen, den es gar nicht gab, oder es war Samuel.

»Ja, Küsschen«, lachte Leandro los.

Samuel hockte sich neben sie. Nachdem er ihr über die Haare gestrichen hatte, schaute er mich an und fragte, »Ist es das, was du wolltest?«

Ich musste daran denken, wie traurig es ist, dass im wahren Leben Kunst doch keine Rettung ist, weil die wahren Kunstwerke von Menschen geschaffen werden und von den Umständen.

Ich antwortete, »Leck mich am Arsch!«

Er streichelte Gi weiter übers Haar, und sie küsste weiter die Luft, er half ihr, das Holz loszulassen. Er tat es präzise und sanft wie beim Zeichnen, oder als würde er sich an ein Mädchen heranmachen. Gi wird den Unterschied zwischen seiner und ihrer Haut kaum gespürt haben, sie waren beide sehr glatt und sehr bleich.

»Wenn es das ist, was du willst, bitte!«, brüllte er mich an und fasste das Kantholz. Ich duckte mich, um den Schlag abzufangen. Ich hielt es für richtig, dass der Schlag mich traf, dieses Holz, das sie gerade noch in der Hand gehabt hatte.

Aber ich spürte den Schmerz nicht, das Holz knallte erst auf den Boden und traf dann auf etwas Weiches. Als ich die Augen wieder aufmachte, taumelte es immer noch zwischen dem Dreck am Boden und Gis Unterleib und machte Geräusche wie etwas Riesiges, das in sich zusammenkracht.

Samuel stand riesenhaft über ihr, größer als das Vila Galé. Er wollte gerade erneut auf sie einschlagen, da nahm ich ihn in einer Art Schwitzkasten in den Arm und zog ihn zu mir. Er versuchte, sich loszureißen, und stockte erst, als er »Du Schwein, du mieses Schwein!« hörte. Verständnislos starrte er auf das, was er angerichtet hatte. Nach dem dritten »Du Schwein« stieß er Fábio und Nélson zur Seite und haute ab auf die Straße.

51

Das Neonlicht flackerte kurz ein paarmal, bevor es anging. Die Schneiderpuppen bewegten sich in dem Flackern, die Hämmer an der Wand wirkten wie eiserne Wundmale. Gi war siebzehn, die Garage war immer noch ein Refugium, in dem ihr Vater sich zum Arbeiten zurückzog und sich, so kam es ihr vor, vor ihr versteckte.

»Nimm die Motorsäge«, sagte er zu Gi.

Gi versuchte immer noch, wach zu werden, man hatte sie so früh geweckt, hastig, es sei schon spät, wozu auch immer. Ihr Vater hatte ihr die Decke weggezogen, immerhin hatte sie noch aufstehen können, bevor er ihr Bikinihöschen sah.

Jetzt sollte sie also die Motorsäge nehmen, eine Maschine mit fünfunddreißig Kubikzentimeter, die sich durch Holz fraß und ein Gemisch aus Benzin und Öl trank. Sie tat so, als sei die Maschine ganz leicht und die Sägezähne würden sie nicht allein schon beim Anblick verletzen, und wuchtete sie ungeschickt in den Kofferraum. Ihr Vater kümmerte sich um das Visier und die Handschuhe.

»Papa ließ mich das sonst nicht mal anfassen«, sagte sie, immer noch ehrfürchtig, auch noch nach dreißig Jahren. »Schön war das.«

Schön war, dass der Vater sie mit ins Umland von São Paulo nahm in einem von einem Nachbarn geliehenen Auto. Zum ersten Mal waren sie zusammen unterwegs.

So früh hatte der Autoverkehr noch nicht die ganze Stadt

lahmgelegt. Nach einer Dreiviertelstunde war die Asphaltstraße zu Ende und führte nun in die Berge von Cantareira. Gi versuchte, sich in der kühlen Morgenluft zu erfrischen, aber die schmerzte im Gesicht. Noch immer fühlte sie sich zu klein neben dem Vater (so wie sich winzig zu fühlen gegenüber dem Vila Galé) und irgendwie unbedeutend, wenn man bedenkt, wie der Mann mit Holz umgehen konnte.

Vom Wind, der stoßweise durchs Fenster wehte, bekam sie trockene Augen. Sie wollte die Gelegenheit nutzen, so ganz allein mit dem Vater und ohne die Schwestern, die Mutter, den Hof, die Garage, um ihm zu sagen, was alle schon wussten, nur er scheinbar nicht. Aber dann ließ sie es doch sein: Was war das für ein Tier, das sich in seiner Garage verschanzt und nichts mitbekommt – oder nicht mitbekommen will?

Sie erschrak, als er sagte, »Heute passiert es«, doch nach einer kurzen Pause fuhr ihr Vater fort, »Ich habe schon länger ein Auge auf diesen Baum geworfen. Heute wirst du mir dabei helfen.«

Die Motorsäge roch nach Benzin, es tropfte Öl heraus, wie ein Sinnbild für alles, was der Vater als männlich bezeichnete. Und sie fing an, eine Aversion gegen dieses Tier aus Metall zu entwickeln.

»Ich erkläre es dir. Erst schneiden wir einen Keil heraus in Fallrichtung, dann machen wir auf der anderen Seite den Fällschnitt. Darum kümmere ich mich dann zum Schluss.« Dann schwieg er und schaute Gi an, die sich auf ihrem Beifahrersitz etwas gerader hinsetzte. »Du machst den Keil.«

Sie war begeistert. Der Schnitt sei Männersache, hatte ihr Vater gesagt, und der Baum würde in genau dem richtigen Winkel fallen, und von der Wucht würden die anderen Äste brechen. Aber sie war auch traurig, weil sie sich in Sicherheit bringen sollte, wie immer, gerade in so unvorhersehbaren Momenten wie dem, wenn ein Baum fällt.

Kurz bevor sie vom Hauptweg abbogen, sah der Vater den Sohn rot werden. Aber er fragte nicht.

Ein paar Minuten danach führte der Weg geradewegs auf einen Hügel zu, auf dem ganz oben ein mächtiger Jacaranda stand. Seine Äste verzweigten sich wie Wurzeln in den Himmel, die aufgesprungenen Schoten hingen noch aufgerollt an den Zweigen, die Blätter verwelkten am Boden. Ein riesiger Baum, der nun Brennholz werden sollte.

Natürlich hatten sie keinen Kamin, aber für Gi war es nur selbstverständlich, dass ihr Vater den Baum fällen wollte. Aus dem Holz würde er alles Mögliche machen: Kisten, Körbe, Schränke, Messergriffe, Schlüsselanhänger.

Sie stellten das Auto unten am Abhang ab, gingen hinauf, der Vater mit seiner Motorsäge, Gi mit den Handschuhen und dem Visier. Oben angekommen, bekam sie vor Anstrengung kaum noch Luft, und es entfuhr ihr ein »Hui«, was der Vater sofort mit einem Blick tadelte.

Als sie wieder ruhig atmen konnte, spürte sie mit Genugtuung das bisschen Stoff zwischen den Pobacken und wusste, die beiden gegensätzlichen Realitäten – ihr Vater und das Bikinihöschen – waren jeweils nur einen Schritt voneinander entfernt.

»Schmeiß die Säge an«, sagte er.

Sie zog kurz und kräftig an der Schnur, hatte aber vergessen, den Schalter auf Start umzulegen. Obwohl sie versuchte, sich dabei hinter dem Stamm zu verbergen, sagte der Vater, »Du kriegst es nicht hin, stimmt's?«, und startete die Motorsäge mit zweimal Ziehen.

Gi sägte nach seinen Anweisungen einen Keil an der Seite des Stammes raus, wohin der Baum fallen sollte, aber die

Säge verkeilte sich, als sich der Baum neigte. Mehrmals mussten sie die Säge zusammen rausziehen, und Gi sagte schließlich, »Huiuiui«; ihr Vater bemühte sich schweigend. Schließlich bekamen sie die Säge frei, Holzsplitter spritzten nach allen Seiten, und es qualmte stark.

»Hattest du keine Angst, dir wehzutun?«, fragte ich, als sie mir das erzählte.

»Große Angst, aber noch mehr Angst hatte ich vor Papa.«

Sie hätte gern aufgegeben. Es wollte ihr nicht gelingen, den Keil rauszusägen, die Säge qualmte immer mehr, der Geruch nach verbranntem Öl wurde stärker, das Motorengeräusch unerträglich. Die Holzfasern gaben allmählich nach, aber der Baum blieb stehen.

Irgendwann hatte sie keine Kraft mehr. Ihr taten die Arme weh, der Keil war noch immer nicht heraus, und der Vater sah ihr mit verschränkten Armen zu.

»Ach Mist, gib das her«, sagte er, kurz darauf war der Keil aus dem Stamm ausgeschnitten.

Die Wunde blutete: Bräunlicher Saft, beinahe rot, rann den Stamm herunter wie zum Beweis, dass in dem trockenen Baum doch noch Leben war. Der Vater sagte, »Sehr gut!«, und ging in die Hocke, um davon zu trinken. Das dunkle Harz tropfte ihm über die Wangen und übers Kinn.

Gi, die dem nicht nachstehen wollte, ging auch in die Hocke und ließ den wässrigen, aber auch körnigen Saft, der nach Holz schmeckte, über ihre Zunge rinnen.

Bevor er zum entscheidenden Schnitt ansetzte, brüllte der Vater, »Das ist Leben!« Seine Schulterblätter drückten sich heraus, seine Arme beugten sich. Gi versuchte zu sagen, »Pass auf, drück nicht so fest!«, aber der Vater hörte sie nicht wegen des Lärms. Das Visier und die Handschuhe schützten ihn vor den Splittern, die die Motorsäge in alle Richtungen spritzte.

Dann überkam Gi ein Gefühl der Dringlichkeit. Und noch bevor der Vater den Baum umgelegt hatte, erzählte sie ihm alles, offenbarte sich ihm als neue Tochter, sagte sich von allem in der Garage los und tadelte ihn auch, dass er es nicht von selbst gemerkt habe. Weil er es nicht habe sehen wollen. Und das befreite sie innerlich, nun war sie frei wie der Baum, der kurz davor stand, umzufallen.

Aber der Vater hörte sie natürlich nicht.

Dann mischte sich das Krachen des Baumstamms in den Lärm der Motorsäge. Ihr Vater sprang zur Seite und stieß sie vom Baum weg.

Dabei kamen sie sich sehr nahe, hätten sich fast umarmt, während die Äste und Zweige wild um sich und gegen den unter dem eigenen Gewicht zusammenbrechenden Stamm schlugen. Und hielten sich noch mehr umarmt, als der Baum schließlich den Abhang hinabstürzte.

52

Die Bilder, die dieses Kantholz in ihm aufgerufen hatte, verfolgten ihn. Ihn, mit seinem besonderen Verhältnis zu Bildern. Irgendwo zwischen Pão de Açúcar und Wohnheim wusste er, dass er nicht mehr aufhören konnte, sich nicht mehr befreien konnte von Gis massakriertem Unterbauch, und ich musste ihn festhalten, damit es ihn nicht noch mehr schmerzte, wie er zwei oder drei Schritte nach hinten tat, als sie ihn nach einem aus tiefster Seele kommenden Wimmern »Du Schwein, du mieses Schwein« nannte.

Heute glaube ich, dass ihre Schreie ein Geschenk waren und ihre Art, ihm zu sagen, *es geht mir gut, mir tut nichts weh*. Ein Geschenk, weil Samuel so nie erfahren hat, ob dies das Ende war. Er wurde nie Zeuge von ihrem Verschwinden. Kurz darauf fiel sie langsam in einen Dämmerschlaf oder den Zustand schrecklicher Schmerzen, und so fand ich sie dann am nächsten Tag.

Es war trotzdem entsetzlich, dass er sie geschlagen und sie ihn beschimpft hatte. Das schwirrende Kantholz wird er wohl nie aus dem Kopf bekommen: schlimmer als eine Tätowierung irgendwo, wo sie nicht hingehört, tief unter der Haut.

Ich glaube, Samuel hat versucht, sich irgendwo zu verstecken, in der Stadt, aber das, was passiert war, hatte ihm alles Schöne genommen, die Kunst, diesen einzigartigen Blick auf die Dinge, die unbekümmerte Freundschaft.

Auf seiner Flucht hätte er einen Freund gebraucht, aber

ich bin nicht einmal hinter ihm her. Auch ich musste immerzu an die Fußtritte denken, die ich Gi in den Bauch versetzt hatte, aber mich hatte sie nicht brüllend »Du Schwein!« genannt. Und nicht einmal richtig gewimmert.

Vielleicht war Samuel auf dem Jardim de São Lázaro gelandet und hatte sich dort, als es regnete, unter Magnolien untergestellt. Und die weißen und rosafarbenen Blütenblätter hatten sich von den Zweigen gelöst und auf dem Boden einen glitschigen Matsch gebildet. Vielleicht hatte er sich auch im Pavillon verkrochen oder beim Kiosk nahe der Bibliothek.

Aber er wird dort nicht lang geblieben sein.

Ich stelle mir vor, wie er durch die Straßen gestreift ist, um die Ecken geschaut hat, um nicht Typen wie Fábio zu begegnen. Nach so vielen Schlägen konnte so ein Typ irgendwer sein, aus der Pires de Lima oder aus dem Wohnheim.

Ich stelle mir vor, dass er gern zurückgekehrt wäre in die Zeiten des Hochhauses im Norden in Prelada, so entfernt wie möglich von der Fernão de Magalhães.

Stelle mir vor, wie er die Hände tief in seine Hosentaschen versenkt hat aus Angst, die Kontrolle über sie zu verlieren.

Ich stelle mir vor, wie er auf einem Bordstein sitzt und das Leben vorbeiziehen sieht: schimpfende Taxifahrer, mürrische Alte, die über den Zebrastreifen versuchen zu gehen, das hydraulische Zischen der Busse, die Möwen, die Tauben und das unzusammenhängende Geschwätz der Passanten.

Ich stelle mir vor, wie er im Wohnheim verzweifelt das bisschen, was er besitzt, und die Zeichnungen in seinen Rucksack stopft. Dann, wie er in Richtung von Fontainhas rennt, wo die heruntergekommenen leerstehenden Häuser ihn an den Keller erinnern.

Ich stelle mir vor, wie er in seinen Zeichnungen blättert. Es gelingt ihm nicht mehr, all die Bilder von Gi zu betrachten, ohne das Wasserzeichen der Erinnerung daran, wie sie sich auf dem Boden windet.

Später stelle ich ihn mir unten am Fluss vor, kaum einen Kilometer entfernt von der Werkstatt, auf dem Parkplatz des Verkehrsverbunds. Dutzende windschiefe, uralte Busse konnten ein gutes Versteck sein für jemanden, der nicht weiß, wovor er eigentlich auf der Flucht ist.

Ich sage, ich stelle es mir vor, weil Samuel, nachdem er Gi geschlagen hatte, verschwunden ist.

Kaum war er weg, sagte Fábio, »Der Vollidiot hat keinen Respekt, er hält sich wohl für was Besseres«, und schrie dann laut, damit er es noch hören sollte, »Lass dich hier nie wieder blicken, du Arschloch!« Die anderen waren immer noch ganz außer Atem und schwankten zwischen Erleichterung darüber, dass Samuel weg war, und nicht zu wissen, was sie mit Gi machen sollten, die sich verschluckt hatte und sich nun mit beiden Händen um den Hals fasste und an die Brust, wegen der Atemnot.

Sie beruhigte sich langsam, als das Adrenalin wieder weniger wurde, und verfiel in eine Starre, die sowohl der Müdigkeit geschuldet war als auch dem Mangel an Sauerstoff, der Erschöpfung und auch dem Zucken, das ihre Beine durchlief. Ab und zu kam noch ein kräftiges Zittern, dann schloss sie die Augen.

Fábio warf ihr mit dem Fuß die Decke über, ohne sie auseinanderzufalten, sodass sie halb offen dalag, halb zugedeckt, und ich sagte, »Los, lasst uns verschwinden ...«

Wir gingen fast wie im Gänsemarsch, Fábio und ich vorneweg. Grilo und Leandro gleich hinter Nélson. Niemand sagte ein Wort.

Im Nachmittagsunterricht trommelte Nélson auf seinen Beinen herum und wurde vor die Tür gesetzt, weil er der

Lehrerin geantwortet hatte, »Halt du doch die Klappe, sonst schlag ich dir die Fresse ein.«

Er passte mich vor dem Schultor ab, vielleicht weil er den Weg zur Werkstatt nicht alleine gehen wollte. Aber er fragte nicht einmal, *Weißt du, was mit Samuel ist?*, sondern quatschte ununterbrochen davon, ob wir vielleicht dieses Sammelalbum für Fábio besorgen sollten.

Als wir in der Werkstatt waren, war fast schon Essenszeit. Im Speisesaal blieb zwischen Nélson und mir, wo sonst Samuel saß, der Platz leer. Um nicht an ihn denken zu müssen, hoffte ich, es würde zum Nachtisch diese leckere Milchcreme geben, deren Kruste man nur mit dem großen Löffel durchstoßen konnte.

Nach der Schlafenszeit war Samuels Bett immer noch unberührt, vielleicht viel zu weich, als könne darin überhaupt niemand schlafen. Seine Sachen waren weg, und schlimmer noch, alles, was er sonst angefasst hatte, war unberührt (die Fernbedienung des Fernsehers, die Tischplatte, die Türgriffe der Toilettentür, das Eisen der Stockbetten, sein Laken).

Seit wir schweigend aus der Schule gekommen waren, fragte Nélson noch immer nicht nach ihm, und ich fragte auch nicht, »Hast du Samuel gesehen?«, aus lauter Angst, dass er zurückfragen würde, »Wen?«

Ich verzog mich in meinen Schlafsaal, aber der Schlaf wollte nicht kommen. Jeden Augenblick dachte ich, jemandem – den Betreuern, den Aufsehern, dem Teufel hoch drei – müsse doch auffallen, dass Samuel fehlte. Ich war noch einmal alle Post-its von Gi durchgegangen, eins nach dem anderen, als mir schließlich klarwurde, dass sie so bald nicht mitbekommen würden, dass er nicht da war, was mich dennoch überraschte. Wie konnte man so jemanden wie Samuel plötzlich vollkommen ignorieren?

Ab und zu schaute ich in den Schlafsaal der Kleinen, warf einen Blick in die Flure, den Eingangsbereich, in der Hoffnung, er wäre wieder zurück. Immer und immer wieder las ich die Hinweise, die die Betreuer ans Schwarze Brett hefteten: Händewaschen nicht vergessen, spitze Gegenstände verboten, Betäubungsmittel, Zigaretten und Handys verboten.

Aber obwohl ich mir Sorgen um Samuel machte, wollte ich auch nicht als Schwächling dastehen. Sollte doch Nélson oder sonst wer es den Betreuern sagen. Gleichzeitig ärgerte es mich, dass nun Samuel an die Stelle von Gi als Hauptfigur getreten war: In meiner Sorge um ihn hatte ich mir noch gar keine Gedanken darüber gemacht, in welchem Zustand ich sie wohl am nächsten Tag vorfinden würde.

53

Auf einmal nervös, sagte Fábio, »Scheiße, was machen wir?« Sein rechtes Augenlid zuckte, und die Landkarte auf seiner Glatze hatte rote Flecken bekommen, so sehr juckte er darauf herum. Die Zigarette steckte immer noch makellos hinter seinem Ohr, von einem kleinen Blutspritzer über dem Filter abgesehen.

Nélsons Gesicht war noch angespannter, der heftige Flaum und die Narbe waren nicht zu erkennen. Er atmete schwer.

Grilo und Leandro redeten, standen oben an der Rampe Wache, wo ich sie nicht sehen konnte.

Ich schaute Gi sehr genau an.

Sie lag immer noch vor dem, was von ihrer Hütte geblieben war. Ihre herumliegenden Sachen, die zerwühlte Matratze und die Blumentöpfe um sie herum. Immer noch nackt von der Hüfte abwärts und einen Arm ausgestreckt, sodass die Fingerspitzen gerade noch dieses Kantholz berührten. Ihre Augen bewegten sich nicht, aber sie waren offen, jedenfalls einen schmalen Schlitz weit, und deutlich vernebelt.

Sie atmete nicht.

»Hey, versuch es noch einmal«, sagte Fábio zu mir.

Ich machte noch einmal das Feuerzeug an und hielt es ihr vor ihren Mund. Die Flamme verbrannte fast ihre Nasenspitze, blieb aber reglos, kein Hauch ließ sie flackern.

Nélson ging ein paar Schritte zurück und sagte, »Scheiße.«

Ich fand es traurig, dass Gi nun so hatte enden müssen, mit

Leuten wie Fábio, Leandro und Grilo, für die ihr Leben kaum mehr gewesen war als der Kontrast zwischen ihren Brüsten und ihrem Penis. Sie war doch viel mehr gewesen: Sie hatte Freunde gehabt, Samuel und mich.

Samuel hatten wir aufgehört zu erwähnen. Obwohl mir am Morgen, als ich zu Nélson gesagt hatte, wir müssten zum Pão de Açúcar gehen, um zu sehen, wie es Gi geht, ein Plural herausgerutscht war, in den Samuel auch hineingepasst hätte, erwähnte ich ihn mit keinem Wort. Er war jetzt tabu und vielleicht Teil eines besseren Lebens, in dem wir ihn nicht mehr behelligten.

Dafür hatte er sich nicht einmal seines Körpers entledigen müssen.

»Und jetzt?«, fragte Fábio und warf seine Zigarette weg.

»Meinst du mich?«, fragte ich.

»Wen denn sonst? Du hast doch die Scheiße hier angerichtet, jetzt sieh zu, wie du klarkommst.«

Grilo ließ von der Rampe her einen Pfiff los, und Leandro kam angerannt, um uns zu sagen, wir sollten besser verschwinden. Fábio folgte uns.

Gi war inzwischen nach rechts weggesackt, aber ich legte sie wieder richtig hin: den Bauch nach oben, die Beine lang ausgestreckt, wie es sich gehört. Anders als Samuel wusste ich, dass sie meine Hilfe noch immer brauchte. Das musste ich aushalten.

Kommentarlos und vielleicht aus Angst, sagen zu müssen, »Eigentlich habe ich sie gemocht«, zog Nélson ihr die gelbe Decke übers Gesicht.

Dann setzten wir uns, um kurz zu verschnaufen und dann zu entscheiden, was wir als Nächstes tun sollten.

Er fragte, »Lassen wir sie hier liegen?«, und ich antwortete, »Eigentlich steht ihr eine Beerdigung zu.« Ich hatte so etwas noch nie organisiert, und Nélson wusste sowieso nicht, was das war.

»Wie soll das gehen?«, fragte er.

»Wir begraben sie.«

»Es gibt hier nur Plastiklöffel, und der Boden ist aus Beton.«

»Dann verbrennen wir sie.«

»Der Rauch wird wohl dem Wachmann auffallen oder den Bullen oder sonst wem.«

Und so tasteten wir uns über Vorschläge von mir und Einwände von seiner Seite an die einzige Möglichkeit heran: uns am nächsten Morgen noch vor der Schule um Gi zu kümmern.

Als wir den Dreck um sie herum wegräumten, sagte Nélson ununterbrochen, *erinnerst du dich noch an dieses, erinnerst du dich noch an jenes,* und ich sagte, *ja, dies und das,* machte mir aber mehr Sorgen darum, dass nicht überall um sie herum der Müll lag.

Unter einer der Kunststoffplatten fand ich Alisas Armband. Das Amulett aus falschem Gold glänzte immer noch. Ganz vorsichtig legte ich es Gi wieder ums Handgelenk und legte ihr dann die Arme über der Brust zusammen. Sie waren schon einigermaßen steif und sehr bleich.

Dann machte ich meinen Rucksack auf und holte die Post-its und auch ihre erste Nachricht heraus, »Glückwunsch. Schön geworden.« Ich legte alles neben sie. Dann holte ich auch noch das Fahrrad und lehnte es in der Nähe an einen Pfeiler, als eine Art letzter Ehre.

Nélson schlich durch den Keller und wusste nicht, wie er helfen sollte. Schließlich stellte er sich neben mich und schaute auf Gi herab. Nach ein paar Minuten legte er mir seine Hand auf die Schulter und sagte, »So hässlich ist sie gar nicht.«

54

Die Aufregung, ähnlich wie wenn im Speisesaal jemandem ein Tablett runterfällt, riss mich gegen drei Uhr in der Nacht aus dem Schlaf. Aufrecht sitzend fragten Köpfe aus ihren Bettdecken heraus, »Was ist passiert, was ist los?« Dann stürmten alle hinaus auf den Flur.

Die Aufsichten sagten, »Nichts Wichtiges, geht wieder schlafen!«, aber wir waren nicht blöd, und wir hörten das Hupen und die Sirenen von Weitem und auch das Rufen, »Weg hier, weitergehen!«

Jemand sagte, »Scheiße, lass Nachsehen!« Wir gingen in Grüppchen durch den Flur, drückten die Türen auf, und dann auf die Straße, die Aufsicht immer hinter uns her, auch der eine oder andere vom Personal, die schlaftrunken und brummig erschienen, »Wenn sich Kinder für Cowboys halten …«

Draußen auf der Straße drängelte ich mich durch die anderen durch, weiter nach vorn. Fábio, Nélson und die anderen konnten schon sehen, was los war. Erst sah ich die Autos, die sich in beiden Richtungen stauten, dann überall in den Fenstern Leute. Frauen husteten, Männer schrien und Hunde trieben sich geduckt und mit eingezogenem Schwanz herum.

Erst dann sah ich, was wirklich passiert war: Quer auf der Fahrbahn, mit laufendem Motor, die Windschutzscheibe keinen halben Meter vor dem Schaufenster von LiderNor stand ein Bus.

»Krasser Scheiß!«, sagte Nélson. Das Gleiche ging von Mund zu Mund, alle, die Kleinsten, die Ältesten, alle im Schlafanzug, fragten sich, »Scheiße, was ist das?« Manche rieben sich sogar noch den Schlaf aus den Augen.

Das Personal aus der Werkstatt redete durcheinander, es sei furchtbar, hoffentlich sei es keiner von den Kleinen gewesen. Obwohl alle neugierig waren, traute sich keiner, sich dem Bus zu nähern. Irgendwie ahnten sie alle, wie ich, dass es hier um etwas fast Heiliges ging, etwas Besonderes, das man nicht anfassen durfte.

Es war nicht nur ein Bus, sondern ein Bus außer Kontrolle quer auf der Fahrbahn und ohne Fahrer, der Motor lief noch, und die Warnblinkanlage ging unkontrolliert. Hier und da kam noch immer die Frage, »Was ist denn hier los?«

Ich konzentrierte mich darauf, zu beobachten, so sehr, dass ich mich plötzlich allein in der Menge sah. Um mich herum waren keine Personen mehr, sondern nur noch Schatten.

Und dann sah ich es. Es waren nicht nur die Scheiben kaputt, und innen war alles verwüstet, der Bus war auch frisch angemalt.

Es war dunkel, und doch konnte ich nach und nach Hunde auf der einen Seite erkennen, die auf jemanden zurannten. Einige fletschten die Zähne, als wollten sie zubeißen, hoben drohend ihre Pfoten in die Luft, andere schnappten schon nach den Beinen. Die verfolgte Gestalt versuchte, sich zu schützen, vergeblich, und wurde von den Zähnen zerfleischt.

Von Weitem kamen Sirenen, das beruhigte uns, als wären wir gerade dabei, Zeugen von etwas vollkommen Verkehrtem zu sein.

Nélson verstand, glaube ich, sofort, fast gleichzeitig mit

mir. Auch Fábio, der mehr auf den Autoverkehr achtete als auf den Bus, muss irgendwann darauf gekommen sein, dass dies, diese Mischung aus Schönheit und Brutalität, Samuels Werk war.

Plötzlich war ich sehr stolz auf meinen Freund, wollte ihn unbedingt wiedersehen. Und irgendwie auch stolz auf mich, weil ich dabei gewesen war bei dem, was ihn dazu gebracht hatte, so etwas Großartiges zu vollbringen, wie im Film.

Vor allem begeisterte mich, wie ernsthaft und kraftvoll Samuel diesen Abschied zelebriert hatte, so, dass er nie mehr zurückkommen konnte und für immer frei sein würde von Typen wie uns.

Der Klang der Sirenen wurde lauter, gleich war die Polizei da.

In dem Moment kam aus der zersplitterten Windschutzscheibe Rauch. Ein Rucksack auf dem Armaturenbrett hatte Feuer gefangen. Das Feuer ließ Papier aufwirbeln, das sich als glühende Asche dann auf den Sitzen, den Vorhängen und Stoffbezügen verteilte.

Die Leute am Fenster riefen als Erste, »Weg da!«, aber wir waren längst schon ein paar Schritte zurückgewichen. Die Autos fuhren aufeinander auf beim Zurückfahren.

Dann wurde es hell im Bus, es flammte an mehreren Punkten zugleich auf. Die Flammen fraßen sich über die Vorhänge, ließen die übrigen Scheiben zerspringen und krochen den Boden entlang. Die Sitze verbogen sich, wanden sich, tropften brennend zu Boden. Der Geruch nach geschmolzenem Plastik legte sich beißend über die ganze Straße. Zehn Meter über dem Fahrzeugdach war der Qualm immer noch gut zu erkennen.

In wenigen Minuten waren die Hunde und die Frauengestalt weg.

Die Bewohner der Werkstatt klatschten, weinten fast vor Begeisterung über dieses unglaubliche Schauspiel. Ich auch, und ich klatschte auch, denn was schön ist, brennt schließlich auch schön.

55

Über den Platz hinweg versuchten die Rentner, Nélson heranzuwinken, der aber nicht reagierte. Ein paar von ihnen waren sauer, weil er ihnen nicht mehr beim Kartenspiel soufflierte, andere riefen ihm zu, »Lass dich hier nicht mehr blicken, du machst nur alles kaputt.«

Der Park hatte sich nicht verändert, die städtische Badeanstalt schwitzte vor sich hin, wie immer, an den Ampeln hielten die Autos an auf dem Weg auf das Parkdeck im Pão de Açúcar, und überall ging das Leben am frühen Morgen seinen gewohnten Gang, das Vor-und-zurück unter demselben Himmel, auf derselben Welt.

Nur die Wunde der aufgegebenen Baustelle klaffte deutlich sichtbar daraus hervor.

Nach der Sache mit dem Bus hatte ich kaum mehr geschlafen, nicht einmal nachdem ich in Samuels Bett umgezogen war. Die von ihm durchgelegene Matratze wollte sich nicht an meine Körperform anpassen. Bevor ich dann doch einschlief, sah ich noch die vergangenen Wochen wie Fotografien vorbeiziehen, wie vor der Begegnung mit Gi.

Noch völlig aufgewühlt von dem Feuer kam mir der Gedanke, ihr Tod sei vielleicht doch nicht vergeblich gewesen und sie sei irgendwie auf mich und vor allem auf Samuel übergegangen.

Und hätte ihn aus einem Leben im Fahrwasser solcher Typen wie mir befreit. Und mich auch, sosehr es mir auch schwerfiel, zu glauben, erwachsen gemacht: In einem verlassenen Kellerloch irgendwo hatte ich einer Person, die am Ende war, Trost spenden können, hatte einer Bedürftigen Nahrung gegeben, eine kranke Person gestützt, ihr zugehört, als sie das Bedürfnis gehabt hatte zu erzählen.

Von diesem Gedanken ganz aufgewühlt, rühmte ich mich, gar nicht anders zu sein als die anderen – an mir war alles dran. Und ich hatte und habe noch immer ein bisschen von ihr übernommen, von dem, was sie mir geschenkt hat. Ein kleines Stück Frau, obwohl ich mich eigentlich noch als Kind empfand, völlig unschuldig insofern, als ich mir unbedingt vorstellen wollte, sie könnte noch leben.

Ich schlief mit dem beruhigenden Gefühl ein, eigentlich sogar menschlicher zu sein als Samuel, der ja nun zur Legende geworden war.

Herr Xavier im Piccolo redete nicht mit uns, stellte uns aber, ohne zu murren, zwei Gläser Schnaps hin. Nachdem wir sie runtergekippt hatten, verzog Nélson das Gesicht und sagte leise, »Ich habe Handschuhe dabei, ich will sie nicht anfassen.«

Es war acht Uhr früh, der Parkplatz war noch halb leer.

Bevor wir zwischen den Autos hindurch weiter zur Rampe gingen, warfen wir noch einen Blick von oben ins Atrium. Der Staub und der Dreck auf dem Boden des Untergeschosses waren zu dichtem Morast geworden. Ich überlegte, ob man Gi vielleicht einfach damit zudecken könnte, auch wenn wir längst etwas Besseres wussten, und unterdrückte den plötzlichen Drang, hoch aufs Dach, ganz nach oben zu steigen.

Gi lag noch da wie am Tag vorher, und als ich sie an der Schulter berührte, kam sie mir noch steifer und kälter vor. Ihr das Feuerzeug noch einmal vor die Nase zu halten, hätte nichts mehr gebracht.

Mit einem Anflug von Verzweiflung fragte Nélson, »Wie machen wir es nun?«, und ging mehrmals um die Leiche herum.

Ich versuchte, den besten Weg herauszufinden, wo nicht so viele Hindernisse, nicht zu viel Dreck lagen, größere Steine oder Müllhaufen.

In der Gerichtsverhandlung hieß es dann später, wir hätten die Leiche einhundert Meter weit über den Boden geschleift, und ich will dem auch nicht widersprechen, aber wir schauten uns den Weg vorher genau an.

Nélson zog sich den rechten Handschuh an, ich den linken.

Wir fassten Gi an den Armen und schleiften sie ruckweise fort. Ihre Brust stach dabei hervor, zeigte nach oben, ihre Beine glitten lang durch den Schlamm. Nélson sagte, »Verdammt«, und ich, »Scheiße, die ist ja viel leichter, als ich gedacht hatte.« Wir zerrten sie, blieben immer mal wieder kurz hängen, bis an den Rand dieses Wasserlochs.

Das Wasser tropfte von überallher in den dreieckigen Spalt, wie in einen Schlund ganz tief am Boden des Kellers.

Meine Armmuskeln zitterten vor Anstrengung. Nélson hatte sich neben die Leiche in den feuchten Dreck gesetzt. »Sollen wir noch etwas sagen?«, fragte er atemlos. »Macht man wohl so«, antwortete ich. Aber dann sagten wir doch nichts, denn wir konnten beide nicht beten.

Dann ging es weiter.

Ich schaute sie noch einmal an (ihre schlammverkrusteten Haare, die halb geöffneten Augen, der flauschige Pullover, ohne den sie vollkommen nackt gewesen wäre) und sagte, »Ich glaube, jetzt muss es sein.«

Wir stießen sie mit vereinten Kräften, aber ohne größere Anstrengung über die Kante, dann war sie weg. Ich will das

Geräusch nicht beschreiben, wie sie gegen die zackigen Ränder des Wasserlochs prallte, auch nicht, wie sie kurz an einem hervorstehenden Eisenträger hängen blieb und dann ins Wasser fiel. Der bis dahin tiefdunkle Grund dieses Wasserlochs schien nun, da eine neue Bewohnerin da war, zu funkeln.

Noch während im Wasser noch Blasen aufstiegen, erklärte Nélson, »Ich hab meinen Teil getan, jetzt gehe ich in die Schule.« Ich war ihm dankbar dafür und erleichtert, nun noch kurz ganz alleine mit Gi zu sein, bevor auch ich das Pão de Açúcar verließ.

Es war wieder Ruhe im Keller. Ihre Kleidung, die Fotografien, Rasierklingen, Lippenstifte und die gelbe Decke hatten nun niemanden mehr, der sie anfassen konnte. Nichts davon sollte den Ort mehr verlassen – nur mein Fahrrad.

Ich sah, dass die Post-its und auch der erste Zettel ans Licht geweht worden waren, nun zwischen den schwarzen Schmauchspuren der Feuerstellen herumlagen. Ich sammelte alles auf, las jedes einzelne Zettelchen noch einmal durch und knüllte dann alles zusammen. Dann warf ich sie in das Wasserloch: Die Zettelchen sahen aus wie Konfetti, das an Festtagen durch die Luft fliegt.

56

Es war so schön neu nun, aber ich fürchtete, es könnte beim ersten Tritt wieder zusammenbrechen, dann aber fiel mir wieder ein, dass ja Gi schon darauf gefahren war, angeschoben von Nélson und Samuel.

Ich krümmte den Rücken, trat mit aller Kraft in die rechte Pedale, in der Hoffnung, die ersten Meter würden mich auf andere Gedanken bringen, vielleicht sogar vergessen lassen. Aber die Pedale bewegten sich ganz normal wie bei anderen Fahrrädern, vielleicht mit der Ausnahme, dass dieses hier meins war: am Lenker ein Besenstiel, der Rahmen nur schlecht angepinselt und Reifen aus Gartenschlauch.

Ich versuchte, Fahrt aufzunehmen, die Rampe hinauf, diesen Keller, so schnell es ging, hinter mir zu lassen, aber ich kam nicht wirklich voran. So sehr ich auch in die Pedale trat, es war zäh, ich würde sehr lang brauchen, um rauszukommen.

Die Räder eierten auf den Radnaben, die völlig verkrustet waren und fast auseinanderfielen. »Wenn du das nächste Mal kommst, bring sechs Meter Gartenschlauch mit.« Der Besenstiel drückte auf den Lenker. »Und noch mehr Reis, bitte.« Mein Hintern rutschte auf der Nylonstrumpfhose am Sattel. »Ich besorge eine Nylonstrumpfhose und du eine Socke.« Das Salatöl auf der Kette war eingetrocknet.

Wäre in dem Moment nicht alles aus den letzten Wochen wie ein Schwall in mir hochgekommen, hätte das Ganze nicht einer gewissen Komik entbehrt – wie ich mich abmühte und wie das Fahrrad sich quälte. Die Schaltung war ja im fünften Gang festgehangen, und deshalb musste ich wie ein Verrückter in die Pedale steigen.

Als ich die Rampe hoch war, wo die Reifen im Schlamm ihre Spur hinterließen, brauchte ich ewig bis zum Ende der Rua Abraços, und schließlich zum Campo 24 de Agosto. Hinter dem Vila Galé wollte ich mich vom Pão de Açúcar verabschieden, aber ich konnte nicht gleichzeitig in die Pedale treten und über die Schulter zurückschauen.

An dem Tag habe ich den Entschluss gefasst, mir all die schönen Dinge zu merken, die mir im Leben begegnen sollten, das Lied etwa, das der Cafébesitzer frühmorgens pfeift, die Bedienung, die an den Tisch kommt (wir sind ja noch jung und können zueinander noch freundlich sein), wenn ein Traumfänger im Wind flattert, wenn Kinder nach Aufmerksamkeit heischen, Geliebte, die streiten, weil sie sich trennen, oder sich küssen, Reifen, die wie bei einem Wettrennen schnell über die Straße gleiten, Hundebesitzer, die die noch warme Scheiße ihrer Hunde aufsammeln, sogar das Geräusch der Motoren, die ich repariert habe.

Jetzt allerdings musste ich vor allem radeln.

Vom Regen nass, durchgeschwitzt, bog ich ein in die Straßen, durch die Samuel vielleicht verschwunden war. Nach einer Stunde gab ich im Jardim São Lázaro der Erschöpfung nach und ließ das Fahrrad einfach fallen.

Die Strumpfhose war während der Fahrt durchgerieben. Der Gartenschlauch hatte sich vom Vorderrad gelöst, das sich trotzdem noch drehte, aber ein unangenehmes Geräusch machte. Und meine Hosen waren voll grüner Farbe vom Rahmen.

Ich setzte mich auf eine Bank unter blühende Magnolien.

Der Wind wehte Blütenblätter zu Boden. Um mich herum duckten Menschen sich unter Regenschirme, andere gingen ganz ohne Schutz, manche stellten sich in den Eingängen der Cafés unter, andere betraten die Bibliothek. Ich fürchtete, jeden Augenblick müsse ich jemandem auffallen, aber niemand achtete auf mich, denn es regnete.

So wie ich langsam zur Ruhe kam, schnürte es mir allmählich den Hals zu, aus Traurigkeit, aber auch aus einem Zuviel an Freundschaftsgefühl und einem Zuwenig an Zuwendung.

Erst kamen einzelne Schluchzer aus der Kehle meiner gerade einmal zwölf Jahre, dann ein zwar dünnes, aber anhaltendes Weinen. Ich vergrub mein Gesicht in den Händen und machte mich so klein wie nur möglich, es war mir peinlich, weil ich mich nicht mehr beherrschen konnte.

Ich muss eine Weile so dagesessen haben, da spürte ich ein paar zarte Finger, die erst meine Schulter berührten, dann meine Stirn, mir schließlich übers Haar strichen, so zärtlich wie ganz bestimmt. Kurz glaubte ich, es sei Gi, aber dann wusste ich, es konnte nur Samuel sein. Und das machte mich froh.

Ruhiger geworden nahm ich die Hand vom Gesicht. Zu meinem großen Erstaunen war gar niemand da.

NACHBEMERKUNG

Im offiziellen Wetterbericht für das Datum steht starker Regen. Ich male mir aus, wie einer der Jungs im Unterricht in der letzten Stunde die Regentropfen beim Abperlen an der Fensterscheibe beobachtet. Nachdem es zur Pause geklingelt hat, bleibt er sitzen. Die Lehrerin will ihn rausschicken, wie die anderen, und da erzählt er ihr, ganz allein zwischen den leeren Stühlen, alles – es bricht aus ihm heraus wie ein plötzlicher Windstoß.

Seit am Pão de Açúcar ein Parkplatz entstanden war, herrschte dort Ruhe. Und die Polizisten, denen die Geschichte der Bauruine vertraut war, dürften dort eigentlich nichts Aufsehenerregendes mehr erwartet haben. Aufgeschreckt von dem plötzlichen Betrieb dort, wird der Wachmann von seinem Kreuzworträtsel aufgeschaut und die Polizisten dann zu dem Wasserloch geführt haben: »Hier, bitte.«

Die Polizisten werden mit ihren Taschenlampen die Ränder des dreieckigen Schachts abgesucht haben, die rostigen Eisenträger und Vorsprünge bis ganz unten. Zwischen all dem Plastik, den Post-its, dem Müll in dem trüben Wasser die Leiche zu finden, dürfte nicht einfach gewesen sein.

Gegen achtzehn Uhr fünfzig montierte die Berufsfeuerwehr von Porto ein Gerüst über das Wasserloch, und Feuerwehrleute in Schutzanzügen und mit Atemmasken vom Typ ARICA ließen sich in den Schacht hinab. Mithilfe eines Bergetuchs wurde die Leiche vorsichtig hochgezogen. Die ganze Aktion hat fast fünf Stunden gedauert. Selbst unter dem Scheinwerferlicht und trotz der Blutergüsse, Abschürfungen, Hämatome und einem auffällig abgemagerten Zustand sahen sich die Feuerwehrleute bemüßigt, sich darüber zu streiten, ob es sich bei der Person um eine Frau oder einen Mann handelte.

Sie fragten sich auch, angesichts der Misshandlungen, welche wohl letztendlich die Todesursache gewesen sei.

Eine Woche darauf schloss der Gerichtspathologe die Autopsie mit einem Bericht ab, der in seiner unauffälligen, sehr ebenmäßigen und wie ein Strichcode genauen Handschrift mit einem Satz endete, der sinngemäß lautete: In beiden Lungenflügeln befand sich neben der deutlich auf bakteriellen Befall mit *M. tuberculosis* hinweisenden Knötchenbildung eine beträchtliche Menge Wasser.

Das heißt, auch wenn die Jungen wohl vom Gegenteil überzeugt waren, muss Gisberta Salce Júnior, als man sie in das Wasserloch warf, noch gelebt haben.

Rafael Tiago, kaum jünger als ich, wechselt immer noch Reifen, schraubt Motoren und beult Autokarosserien aus. Wir haben uns, seit ich die Geschichte fertig geschrieben hatte, nie mehr gesehen, seine Mappe habe ich immer noch. Dort habe ich auch den Brief hineingelegt, den er mir damals in der Bücherei von São Lázaro gab. In dem Fingerabdruck über dem Absender lassen sich, wenn man ganz genau hinsieht, die einzelnen Linien erkennen.

Ich habe die Zeitungsausschnitte geordnet, die losen Papiere zusammengeheftet und die Notizen dazu. Dieses Buch ist gewissermaßen die Mappe von Rafael. Vor die Danksagungen am Ende lege ich noch ein Blatt mit den wichtigsten Zeitungsausschnitten.

Der Fall Gisberta sorgte damals landesweit für große Aufregung, die dann ohne weitere Konsequenzen wieder abgeebbt ist, wie in Portugal üblich. Trotzdem für mich überraschend, denn ein Minister erklärte damals in auffällig geschliffenem Portugiesisch: »Es ist meine tiefe Überzeugung, dass ein solches Ereignis bedauerlicherweise kein Einzelfall ist, weder in Portugal noch irgendwo sonst auf der Welt, uns aber gerade deswegen aufrütteln muss. Zunächst überlassen wir der Justiz die Aufklärung der entsprechenden Ereignisse, aber dann werden wir selbstverständlich sämtliche sich daraus ergebenden Konsequenzen ziehen.«

Im August 2006 wurden die Jugendlichen zu Jugendstrafen verurteilt. Einige von ihnen zu halboffenem Jugendarrest zwischen elf und dreizehn Monaten, die anderen zu einer einjährigen pädagogischen Begleitung.

Die Jugendhilfeanstalt Oficina de São José wurde wegen offensichtlicher Vernachlässigung der Jugendlichen und aufgrund von Gerüchten über sexuellen Missbrauch geschlossen. Immer, wenn ich dort vorbeikomme, ist die Tür zu, Glasscheiben sind eingeworfen, dort, wo die Fenster einen Spalt offen stehen, wehen Gardinen heraus. Das Emailleschild »Jugendhilfeanstalt, Schule für Drucktechnik, Buchbinderei, Holztechnik (Handwerklich/Industriell)« ist abmontiert.

Die Bauruine ist weiterhin Bauruine. Im Februar 2018, zwölf Jahre nach den Ereignissen, stellte die Baufirma Lucios dort ein Schild auf mit der Baugenehmigung Nr. 29/18/DMU zur Errichtung eines achtzig Meter hohen Neubaus für Geschäftsräume, Büros und Wohnen. Ich hoffe, ihre Bauabsicht hält an. Die Planungen haben weniger als drei Jahre in Anspruch genommen. Vielleicht entsteht an der Fernão de Magalhães dann doch einmal etwas Schönes.

Auch Kunst gibt es zu dem Thema. Thiago Carvalhaes hat Gisberta einen zwanzigminütigen Dokumentarfilm gewidmet, Alberto Pimenta hat ein Gedicht in Form einer Elegie für sie geschrieben, es gibt zwei Theaterfassungen, eine portugiesische und eine brasilianische. Pedro Abrunhosa schrieb einen sehr schönen Song, die »Balada de Gisberta«, den auch Maria Bethânia singt. Die Journalistin Ana Cristina Pereira hat zwei Reportagen über den Fall, eine davon sogar ziemlich literarisch, in ihr Buch »Meninos de Ninguém« aufgenommen. Auch wenn es nicht genau die Geschichte ist, versteht sich auch der der Kurzfilm »Gisberta« der deutschen Filmemacherin Violetta Gaß als Hommage an sie.

Manchmal ertappe ich mich dabei, dass ich den Umschlag von Rafael heraushole, den Beweis für die wirkliche Existenz von jemandem, der inzwischen mehr literarische Figur ist als wirkliche Person. Vielleicht schafft es ja irgendwann, falls es ihm je gelingt, wirklich Tischler oder Schreiner zu werden, das Sägemehl, seine Tätowierung aus Öl an der linken Hand aufzulösen. Bis dahin lese ich hin und wieder noch einmal den ersten Satz seines Briefs: »Manchmal ist das Leben so schön, dass ich weinen muss, und es ist mir egal, was die anderen sagen.«

*

Nach drei Tagen hielt eins der Kinder dem Druck nicht mehr stand und offenbarte sich einer Lehrerin: zwölf Jugendliche aus der Jugendhilfeeinrichtung S. José hatten einen etwa vierzigjährigen Mann überfallen und gesteinigt und anschließend lebensgefährlich verletzt in ein Parkhaus im Zentrum von Porto gebracht. Am Tag darauf stellten sie fest, dass er weiterhin lebte. Gestern früh glaubten sie, er sei tot, und warfen ihn in ein Wasserloch eines verlassenen Rohbaus. (*Público*, 23.03.2006) | Das Opfer, ein etwa fünfunddreißigjähriger Mann, war drogenabhängig und ging der Prostitution nach. Er wurde zu Tode geprügelt und anschließend in einem überfluteten Teil des Untergeschosses eines nicht fertiggestellten Gebäudes liegen gelassen. (*RTP*, 23.02.2006) | Zur Bergung der Leiche, die von der Hüfte abwärts nackt war und schwere Verletzungen an Kopf, im Hüftbereich und am Hals aufwies, musste die Berufsfeuerwehr ausrücken. (*Sábado*, 02.03.2006) | Was sich tatsächlich in dem teilweise verlassenen Parkhaus am Campo 24 de Agosto im unteren Bereich der Avenida Fernão de Magalhães abspielte, ist nach wie vor alles andere als aufgeklärt. Manche Zeugen berichten, es habe oft Streit mit dem Opfer gegeben. Dass er erkennbar transsexuell war, drogenabhängig und gesundheitlich angeschlagen, machte ihn zum leichten Opfer. Einer der Beteiligten bezeichnete ihn trotzdem als seinen Freund. (*Público*, 24.02.2006) | Gisberta wird als sehr schöne, freundliche, nette Person in Erinnerung bleiben. (*Diário de Notícias*, 25.02.2006) | Eingehende Untersuchungen der Sozialbehörden richten sich nun auch gegen die

Jugendhilfeeinrichtung Oficina de São José. (*Diário de Notícias*, 25.02.2006) | Dieses Verbrechen ist heuchlerisch von der portugiesischen Presse begleitet worden. Die Justiz hat es kleingeredet, die Politik hat es ignoriert. (*Folheto*, 08.06.2006) | Der Prozess unter Vorsitz des Richters Carlos Portela dürfte in Kürze beginnen. Dabei werden ihm zwei Laienrichter aus der Zivilgesellschaft zur Seite stehen. Geplant ist, den Prozess bis zum 15. Juni abzuschließen, wobei noch darüber zu entscheiden ist, ob die Verhandlungen öffentlich sein werden oder nicht. Der gestern auf Veranlassung der Staatsanwaltschaft gehörte Pathologe, der die Autopsie durchgeführt hatte, berichtet, zahlreiche traumatische Läsionen an dem Opfer diagnostiziert zu haben. (*Jornal de Notícias*, 08.07.2006) | Das Strafmaß liegt zwischen elf und dreizehn Monaten offenem oder halb offenem Jugendarrest, zwei weitere Beteiligte, denen nur unterlassene Hilfeleistung nachgewiesen werden konnte, werden nun über ein Jahr pädagogisch begleitet. Laut dem Gericht erfüllen die von den Jugendlichen begangenen Taten zahlreiche Straftatbestände, die von Beleidigung bis zu schwerer Körperverletzung, Störung der Totenruhe sowie unterlassener Hilfeleistung reichen. Die Urteile blieben hinter dem von der Staatsanwaltschaft geforderten Strafmaße zurück. Sie hatte auf Körperverletzung mit Todesfolge plädiert. (*Público*, 02.08.2006) | In der Urteilsverkündung sprach der Richter die dreizehn angeklagten Jugendlichen im Alter zwischen zwölf und fünfzehn Jahren direkt an und sagte, er wolle sie nie wieder vor Gericht sehen. »Unsere Gesellschaft ist kein Dschungel«, sagte er und erklärte, er wolle sie nicht als »Gang« betrachten, sondern als Jungs, die sich »unglücklich und zu unpassender Gelegenheit« begegnet seien. (*Diário de Notícias*, 02.08.2006) | Der Fall Gisberta, die Ermordung einer Transsexuellen durch dreizehn Jugendliche, ist ein Musterbeispiel für die Delinquenz junger Leute. (*Destak*, 22.09.2006) | Das Gebäude am Campo 24 de Agosto, wo die Transsexuelle Gisberta tot aufgefunden wurde, soll nun zu einem Gewerbegebäude umgebaut werden, in dem auch eine medizinische Klinik sowie ein Rehabilitationszentrum Platz finden sollen. (*Diário de Notícias*, 16.12.2006) | Die reinen Tatsachen gelten längst vor dem Jugendgericht als erwiesen. Mehrere Jugendliche berichteten ohne erkennbare Regung, wie sie »Gi« mit Steinen und Holzknüppeln misshandelten. Die Verletzungen allein hätten zum Tod von Gisberta »innerhalb einer Woche« führen können, betonte der medizinische Gutachter in seiner Aussage. Laut Staatsanwaltschaft hätten die Jugendlichen sich gegenseitig angestachelt, Gi »zusammenzuschlagen«, zwei Jahre danach will sich niemand mehr daran erinnern können, wer tatsächlich zugeschlagen hat. (*Correio da Manhã*, 08.02.2008) | Vor zwei Jahren wurde Gisberta misshandelt und lebend in einen fünfzehn Meter tiefen, mit Wasser gefüllten Schacht auf einer Baustelle in Porto geworfen. (*TVI*, 23.02.2008) | Denkst du manchmal noch an das, was geschehen ist? *Nein, nicht mehr*. Hast du noch Kontakt zu einigen Jungs von damals? *Ja*. Unterhaltet ihr euch darüber? *Nein*. Wenn du auf der Straße einem Obdachlosen begegnest, kommen dir da Erinnerungen an damals? *Nein*. Beunruhigt dich das nicht? *Nein. Irgendwann denkst du nicht mehr darüber nach. (Público*, 04.09.2008) | Einer der dreizehn Jugendlichen aus dem Fall Gisberta, bei dem im Februar 2006 ein Transsexueller in Porto zu Tode kam, wurde am Dienstagabend im Rahmen eines Polizeieinsatzes in Penafiel festgenommen. (*Diário de Notícias*, 05.02.2009) | Die Staatsanwaltschaft eröffnete drei Verfahren, eins wegen Kindesmisshandlung und zwei wegen sexuellen Missbrauchs. Einer der angezeigten Fälle von Missbrauch durch Jugendliche der Institution selbst wurde bereits dieses Jahr verhandelt. Nach Angaben der Institution seien die angezeigten Vorkommnisse bekannt. (*Diário de Notícias*, 08.03.2010) | Seit Mitte 2010 ist die Oficina São José, in der elf der in den Tötungsfall Gisberta verwickelten Jugendlichen gelebt hatten, geschlossen. Die Diözese von Porto selbst sieht in der Tötung des obdachlosen Transsexuellen im Februar 2006 den Anfang vom Ende der Institution, die seit 1833 Jugendliche in schwierigen Lebenssituationen betreute. (*Público*, 17.03.2012) | Was ist aus den Jugendlichen zehn Jahre danach geworden? Und aus der Institution? Und aus dem verlassenen Gebäude, in dem Gisberta starb? Und aus der Familie der Ausländerin? Wer war diese Frau eigentlich? Und was bleibt nach ihrem Tod? (*Observador*, 22.02.2016)

DANKSAGUNGEN

Um alleine etwas zu schreiben, braucht es viele Leute. *It takes a village*, sagen die Amerikaner. Ich habe die Einwohner dieses Dorfes gezählt und will ihnen danken.

Zuerst Catarina Marques Rodrigues, deren Reportage »Gisberta: die transsexuelle Diva auf dem Grund des Brunnens« mich auf dieses Thema gebracht hat. Catarina schreibt an einer Stelle: »Der Anfang und das Ende der Geschichte sind bekannt. Was dazwischen geschah, weiß man nicht.« Catarina, nun kannst du auch das dazwischen lesen. Dann meinen Eltern, dafür, dass sie mir sagten, die erste Version dieses Buches sei schlecht geschrieben. Maria do Rosário Pedreira, die mir rechtzeitig gesagt hat, ich solle mir Zeit lassen, und die mich beim Schreiben begleitete. Ich beneide sie nicht: Weder Freundschaft noch Geduld haben meine Unsicherheit wettmachen können. Ohne Rute Bianca, die mir als Transsexuelle und Freundin Gisbertas ein Interview gegeben hat, wäre das Buch ziemlich lahm geblieben. Die Recherche wurde weiterhin ergänzt durch den Beitrag von Roberto Figueirinhas, den Eigentümer des Invictus, der so freundlich war, mir den Alltag in dieser Bar zu schildern und auch den von Gisberta, der er verschiedentlich begegnet ist. António Barros, dem ich zufällig in dem Café an der Ecke begegnete, das auch Gisberta besuchte, nicht nur dafür, dass er mir aus ihrem Leben erzählte, sondern auch dafür, dass er mir spontan ihre letzte Wohnung in der Travessa do Poço das Patas zeigte.

Wie gut, dass er die Schlüssel dabeihatte. Dem Fahrradladen SUB 954 in Gestalt von Tiago da Costa Pereira, der sich nicht darüber wunderte, dass ich ihn in seinem Geschäft nach literarischen Werkzeugen für die Reparatur eines Fahrrads befragte. Und meine anschließenden Telefonate über Tretlager, Wälzlager und Ketten geduldig ertrug. António Sousa Leite und José António Navio de Queiroz, die mich bei meinen illegalen Besuchen im Pão de Açúcar begleiteten. Zé Maria Souto Moura, dafür, dass er die Herausforderung angenommen hat, für das erste Kapitel wie Samuel zu zeichnen. Ein Blick auf seinen Blog Ilustre Zé Maria lohnt sich. Filipa Melo als Leiterin der Postgraduation Kreatives Schreiben, wo ich versucht habe, mich von einigen meiner Übel zu befreien. Sie ist nicht schuld daran, dass ich welche behalten habe. Nino Ferreira, der mir geholfen hat, Gisberta wie eine echte Brasilianerin, die in Portugal lebt, sprechen zu lassen. Dem Espazo und vor allem João Pedro Vala, nicht nur dafür, dass er mir das Büro vermittelt hat, in dem ich das Buch schreiben konnte, sondern vor allem, weil direkt neben einem Literaturkritiker zu arbeiten schlimmer war, als vor den Augen eines Verkehrspolizisten die Straßenverkehrsordnung zu übertreten. Alexandra Azevedo, die auf meinen Wunsch Fotos vom Wissenschaftlichen Museum der Oberschule Rodrigues de Freitas gemacht hat, die mir als Inspiration für den Dachboden ab Kapitel 15 dienten. Deolindo Mendes Correia, Busfahrer der Verkehrsgesellschaft Carris, der mir erklärte, wie schwierig es für einen zwölfjährigen Jungen ist, aber nicht unmöglich, einen Bus zu stehlen und selbst zu steuern. Den Angestellten des Fitnessstudios Kolmachine, vor allem Trainer Diogo Dinis, weil das Boxen dem Schreiben sehr zuträglich war. Und ganz allgemein allen Leuten, die meine Gemütszustände wegen des Buches ertragen haben, Sara Nabais, Isabel de Campos Santos, Ana Bárbara Pedrosa, Diogo Morais Barbosa und Simão Lucas Pires vor allem. Und schließlich in Memoriam Ariana Mascarenhas. Einige Abschnitte des Buches dürften das Letzte gewesen sein, was sie gelesen hat, und es beruhigt mich, dass sie ihr gefallen haben.